本书获得全国教育科学"十三五"规划教育部重点课题《专业认证背景下教师教育课程设计与评价研究》（项目批准号：DIA190397）资助

专业认证背景下
教师教育课程设计与评价研究

万爱莲　著

重庆出版集团　重庆出版社

图书在版编目（CIP）数据

专业认证背景下教师教育课程设计与评价研究 / 万爱莲著 . -- 重庆 : 重庆出版社 , 2023.7
ISBN 978-7-229-17802-4

Ⅰ.①专… Ⅱ.①万… Ⅲ.①小学 – 教学设计 Ⅳ.① G622.0

中国国家版本馆 CIP 数据核字 (2023) 第 134875 号

专业认证背景下教师教育课程设计与评价研究
ZHUANYE RENZHENG BEIJING XIA JIAOSHI JIAOYU KECHENG SHEJI YU PINGJIA YANJIU
万爱莲　著

责任编辑：袁婷婷
责任校对：朱彦倏
装帧设计：优盛文化

重庆出版集团　出版
重庆出版社

重庆市南岸区南滨路 162 号 1 幢　邮编：400061　http://www.cqph.com
三河市华晨印务有限公司
重庆出版集团图书发行有限公司发行
E-MAIL: fxchu@cqph.com　邮购电话：023-61520646
全国新华书店经销

开本：710mm×1000mm　1/16　印张：12.5　字数：215 千
2024 年 1 月第 1 版　2024 年 1 月第 1 次印刷
ISBN 978-7-229-17802-4
定价：78.00 元

如有印装质量问题，请向本集团图书发行有限公司调换：023-61520417

版权所有　侵权必究

前　言

"没有教师教育质量的提高，就没有教师质量的提高，也就谈不上教育质量的提高"[①]。当前，教师教育作为提升国家教育质量的重要因素而获得广泛关注。世界各国纷纷建立（或改进）教师教育机构认证或专业认证制度，以保障本国教师教育的质量。我国亦不例外。

2017年10月26日，我国教育部正式印发《普通高等学校师范类专业认证实施办法（暂行）》。这是我国颁布的第一个分级分类的专业认证标准，它构建了师范类专业纵向三级递进、横向三类覆盖的分级分类认证标准体系，以规范和引导师范类专业合理定位，特色发展，追求卓越。师范类专业认证是我国振兴教师教育、促进新时代高素质教师培养的着力点和突破口，有利于重塑我国师范类专业的教育教学模式，推进我国教师教育质量保障体系建设，形成持续改进的质量保障机制和追求卓越的质量文化，进而提高我国师范类专业的国际竞争力。

鉴于当前我国师范类专业认证刚刚起步，对不同层级、不同类别的师范类专业设计的课程体系的分类评估研究相对较少，本研究选取师范类专业认证小学教育专业认证第二级标准中的一个类别——本科小学教育专业的课程体系展开研究，以期丰富我国师范类专业分级分类认证的内容。

本研究围绕"在师范类专业认证背景下，我国本科小学教育专业课程体系究竟该如何设计，才能实现师范类专业认证预期的目标？"这一核心问题，综合运用文献研究法、文本分析法、问卷调查和访谈法等展开研究。

教师教育课程设计深受学科中心、学生中心和社会中心这三种课程组织形式的影响。因为，教师教育课程体系是一个包含内在实质结构（学科中心、学生中心和社会中心）和外在形式结构的系统。在教师教育课程体系中，不同的课程类型分别发挥不同的作用，体现不同的价值，它们缺一不可，共同构成教师教育课程体系的形式结构图。而且，处于同一逻辑范畴中的每一对课程类型，如必修课程与选修课程、理论课程与实践课程、通识教育课程与专业教

---

① 袁锐锷.教师专业化与高素质教师：经验、理论与改革实践[M].广州：广东高等教育出版社，2007:16.

育课程等，它们在实质结构的价值层面上是价值互补的关系，具有内在的统一性，即内在统一于学生发展的需要。

在师范类专业认证的背景下，我国本科小学教育专业的课程体系设计体现了以学生为中心的价值倾向，获得了全社会特别是基础教育小学和小学教育专业毕业生的普遍认可，但在处理课程体系中的几对课程类型及其关系、师范生的艺术和人际交往等综合素养、学科知识深度和融合度、核心课程建设和课程的实践性等方面还需努力。因此，我国本科小学教育专业在设计课程体系时，必须坚持"学生中心"理念，要基于所在地区基础教育小学的需求，这样才能实现师范类专业认证所期盼的我国师范类专业实现公平性、多样性和特色性发展的目标。

同时，为了确保我国本科小学教育专业课程体系设计的效果，真正实现师范类专业认证所倡导的"学生中心、产出导向、持续改进"理念，有关部门和高校还应加强相关配套制度的建设。因为教师教育课程体系改革是一个复杂的系统工程，其课程类型、课程科目的调整将涉及学校教育教学的方方面面，从硬件设施到软件建设，从教学方式到管理手段，从教师思想到教师行动等，都需要整体筹划，用制度加以规范，并引导落实。

目 录

绪 论 ·· 001
 一、选题缘由 ·· 001
 二、概念界定 ·· 004
 三、研究的问题与研究意义 ·· 011
 四、文献综述 ·· 014
 五、研究思路与研究方法 ··· 032

第一章 师范类专业认证的历史及背景 ······························ 036
 一、认证制度的产生 ·· 036
 二、专业认证制度的产生 ··· 038
 三、师范类专业认证制度的产生 ···································· 041
 四、我国师范类专业认证制度的产生 ····························· 045

第二章 教师教育课程设计的理论基础 ······························ 050
 一、学科中心课程论 ·· 051
 二、学生中心课程论 ·· 054
 三、社会中心课程论 ·· 056
 四、"三中心"课程论比较分析 ·· 057
 五、"三中心"课程论对教师教育课程设计的影响 ············ 059

第三章 教师教育课程设计关涉的课程类型 ······················· 067
 一、显性课程与隐性课程 ··· 069
 二、必修课程与选修课程 ··· 073
 三、理论课程与实践课程 ··· 077
 四、通识教育课程与专业教育课程 ································ 080
 五、学科专业课程与教育专业课程 ································ 086

第四章 专业认证背景下教师教育课程设计趋向 ·············· 091
一、专业认证后本科小学教育专业培养目标定位趋向 ············ 092
二、专业认证后本科小学教育专业课程体系设计趋向 ············ 098

第五章 专业认证背景下教师教育课程评价 ·················· 116
一、本科小学教育专业课程体系获得普遍认可 ················ 116
二、本科小学教育专业课程体系评价窥见的问题 ·············· 127

第六章 专业认证背景下教师教育课程再设计 ················ 144
一、设计前：秉持"学生中心"理念，厘清课程体系设计思路 ········ 144
二、设计中：对标国家、基础教育需求，精准设计课程体系 ········ 150
三、设计后：确保课程实施效果，加强相关配套制度建设 ········· 163

第七章 结 语 ·· 174
一、师范类专业认证工作的目标指向 ······················ 174
二、教师教育课程设计的价值取向 ························ 175
三、教师教育课程体系的结构厘定 ························ 176
四、教师教育课程设计的原则遵循 ························ 178

附录 ·· 180

参考文献 ·· 181

后记 ·· 192

绪　论

一、选题缘由

(一) 我国教师教育质量提升的内在需求

进入 21 世纪后，世界各国都把提升教育质量作为提高国家综合实力的重要抓手。各国都意识到"教师强则教育强，教育强则国家强"[①]。"没有教师教育质量的提高，就没有教师质量的提高，也就谈不上教育质量的提高"[②]，因此，各国纷纷建立（或改进）教师教育机构认证或专业认证制度，并予以实施。世界范围内，职前教师的培养逐渐从"量"的需求向"质"的提升转变，我国也不例外。

自 1999 年我国教师教育制度逐步走向开放以来，我国综合性高等学校和非师范类高等学校参与培养、培训中小学教师的工作取得了实质性的进展，但"我国教师教育在走向开放的过程中，一些地区出现了一些不具备教师教育资质的学校或机构举办教师教育的情况，这显然与建设开放教师教育体系的初衷——提高教师教育水平和层次——相背离"[③]。因此，如何保障教师教育机构的办学质量，确保教师教育培养人才的质量成为亟待解决的问题。2017 年 10 月 26 日，我国教育部印发《普通高等学校师范类专业认证实施办法（暂行）》，附件包括《中学教育专业认证标准（试行）》《小学教育专业认证标准（试行）》等，严格规定了师范类专业办学准入门槛；2021 年 4 月，为贯彻落实党的十九届五中全会精神和《中共中央 国务院关于全面深化新时代教师队伍建设改革

[①] 教育部教师工作司. 教师教育课程标准（试行）解读 [M]. 北京：北京师范大学出版社, 2013: 序 1.

[②] 袁锐锷. 教师专业化与高素质教师：经验、理论与改革实践 [M]. 广州：广东高等教育出版社, 2007:16.

[③] 朱旭东，胡艳. 中国教育改革 30 年：教师教育卷 [M]. 北京：北京师范大学出版社, 2009:160-161.

的意见》，教育部颁布了中学教育、小学教育、学前教育、中等职业教育及特殊教育等五个专业师范生教师职业能力标准（试行）的文件，如《中学教育专业师范生教师职业能力标准（试行）》《小学教育专业师范生教师职业能力标准（试行）》等。这一系列举措彰显了我国提升教师教育质量的决心。

当前，许多国家设立了专门的教师教育认证机构，对其国内的教师教育机构进行评估或认证，以确保本国教师教育的质量。比如，美国在1951年设立了国家教师教育认证协会（The National Council for Accreditation of Teacher Education，NCATE）；英国在1984年成立了教师教育认证委员会（Council for the Accreditation of Teacher Education，CATE）；德国、日本和澳大利亚等国也建立了相应的教师教育认证机构。

课程是大学办学的基础，是教师教育机构办学的根基，"为了确保教师教育课程的质量，使教师能够胜任未来职业的要求，一些发达国家在提高教师学历标准的同时，对教师教育课程实行专业有效性认可"[①]。比如，1998年5月，英国颁布了《职前教师教育课程要求》（Requirements for Courses of Initial Teacher Training），从合格教师的资格标准、职前教师教育课程的统一要求、职前教师教育的国家课程三个方面对教师教育课程的内容、中小学教师应达到的资格标准等提出了明确的要求。[②] 澳大利亚在2010年9月发布"职前教师教育课程国家认证系统"（National system for the accreditation of pre-service teacher education programs），对教师教育机构的职前教师教育课程进行质量鉴定。[③]

当前，由于我国师范类专业认证刚刚起步，关于教师教育课程设计分类评估的研究相对较少。我国已于2011年10月颁布了《教师教育课程标准（试行）》，虽然在评价领域该标准是课程评价的依据，但如何将其用于评价（或认证）教师教育课程，目前还缺乏深入研究和具体指导。[④] "教师教育课程评价的教师教育特色不足；教师教育课程设计阶段评价较少"[⑤]。而"课程是学生和学校的结合点、是学校和社会的结合点、是教学和科研的结合点、是大学生个体和文化的结合点，是大学教育最重要的事，也是最容易忽视的事。大学校

---

① 陈时见. 教师教育课程论：历史透视与国际比较[M]. 北京：人民教育出版社,2010:178.
② 教育部师范教育司. 教师专业化的理论与实践:2版[M]. 北京：人民教育出版社,2003:220.
③ 邓丹. 澳大利亚教师教育标准化的新发展："职前教师教育课程国家认证系统"的构建[J]. 比较教育研究,2011(8):45-49.
④ 苟顺明,王艳玲. 美国教师教育课程评价的策略与启示[J]. 教师教育研究,2014(3):107.
⑤ 王丽丽. 高等院校教师教育课程评价研究[D]. 开封：河南大学,2014:摘要.

长很少关注课程，高等教育研究者很少研究课程"①。"影响教师教育质量的因素很多，如生源质量、培训方式、师资水平等等，其中职前教师教育课程的质量高低起到了非常关键的作用。"② 因此，为提升我国教师教育质量，在专业认证背景下对我国教师教育课程设计与评价进行研究不仅必要而且极为迫切。

（二）新形势下我国师范院校生存和特色发展的必然要求

在我国教育改革不断推进的过程中，我国的高等教育、高考招生录取制度也在逐步改革。2017年1月，我国开始实施"双一流"战略，师范院校面临"按专业大类招生"竞争的新局面。师范院校若不积极应对新形势，着力提升教师教育质量，自身的生存和发展必然受到限制。

"淡化按批次录取，实行按专业大类录取"是我国高考改革的方向。2015年，北京市高考招生实行本科一、二、三批志愿按平行志愿的方式投档，即在遵循"分数优先，遵循志愿"原则的基础上，对同一科类分数线上的考生按总分从高分到低分排序进行一次性投档（所有考生排一个队列），高分者优先投档。每个考生投档时，根据自己所填报平行志愿的志愿顺序，投档到排序在前且有计划余额的高校。③ 2016年，上海市紧随其后。2021年，全国实施新高考改革的省份（重庆、福建、广东、河北、湖北、湖南、江苏、辽宁等）都实行了这种录取方式。由于一本、二本、三本的界限取消，考生如果想报考教师教育类专业，在填报志愿时将更多参考各高校教师教育类办学的排名情况，而且一些普通大学也会有好的师范类专业，考生不会像以往一样只参考报考学校是属于一本、二本、三本学校这样简单的划分。

高校按专业大类招生指的是高校将相同或相近学科门类（通常是同院系的专业）合并，按一个专业大类招生。通过专业大类招生录取的考生在本科前1～2年统一学习专业大类的基础课，后期在专业大类内自主选择专业。例如，在某校招生专业中，数学与应用数学、信息与计算科学、统计学3个专业统一以"数学类"招生，考生若心仪3个专业中的任一个，只需要填上"数学类"即可。④

---

① 刘献君. 论高等教育研究的规范化 [J]. 高等教育研究, 2013(11):43-44.
② 教育部师范教育司. 教师专业化的理论与实践:2版 [M]. 北京: 人民教育出版社, 2003:206.
③ 2015北京高招政策变化大 本科志愿实行大平行 [EB/OL]. https://edu.qq.com/a/20150328/011250.htm, 2020-03-07.
④ 什么是按大类招生 怎么填志愿 [EB/OL].http://www.gaosan.com/gaokao/379351.html,2020-03-07.

高考招生实行平行志愿按专业大类招生对我国师范院校和开办有师范专业的高校来说既是机会又是挑战。那些教师教育类特色鲜明、办学效益高和社会声誉好的高校会越办越好；反之，那些丧失教师教育特色或教师教育特色不鲜明，办学效益不高或社会声誉不好的高校，将面临生存危险。因此，开展教师教育课程设计与评价研究，引导师范类专业加强专业课程建设，使其顺利通过师范类专业认证，获得国家、社会和家长等的认可，进而提升我国师范类专业质量，刻不容缓。

二、概念界定

（一）专业认证

"专业"一词作为名词，在《现代汉语词典》中有两种释义，一是"高等学校的一个系里或中等专业学校里，根据科学分工或生产部门的分工把学业分成的门类"；二是"产业部门中根据产品生产的不同过程而分成的各业务部分"。[①] 英语中的"专业（Profession）"一词最早是从拉丁语演化而来，原始的意思是公开地表达自己的观点或信仰。与之相对的是"行业（trade）"，包含着中世纪手工行会所保留的对其行业的专门知识和技能控制只能传授给本门派人的神秘色彩。德语中的"专业"一词是"beruf"，其含义是指具备学术的、自由的、文明的特征的社会职业。[②]

《西方教育词典》将"认证（accreditation）"译为"认可"，认为是"校外深孚众望的公证机构对某教育机构的学术标准（academic standards）所给予的承认和赞同"。[③] 美国高等教育认证协会（The Council for Higher Education Accreditation，CHEA）对"认证"的解释为："是对高等教育机构和课程质量的评估，是帮助学生、家庭、政府官员和媒体了解一所高等教育机构或课程提供优质教育的主要途径。"[④] 美国高等教育认证协会前主席 Judith S. Eaton 认为"认证是一个由外部对高等教育的学院、大学和项目质量进行审查的过程，这种审查旨在保证或改进高等教育的质量"[⑤]。欧洲高等教育质量保证协会（The

---

[①] 中国社会科学院语言研究所词典编辑室.现代汉语词典:7版[Z].北京:商务印书馆,2016:1719.

[②] 教育部师范教育司.教师专业化的理论与实践:2版[M].北京:人民教育出版社,2003:32.

[③] 德·朗特里.西方教育词典[Z].陈建平,杨立义,邓霞君,等,译.上海:译文出版社,1988:65-88.

[④] https://www.chea.org/chea-national-voice-accreditation.

[⑤] Judith S. Eaton.An Overview of U.S. Accreditation.https://eric.ed.gov/?id=ED544355,2022-01-29.

European Association for Quality Assurance in Higher Education）认为"认证是根据一定的标准，通过周期性的评估，对一所高等教育机构或课程的质量进行的正式的书面形式的陈述"[①]。

另外，"在实际生活中，评估（evaluation）、评价（assessment）、评定（appraisal）、评鉴（validation）、认证（accreditation）、评审（audit）等概念，经常被当作同义词使用。"[②]

《中国教育大百科全书》对"认证制度"的解释是："由专门的认证组织对学校整体或专业进行检查评估，以维持其教育活动达到最基本的质量标准的制度体系。"[③]

由此可见，"专业认证"是大学专业质量保障的重要手段，是对高校专业达到基本质量标准的认可。它指一个独立于学校之外的认证机构对学校某一专业进行定期评估，使其达到一定的质量标准，并对其办学能力给予承认的过程。

"教师教育机构认定是指对教师教育机构所进行的评鉴过程，评鉴合格者给予适当的认可地位，以承认其已经符合了一定的教育品质标准。"[④]

"师范类专业认证是专门性教育评估认证机构依照认证标准对师范类专业人才培养质量状况实施的一种外部评价，旨在证明当前和可预见的一段时间内，专业能否达到既定的人才培养质量标准。"[⑤]

（二）教师教育课程

1.教师教育

20世纪60年代，随着欧美一些国家师范学校的消失，"教师教育"这一概念逐渐取代"师范教育"。1966年，联合国教科文组织在《关于教师地位的建议》中将"教师的培养"与"教师的继续教育"分别列出，对"教师教育"这一概念的提出起了推动作用。2001年5月，我国在《国务院关于基础教育改革与发展的决定》中首次提出"教师教育"这一概念。2002年3月，《教育

[①] Quality Procedures in European Higher Education:An ENQA Survey.ENQA Occasional Papers,2003,pp.19-20. https://www.enqa.eu/wp-content/uploads/procedures1.pdf.
[②] 张彦通.高等教育评估与质量保证研究[M].北京：北京航空航天大学出版社,2011:54.
[③] 顾明远.中国教育大百科全书（第3卷）[Z].上海：上海教育出版社,2012:1523.
[④] 教育部师范教育司.教师专业化的理论与实践:2版[M].北京：人民教育出版社,2003:170.
[⑤] 教育部教师工作司,教育部高等教育教学评估中心.普通高等学校师范类专业认证工作指南（试行）[Z],2018.

部关于"十五"期间教师教育改革与发展的意见》界定:"教师教育是在终身教育思想指导下,按照教师专业发展的不同阶段,对教师的职前培养、入职教育和在职培训的统称。"① 可见,"教师教育"概念"包容、超越和发展了'师范教育'……具有时代性。师范教育通常是指职前教师培养,含义狭窄,不及'教师教育'之宽广"②。

本研究中的教师教育,主要指我国普通高校全日制本科层次的教师教育,即普通高校本科层次的职前教师教育,不包括入职和在职教师教育。

2. 课程

在查阅大量文献和资料后,笔者发现人们对"课程"并无统一定义。正如我国学者施良方所言:"目前已有的课程定义繁多,几乎每个课程工作者都有自己的界定。"但"对于教育工作者来说,重要的不是选择这种或那种课程定义,而是要意识到各种课程定义所要解决的问题以及伴而随之的新问题,以便根据课程实践的要求,作出明智的决策"③。

因此,本研究中的课程指的是"学校中的教学科目和活动"。这一定义有着悠久的传统,也是目前人们定义课程的最传统的一种方式。④ 代表人物有潘懋元、王伟廉,以及王道俊、王汉澜等。潘懋元、王伟廉认为:"课程是指学校按照一定的教育目的所建构的各学科和各种教育、教学活动的系统。"⑤ 王道俊、王汉澜指出:"课程有广义和狭义之分,广义上指为了实现学校培养目标而规定的所有学科(即教学科目)的总和,或指学生在教师指导下各种活动的总和,如中学课程、小学课程。狭义指某一门'学科'"⑥。

3. 教师教育课程

我国教育部于 2011 年 10 月颁布的《教师教育课程标准(试行)》(教师〔2011〕6 号)中对教师教育课程的定义是:广义上包括教师教育机构为培养和培训幼儿园、小学和中学教师所开设的公共基础课程、学科专业课程和教育类课程;狭义上专指教育类课程。我国《教师教育课程标准(试行)》中取的

---

① 教育部关于"十五"期间教师教育改革与发展的意见 [EB/OL].http://www.moe.edu.cn/srcsite/A10/s7058/200203/t20020301_162696.html.

② 顾明远,梁中义.世界教育大系·教师教育 [Z].长春:吉林教育出版社,2000:前言1.

③ 施良方.课程理论:课程的基础、原理与问题 [M].北京:教育科学出版社,1996:3,10.

④ 杨明全.当代西方谱系学视野下的课程概念:话语分析与比较 [J].比较教育研究,2012(3):62-66.

⑤ 潘懋元,王伟廉.高等教育学 [M].福州:福建教育出版社,1995:129.

⑥ 王道俊,王汉澜.教育学:新版本 [M].北京:人民教育出版社,1999:154.

是教师教育课程的狭义定义。

为了对我国当前的教师教育课程有一个较准确的整体把握,本研究主要从广义的角度来理解教师教育课程,即教师教育课程是高校为培养幼儿园、中小学教师而开设的公共基础课程、学科专业课程和教育类课程。

(三)课程设计

由于课程定义的多样性,课程设计这一定义亦存在多样性。

《国际教育百科全书》指出,"课程设计是课程的组织形式或组织结构。它取决于在两种不同的编制水平上做出的决策:一种是概括水平,在这一水平上要做出基本的价值选择;另一种是具体水平,这一水平涉及有关课程因素的技术设计和实施问题。"[1] 美国课程专家拉尔夫·泰勒(Ralph W. Tyler)认为课程设计的内容和过程应包括确定教育目标、选择课程内容、组织课程内容和课程评价这四个方面。[2] 塔巴(Hilda Taba)指出,"课程设计是认清课程的各个组成部分的说明,说明它们彼此之间的关系,指出编制的各项原则和编制的要求,为的是在行政管理的条件下实现它。"[3]

我国学者钟启泉认为,"一般说来,课程设计就是指课程的组织形式或结构。课程设计基于两个层面:一是理论基础,二是方法技术。所谓'理论基础',系指课程设计的三大基础——学科、学生、社会。课程设计必须基于三大基点,据以产生均衡的课程。所谓'方法技术',系指依照理论基础对课程各要素——目标、内容、策略(活动、媒体、资源)、评价,做出安排。课程设计是随教育观、课程观的不同而不同的。"[4] 廖哲勋认为,"现代课程设计是按照育人的目的要求和课程内部各要素、各成分之间的必然联系,制订各级各类学校的课程计划、课程标准和编制各级各类教材的系统工程。"[5] 靳玉乐认为,"课程设计,是课程设计主体以既有的理论或通过专门研究建构的理论为基础,采用一定的实践模式,使用一些具体的方法或技术,有计划、有组织,系统地对课程目标、课程内容、课程实施和课程评价等课程领域内的要素做出某种安排或不同程度的变革,从而为学校教育提供实现教育目标所需要的课程

---

[1] 国际教育百科全书(第二卷)[Z]. 贵阳:贵州教育出版社,1990:568.
[2] 拉尔夫·泰勒. 课程与教学的基本原则[M]. 北京:人民教育出版社,1994:35.
[3] Hilda Taba. *Curriculum Development:Theory and Practice*[M].New York:Harcourt,Brace & World,1962:421.
[4] 钟启泉,李雁冰. 课程设计基础[M]. 济南:山东教育出版社,2000:总序 4.
[5] 廖哲勋. 课程教学改革与教育思想建设[M]. 北京:人民教育出版社,2018:650.

产品。"①张廷凯认为,"课程设计是对学校课程内各个部分的整体安排。"②

可见,不管分歧如何,大部分学者把对教育目标的探讨、课程要素或课程组成部分之间的关系、课程内容的选择与组织等主题列入课程设计的研究范畴。因此,本研究认为,课程设计是在一定的教育目标(理论基础)的指引下,厘清课程各个组成部分(课程类型)之间的关系,选择课程内容,并将其组织成一定课程结构体系的过程。

(四)课程结构

课程结构是学校课程体系的蓝图,就好比人体的骨骼,建造大楼的框架图。因此,课程结构设计是课程设计的核心部分,亦是课程设计结果的体现。分析课程结构,就可以知晓课程设计者的意图,其所秉持的价值观。

《现代汉语词典》对"结构"的解释是:"各个组成部分的搭配和排列,如文章的结构,原子结构。"③《高等教育学》对"结构"的解释是:"结构,就是构成或构造的意思。具体说来,它包括如下几层含义:①系统内部各组成要素;②要素间的联系方式和相互作用的形式;③诸要素的比例关系及其发展变化的条件和规律。任何事物都有其特定的系统结构,结构发生变化,功能也随之变化。"④系统科学把结构看作元素之间相对稳定的、有一定规则的联系方式的总和,认为没有按一定结构框架组织起来的多元集是一种非系统,并认为即使只从系统意义看,结构也是千差万别的,很难完备分类,只能具体情况具体分析。比如,将结构分为空间结构和时间结构、对称结构与非对称结构、深层结构与表层结构、硬结构与软结构等。一般来说,深层结构决定表层结构,表层结构反映并反作用于深层结构,深层结构比较稳定,表层结构容易改变。如社会巨系统,根本制度是深层结构,具体运作体制是表层结构。⑤

我国学者施良方认为,"课程结构指课程各部分的组织和配合,即探讨课程各组成部分如何有机地联系在一起的问题。"⑥张廷凯认为,"课程结构是课

---

① 靳玉乐. 课程论 [M]. 北京:人民教育出版社,2012:138.
② 张廷凯. 新课程设计的变革 [M]. 北京:人民教育出版社,2003:2.
③ 中国社会科学院语言研究所词典编辑室编. 现代汉语词典:6版 [Z]. 北京:商务印书馆,2012:662.
④ 潘懋元,王伟廉. 高等教育学 [M]. 福州:福建教育出版社,1995:69.
⑤ 苗东升. 系统科学精要:3版 [M]. 北京:中国人民大学出版社,2010:22-23.
⑥ 施良方. 课程理论:课程的基础、原理与问题 [M]. 北京:教育科学出版社,1996:123.

程要素和各组成部分的配合与组织。"① 廖哲勋认为，"课程结构就是课程内部各要素、各成分的内在联系和相互结合的组织形式"②，他还将课程结构分为表层结构和深层结构两个方面，认为表层结构是指"一定学段课程的整体规划的结构"，深层结构是指"一定学校的教材结构，包括各种教材的内部各要素、各成分的组合以及各类教材之间的整体组合"③。郭晓明则将课程结构分为形式结构和实质结构两个方面，认为"课程的形式结构主要是指表现于课程外部的各形式性构成要素及其相互关系；课程的实质结构则是隐含于课程内部的各实质性构成要素及其相互关系。……形式结构展现的是课程的'躯壳'，实质结构体现的是课程的'精、气、神'。课程的实质结构决定着课程的价值取向和性质"④。

因此，本研究认为：课程结构是在一定教育价值观的指导下，学校为实现自己的培养目标而构建的课程体系中各种课程类型及具体课程科目的搭配和排列。也就是说，课程结构是一个系统结构，它包括形式结构和实质结构两个层次。形式结构展现的是课程的外部组成形态，而实质结构体现的是课程内部的价值取向。在课程结构概念中，"教育价值观"指的是课程的实质结构，而"各种课程类型及具体课程科目的搭配和排列"指的是课程的形式结构，即：

课程结构 { 形式结构：各种课程类型、具体课程科目的搭配和排列
实质结构：课程的价值取向

（五）课程评价

目前，评价领域常用的三个英语词汇是 evaluation、asessmemt、measurement。"evaluation"一般译为"评价"，"assessment"一般译为"评定"，"measurement"一般译为"测量"。尽管这三者在很多评价人员的观念中常常可以通用，但从它们的原意来看，"评价"的对象更多的是指课程、教学计划或与之相关的问题；"评定"的对象则指向人，如对学生学习成绩的评定、对教师能力的评定等；而"测量"是用于评价或评定的一种方法手段，是使用某种

---

① 张廷凯. 新课程设计的变革 [M]. 北京：人民教育出版社, 2003:96.
② 廖哲勋, 田慧生. 课程新论 [M]. 北京：教育科学出版社, 2003:231.
③ 廖哲勋. 课程学 [M]. 武汉：华中师范大学出版社, 1991:67-68.
④ 郭晓明. 课程结构论：一种原理性探寻 [M]. 长沙：湖南师范大学出版社, 2002:72-73.

测验（test）对上述有关对象赋予一定数量值，作为评价或评定的依据。①

对于课程评价这一概念，研究者有不同的理解。拉尔夫·泰勒（Ralph W. Tyler）认为，"从本质上讲，评价的过程就是判断课程和教学计划在多大程度上实现了教育目标的过程。"② 美国学者克隆巴赫（L. J. Cronbach）认为，"评价能完成的最大贡献是确定教程需要改进的地方。评价是一种具有多种变式的活动。"③ "斯塔弗尔比姆（D. L. Stufflebeam）强调，'评价最重要的意图不是为了证明，而是为了改进'，为此，在 1969 年他对评价提出了一种定义'为决策提供有用信息的过程。'"④ "艾斯纳（Elliot W. Eisner）指出，"课程评价是这样一个过程，它的主要内容包括三方面：课程本身、提供的教学以及实现的结果。"⑤

我国学者施良方认为，"课程评价是指研究课程价值的过程，是由判断课程在改进学生学习方面的价值的那些活动构成的。"⑥ 钟启泉认为，"课程评价，就是以一定的方法途径对课程计划、活动以及结果等有关问题的价值或特点做出判断的过程。"⑦ 廖哲勋、田慧生认为，"课程评价作为教育评价的重要组成部分，是通过系统调查、收集数据资料，对学校课程满足社会与个体需要的程度做出判断的活动，以此来决定是否接受、改进或排除课程或特定教科书的过程。"⑧ 陈玉琨认为，"课程评价是教育评价的重要组成部分，它是在系统调查与描述的基础上对学校课程满足社会与个体需要的程度做出判断的活动，是对学校课程现实的（已经取得的）或潜在的（还未取得，但有可能取得的）价值做出判断，以期不断完善课程，达到教育价值增值的过程。"⑨ 李雁冰认为，"课程评价就是以一定的方法、途径对课程的计划、活动以及结果等有关问题的价值或特点做出判断的过程。"⑩ 可见，课程评价所包含的内容正如吴刚平教

---

① 胡森 (Husen,T.). 简明国际教育百科全书·教育测量与评价 [Z]. 许建钺，赵世诚，译. 北京：教育科学出版社,1992:14-15.

② Ralph W. Tyler. Basic Principles of Curriculum and Instruction[M]. Chicago: University of Chicago Press,1949:105-106.

③ Cronbach L.J.Course Improvement through Evaluation[J]. Teachers College Record, 1963, 64(8).

④ 转引自陈玉琨. 课程改革与课程评价 [M]. 北京：教育科学出版社,2001:136.

⑤ 转引自李雁冰. 课程评价论 [M]. 上海：上海教育出版社,2002: 135.

⑥ 施良方. 课程理论：课程的基础、原理与问题 [M]. 北京：教育科学出版社,1996:149.

⑦ 钟启泉，李雁冰. 课程设计基础 [M]. 济南：山东教育出版社,2000:484.

⑧ 廖哲勋，田慧生. 课程新论 [M]. 北京：教育科学出版社,2003:402.

⑨ 陈玉琨，沈玉顺，代蕊华，等. 课程改革与课程评价 [M]. 北京：教育科学出版社,2001:137.

⑩ 李雁冰. 课程评价论 [M]. 上海：上海教育出版社,2002:4.

授所指出的,"课程评价主要包括课程文本评价、教师教学评价和学生学业评价三个方面"①。

综上所述,本研究对课程评价的操作性定义为:通过系统调查、收集材料,对课程计划(课程文本)、课程实施及其效果等做出价值判断,以改进和发展课程的过程。依据师范类专业认证"评价—反馈—改进"原则,参照王伟廉教授高等学校课程研究系统图②,本研究对我国本科教师教育课程评价系统图的具体构想如图0-1所示。

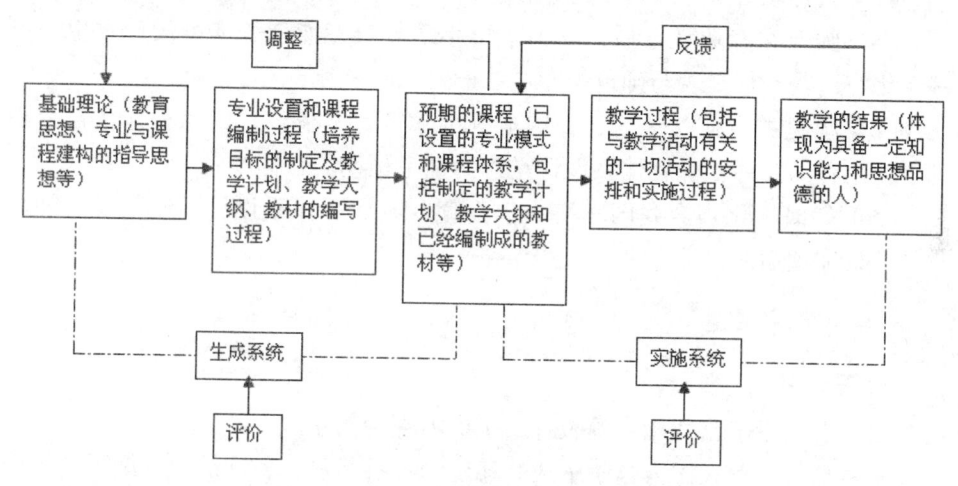

图 0-1　我国教师教育课程评价系统图

三、研究的问题与研究意义

(一)研究的问题

对核心概念的清晰界定,有助于我们厘清所要研究问题的边界。从上述概念可知,课程评价是课程修订或调整时必不可少的重要环节,起着规范、管理和提升课程设计质量的功能。课程评价在课程设计中发挥的"评价—反馈—改进"的作用,与师范类专业认证"持续改进"的理念不谋而合。

鉴于当前我国师范类专业认证刚刚起步,对教师教育课程设计分类评估的研究还相对较少,本研究选取师范类专业认证小学教育专业认证第二级标准

---

① 吴刚平,夏永庚.学业考试为主课程评价制度的古典遗产与现代转型[J].全球教育展望,2012(3):12-18.

② 王伟廉.高等学校课程管理若干问题的探讨[J].北京大学教育评论,2003(2):81.

中的一个类别——本科小学教育专业课程体系进行研究，以期对我国师范类专业分级分类认证有所贡献。

本研究旨在解决的核心问题是：在师范类专业认证背景下，我国本科小学教育专业课程体系究竟该如何设计，才能实现师范类专业认证预期的目标？

本研究拟解决的分问题是：

（1）为什么我国要开展师范类专业认证，即师范类专业认证的缘由是什么？

（2）教师教育课程设计的理论依据是什么？

（3）师范类专业认证后，我国本科小学教育专业课程体系设计发生了哪些变化？这些变化是否与师范类专业认证要求的一致？

（4）师范类专业认证后，我国本科小学教育专业设计的课程体系是否得到了使用者的好评？课程体系设计是否达到了预期的目标？

（5）如何优化当今我国本科小学教育专业课程体系设计，使其发挥师范类专业认证预期的目标？

（二）研究的意义

1. 理论意义

（1）有助于丰富我国高等教育质量保障理论体系

随着高等教育在国力竞争中战略地位的日益凸显，各国纷纷开展了高等教育质量保障运动，相继建立各自的高等教育质量保障体系，成立全国性的高等教育评估机构，开展各种评估或认证工作，我国也不例外。但我国自开展普通高等学校本科教学工作水平评估以来，由于使用一套统一的评估指标体系评估所有的本科高校，不能体现不同层次、不同类型学校、专业之间的差异，不能反映同一层次、同一类型学校、专业之间的特色差别，一直饱受诟病。本研究对师范类专业认证背景下我国本科小学教育专业课程体系进行设计和评价方面的研究，对弥补我国现有高等教育分类评估不足，形成多样化的高等教育评估制度，丰富我国高等教育质量保障体系具有重要的理论意义。

（2）有助于丰富我国教师教育理论体系

美国学者罗伯特·特拉弗斯（R. Travers）认为："教育研究的中心点无疑应在课程领域内"[①]，而"中国的课程研究最缺乏的不是实践而是理论"[②]，"我国对课程领域进行研究的较少，对某一类大学进行系统课程研究的更少"[③]，更别

---

① 吕达.中国近代课程史论[M].北京：人民教育出版社，1994：1.
② 布鲁纳.布鲁纳教育论著选[M].绍瑞珍，译.北京：人民教育出版社，1989：27.
③ 王伟廉.高等学校课程研究导论[M].广州：广东高等教育出版社，2008：前言1.

提对教师教育这一类课程进行系统的研究了。自20世纪80年代以来,各国的教育发展进入了一个新的时期。各国政府和学者认识到,教育改革的成功与否决定于教师,教育质量的高低取决于教师。[①]各国纷纷掀起了教师教育改革的浪潮,我国也不例外。但"在课程论领域中,至今关于课程结构的理论与其他部分相比,仍然比较单薄"[②],而且"大多数关于课程类型的理论主要还处于比较孤立和表面化的研究层面","课程结构的研究有待深化"。[③]"课程结构研究为课程理论发展所必需,课程结构研究的进展必将推动课程理论,特别是课程设计理论的进步。"[④]本研究对我国小学教育专业本科教师教育课程体系进行研究,将有助于促进我国教师教育课程理论体系建设,丰富我国教师教育课程理论体系。

2.实践意义

(1)有助于指导我国本科教师教育课程改革实践

剖析现代大学的基本"产品"不外乎两个,即"课程"和"学生"。从大学的社会功能来看,学生是终极"产品",课程是实现学生"产品"生产的手段;从大学内部来看,学生所"消费"的产品,都是以课程为载体所构成的资源要素组合。[⑤]课程是学校教育的基础,学生是学校教育的核心,没有好的课程,学校条件再好,也难以培养出预期的人才。在实践领域,任何一所大学的本科人才培养方案修订,都不可能绕开或回避课程设计、课程结构调整的问题。"国外很多高校之所以能够吸引世界各国的优秀学生,原因固然很多,但其中重要的一条,就是能够及时把握时代脉搏,面向社会,面向学生,不断调整课程结构。"[⑥]师范类专业认证后,我国高校在进行教师教育课程设计时,如何结合学校发展历史,融合国家、社会、学生等对高质量教师教育课程的诉求,凸显自身教师教育课程特色,对学校现有课程体系进行改革?课程体系中哪些课程应该保留?哪些可以删除?我们如何选择?选择的依据是什么?本研究对师范类专业认证背景下我国本科小学教育专业课程设计和评价进行研究,旨在回答这一系列问题,以期为我国师范类专业认证后,大学本科小学教育专

[①] 丹尼尔森,麦格里.教师评价:提高教师专业实践能力[M].陆如萍,唐悦,译.北京:中国轻工业出版社,2005:译丛总序3.

[②] 杨明全.课程概论[M].北京:北京师范大学出版社,2010:198.

[③] 从立新.课程论问题[M].北京:教育科学出版社,2000:247.

[④] 郭晓明.课程结构论:一种原理性探寻[M].长沙:湖南师范大学出版社,2002:5.

[⑤] 徐同文.大学课程设计[M].北京:教育科学出版社,2011:3-4.

[⑥] 王延文.教师专业化的系统分析与对策研究[D].天津:天津大学,2004.

业课程改革、各校编制或修订大学本科小学教育专业课程计划提供参考。

（2）有助于指导我国本科教师教育课程评价实践

教师教育课程改革是教师教育改革的重要组成部分，但我国各高校在教师教育课程改革的过程中大多是基于经验主义，缺乏一套科学的教师教育课程评价标准或指标体系作为依据。有学者认为，我国"每一次课程改革几乎都是匆匆上马，缺乏研究的积累，缺乏理论的武装，缺乏实践的验证，缺乏必要的评估，可以说是一种游击式经验型的课程改革模式。这种模式是不可能引起真正的课程变革的。课程改革模式应从经验型转为科学型，改变'招之即来，挥之即去'的作风"[①]。课程改革离不开课程评价理论的指导。20世纪五六十年代，课程评价在美国得到快速发展的原因，就在于苏联人造卫星上天以后，美国政府进行了大规模的课程改革。也就是说，是课程改革推动了课程评价的产生，而课程评价促进了课程改革的深入推进。我国师范类专业认证指标体系为我国本科教师教育课程评价提供了参考依据，本研究聚焦于小学教育专业本科教师教育课程评价领域，有助于引导各校开展小学教育专业本科教师教育课程评价实践，也丰富了我国教师教育课程评价实践。

四、文献综述

本研究资料的收集，中文文献主要集中在中国期刊网、实体图书馆和网上书店——淘宝、京东、当当和亚马逊上相关书籍，外文文献主要集中在ProQuest Dissertations & Theses（PQDT）博硕士论文全文数据库和SAGE journals（http://online.sagepub.com/）外文期刊数据库，以及学校科研服务群提供的资料。结合研究主题，本研究主要从师范类专业认证、教师教育课程设计和教师教育课程评价三方面进行综述。

（一）关于师范类专业认证的研究

1.对美国国家教师教育认证协会（NCATE）的介绍或启示的研究

美国国家教师教育认证协会（National Council for Accreditation of Teacher Education，简称NCATE）是美国成立时间最早的教师教育认证机构。其作用大致有：为国家和公众保障教师教育的质量、促进教师教育专业化、帮助教师教育机构不断进步和提高质量、为学生提供服务等几方面。[②]

[①] 蒋建华.知识　权利　课程：政策视野中的课程研究[M].北京：教育科学出版社,2010:11.
[②] 石芳华.美国教师培养方案全国性鉴定制度的研究[D].上海：华东师范大学,2002.

1974年，美国研究者林德赛（Margaret Lindsey）对1951年至1970年NCATE的教师教育专业标准进行了介绍，指出NCATE 1970年的教师教育专业标准关注了毕业生的质量。[①]1982年，摩尔（Colleen A. Moore）对NCATE 20世纪80年代前的标准进行了介绍。[②]1987年，柔曼斯（Richard L. Roames）对NCATE的历史作了系统的研究。[③]1997年，卢卡斯（Christopher J. Lucas）介绍了NCATE 1995年的教师教育专业标准，并指出其是基于结果的评估。[④]2003年，布洛夫（Robert V. Jr Bullough）对NCATE 20世纪90年代的教师教育专业标准进行了介绍，并指出其关注的是教师教育专业本身的成效。[⑤]怀斯（A. E. Wise）[⑥]也对NCATE的教师教育专业标准进行了介绍和评价。

我国研究者贾国锋对1952年至2008年NCATE的教师教育专业标准进行了梳理。他认为1957年NCATE的教师教育专业标准是一套以"教师教育目标"为核心的标准体系；1970年是一套以"课程"为核心的标准体系；1990年是一套以"教师教育的知识基础"为核心的标准体系；2008年的新标准是以"学生学习绩效"为核心的标准体系。同时，他认为NCATE批判与吸收的逻辑统一、组建第三方评价机构、在标准制定过程中注意评价理论与评价实践的结合等值得我国借鉴。[⑦]周钧博士则对NCATE成立的背景、发展历程及各阶段教育理念的变化进行了分析。[⑧]王娟娟介绍了NCATE的六项认证标准的

---

① Lindsey M. *Accreditation in Teacher Education*[M]. ERIC Document Reproduction Service (No. ED084 760),1974:18-20.

② Moore C. A.Accreditation of Higher Education:The Case of NCATE[R].ERIC Document Reproduction Service(No. ED226 684),1982:9-20.

③ Richard L. Roames. Accreditation in Teacher Education: A History of the Development of Standards Utilized by the National Council for Accreditation of Teacher Education[D].Akron the Graduate Faculty of the University of Akron, January, 1987.

④ Lucas Christopher J. *Teacher Education in America:Reform Agendas for the Twenty-First Century*[M]. New York: St. Martin's Press,1997:199-202.

⑤ Bullough Robert V. Jr,Clark D. Cecil Patterson Robert S.Getting in Step:Accountability, Accreditation and the Standardization of Teacher Education in the United States[J]. *Journal of Education for Teaching*,2003,29(1):35-51.

⑥ Wise A. E., Leibbrand J. A. Standards in the New Millennium: Where We are, Where We're Headed. A Statement from NCATE[J]. *Journal of Teacher Education*, 2001,52(3): 244-255.

⑦ 贾国锋.战后美国教师教育专业标准演进研究[D].保定：河北大学,2014.

⑧ 周钧.美国教师教育认可标准的变革与发展：全国教师教育认可委员会案例研究[D].北京：北京师范大学,2005.

具体内容及特点，并指出教师教育机构认证制度是一种"以成绩表现为基础"的认证体系，教师教育的结果是认证的重点。①

但也有研究者对 NCATE 持批判态度，认为"NCATE 认证是代价昂贵而又十分烦琐的，且其认证的有效性也缺乏来自研究方面的证明"②，"NCATE 实施的认可逐渐从自愿性变为强制性，NCATE 逐渐超出了它所应履行的职责范围，获得一种'准法定'的权力；认可标准含糊不清、收缩性大、过于细致而不切实际；忽略了教师教育的多样性，错误地寻求结果的确定性和一致性"③。

2. 对美国教师教育认证委员会的介绍或启示的研究

由于"NCATE 认证的不足；美国教师教育市场化的要求"④，"NCATE 的认证过程繁杂且所需费用昂贵，其认证的有效性和认证的价值也受到怀疑"⑤，"为了使教师教育认可更客观和全面，避免一种认可的垄断性，更为了从不同的角度保障教师教育的质量"⑥，1997 年美国又成立了教师教育认证委员会（Teacher Education Accreditation Council，TEAC），成为和 NCATE 并存的教师教育专业认证机构。

TEAC 本身不制定或不采用详细的认证标准，采用什么标准开展或举办教师教育项目由教师教育机构自己定夺，TEAC 只需认证教师教育项目是否完成它自己所制定的标准和目标。即 TEAC 认证的主要任务就是让这些机构提供证据来证明他们已经达到了他们所制定的或采用的标准。⑦ 可见，TEAC 这一认证模式既可以确保教师教育机构有一定的办学自主权，也可以作为一种专业认可，消解行政性认证可能产生的弊端，如导致教师教育机构往往以行政命令或认可标准作为办学的指针，而放弃了认可标准之外许多对于教师教育而言非常重要的因素等。⑧ 因此，TEAC 开辟了一种新的认证模式。

---

① 王娟娟.美国教师教育机构认可制度探析[D].重庆：西南师范大学,2005.

② Dale D. Johnson, Bonnie Johnson, Stephen J. Farenga, et al.*Tivializing Teacher Education, the Accreditation Squeeze*[M].Washington:Rowman and Littlefield Publishers.Inc,2005.

③ 周钧.美国教师教育认可标准的变革与发展：全国教师教育认可委员会案例研究[D].北京：北京师范大学,2005.

④ 王佳佳,温玲.从教师教育认证委员会产生的合理性看美国教师教育认证的趋势[J].世界教育信息,2007(9):27-29.

⑤ 王静,洪明.教师教育质量评估的新理念[J].全球教育展望,2008(1):72-76.

⑥ 朱旭东.试论建立教师教育认可和质量评估制度[J].高等师范教育研究,2002(3):28-33.

⑦ 朱旭东.试论建立教师教育认可和质量评估制度[J].高等师范教育研究,2002(3):28-33.

⑧ 谢安邦,苟渊.对我国建立教师教育认可制度的思考[J].教师教育研究,2005(9):1-5.

对于 NCATE 和 TEAC 之间的差异，有研究者认为主要体现在分工上。[1] TEAC 的主要任务是对教师培养机构的教师教育培养方案进行认证，其认证的对象是教师教育方案（education program），而不是大学、系，或是其他的行政单位。TEAC 的任务就是对教师教育机构所提供的证据进行审核。[2]

3. 对美国师资培养认证委员会的介绍或启示的研究

美国师资培养认证委员会（Council for the Accreditation of Educator Preparation，CAEP）是 2013 年在 NCATE 和 TEAC 的基础上合并成立的，也是在新的时代和教育背景下对教育质量认证的框架体系的再造和重构。[3] CAEP 开启了美国教师教育机构认证制度再次统一的新局面。

CAEP 作为美国当前唯一的教师教育认证机构，以形成性评价理论和 CIPP 评价理论为理论基础，以证据本位为认证原则，具有与权威性标准相衔接，注重准教师的实践及其团队的遴选、高效、有序，认证方式公开、公正等特点。此外，CAEP 的认证过程不仅能够充分尊重教师教育机构的多样性，还本着公平、公正的态度，确保了认证的有效性和整个认证过程中的透明度，因此，从源头上保障了美国中小学职前教师的整体质量水平。[4] 邓涛认为，美国形成统一的教师教育认证机构是其教师教育认证走向专业化、规范化、去行政化的里程碑。[5]

此外，还有研究者介绍了美国职前认证机构"全国教师教育认证委员会（NCATE）"及入职认证机构"州际新教师评价与支持联合体（INTASC）"与在职认证机构"全国专业教学标准委员会（NBPTS）"和美国优质教师认证委员会的基本情况。[6] 美国一方面建立了职前、入职和在职三位一体的专业取向的教师质量保障系统，另一方面又新辟了选择性教师质量保障路径，形成了两大系统共六个保障层级并存的局面。[7]

---

[1] 胡卓敏. 美国教师教育认证机构比较研究 [D]. 上海：上海师范大学, 2015.

[2] 王静, 洪明. 教师教育质量评估的新理念——美国教师教育认证委员会（TEAC）述评 [J]. 全球教育展望, 2008(1):72-76.

[3] 王兴宇. 美国教师教育认证制度变革及其对我国的启示 [J]. 教育科学, 2018(12):79-85.

[4] 黄俊丽. 美国教师培养认证委员会(CAEP)认证模型研究 [D]. 曲阜：曲阜师范大学, 2018.

[5] 邓涛. 美国教师教育认证改革：机构重建和标准再构 [J]. 教师教育研究, 2016,28(1):110-115.

[6] 张治国. 美国四大全国性教师专业标准的比较及其对我国的借鉴意义 [J]. 外国教育研究, 2009(10):34-38.

[7] 洪明. 美国教师质量保障体系历史演进研究 [D]. 福州：福建师范大学, 2008.

4. 对美国教师教育专业认证特点的研究

从 1954 年成立美国国家教师教育委员会（NCATE），1997 年成立教师教育认证委员会（TEAC），到 2013 年 NCATE 和 TEAC 合并，成立美国师资培养认证委员会（CAEP），美国教师教育专业认证尤其表现出以认证评估的证据提交来强调问责的趋势，即教师教育的培养机构需要通过提供可靠、真实而又具体的证据，证明教师培养机构具有培养教师的资格，证明教师候选人是具备专业知识和能力的教师。[①]

美国中小学教师培养的专业认证有州一级的基本水平认证和教师教育专业认证机构的高级水平认证，州一级的专业认证具有专业性和强制性的双重特征，教师教育专业认证机构则更具专业性、权威性和非强制性特征。美国以州政府教育部门、教师教育专业认证组织、各类专业协会联合共治的具有层次性、兼容性和开放性的认证体系对健全我国教师教育质量认证和保障体系具有现实的借鉴意义。[②] 在美国，所有大学的教师培养项目都必须接受州一级的认证，但不一定参加专业机构组织的高级认证。[③] 当前，美国已建立了多层次、多类型的师范专业认证工作体系，形成了共性与个性、师范性与领域性兼顾兼容的认证标准，对我国师范专业认证工作具有重要参考价值。[④]

另外，研究者还对美国某一学科方面的教师教育专业认证标准进行了研究，如韩继伟、张晓霞介绍了美国中学数学教师教育专业认证标准的具体内容，以期对我国教师教育专业认证提供参考。[⑤]

5. 对其他发达国家教师教育认证情况的介绍或启示的研究

2015 年，澳大利亚实行了新一轮的教师教育专业认证改革。这次改革缘于提高基础教育质量及对革除教师教育专业认证既有弊端的诉求，并受到了高等教育改革的影响；改革的创新之处主要体现在以结果为导向对教师教育项目进行全程评价；强调对基础教育的实际影响，提出了更高的职前教师选拔标

[①] 许芳杰. 美国教师教育专业认证评估的证据文化及其对我国的启示 [J]. 教师教育研究, 2021(7):19-25.

[②] 范颐, 王远. 美国中小学教师培养的专业认证 [J]. 湖南师范大学教育科学学报, 2018(11):99-105.

[③] 龙宝新. 论美国师范专业认证工作的特点与走向 [J]. 教师教育学报, 2018(6):93-102.

[④] 龙宝新. 美国师范专业认证工作对构建我国师范专业认证工作框架的启示 [J]. 教师发展研究, 2018(6):109-118.

[⑤] 韩继伟, 张晓霞. 美国教师教育专业认证及启示 [J]. 数学教育学报, 2018(4):3-9.

准；关注项目的持续改进等。①

英国在 1984 年成立教师教育认证委员会（Council for Accreditation of Teacher Education，CATE）。英国教师教育专业认证经历了从课程认证、机构认证到专业认证的变化，目前已形成较为完善的国家教师教育专业认证体系。英国职前教师教育专业认证有国家取向的认证主体受国家政治理念的影响、证据本位下关注准教师课堂表现和认证结果为解决师资压力这三个特点。②

1997 年，加拿大安大略省依法成立了教师管理协会（Ontario College of Teachers，OCT），其职责主要包括：制订教学实践标准和行为规范；颁发、中止或撤销教师资格；认证教师教育方案和课程；为注册成员提供在职专业学习的机会；受理各种有关教师违规行为的投诉，组织听证会，惩戒违规行为等。可见，教师教育方案和课程的认证是 OCT 的重要工作之一。③ 加拿大教师教育专业认证对我国的启示包括：建立第三方机构，加强各方对话；注重专业认证"入口"标准的建构；改革教师教育专业认证培养标准；构建科学的专业认证程序办法等。④

2004 年，德国文教部长联席会议首先通过了《教师教育标准：教育科学》；2008 年又通过了《各州通用的对于教师教育的学科专业和学科教学法的内容要求》。这两个标准对师范生在毕业时需要掌握的知识、能力、态度作了具体要求，内容涉及教育科学、学科专业和学科教学法三个方面，并强调要更加紧密地衔接理论学习、见习和入职后的继续教育，体现了科学性、全面性和开放性等特点。⑤

由此可见，当前国际上教师教育专业认证存在"证据为本"的趋向，重视教师培养效能以及对学生产生的积极影响。⑥

6. 对我国师范类专业认证的相关研究

在我国教师教育转型过程中，我国教师教育开始从关注高校机构本身转向关注学生高素质的培养；从单纯关注培养结果到关注人才培养的全过程；从

---

① 邓涛，王阳阳. 澳大利亚教师教育专业认证改革：理念更新和标准重构 [J]. 高等教育研究, 2018(12):98-106.
② 李明丽. 英国职前教师教育专业认证研究 [D]. 长春：东北师范大学, 2018.
③ 陈玲玲，胡惠闵. 加拿大教师专业教育方案认证制度：以安大略省为例 [J]. 全球教育展望, 2010(2):79-82.
④ 诺敏. 加拿大教师教育专业认证研究：以安大略省为例 [D]. 长春：东北师范大学, 2018.
⑤ 孙进. 德国教师教育标准：背景·内容·特征 [J]. 比较教育研究, 2012(8):30-36.
⑥ 王松丽，李琼. 国际教师教育专业认证评估的证据趋向 [J]. 教师教育研究, 2019(11):100-107.

阶段性评估转向常态化监控机制；从单向度评估转向分级分类、多维度多视角的认证整合，我国师范类专业实行专业认证是历史的必然。[①]

我国于2017年10月26日印发《普通高等学校师范类专业认证实施办法（暂行）》的通知。我国师范类专业认证能促使高校提高教师教育质量、优化教师教育结构、改善师范生学习体验，形成以学生为中心的教师教育体系。[②]

随后，教育部选取江苏、河南和广西作为试点单位，积极推进师范专业认证试点工作。广西的试点表明：科学的认证标准体系、具体的认证办法和可复制的操作模式、专业的认证团队、严密的组织程序是确保师范专业认证顺利开展的关键要素。[③]但也有研究者认为，从广西的认证试点来看，我国师范类专业认证存在主体缺乏、人员构成不合理、无法去除行政化、认证对象参与度不够高等问题。[④]杨跃则认为，师范专业认证作为一项新制度变革，在当前的制度环境下主要面临政府制度保障严重不足、高校接受认证主动性有限、认证机构专业独立性欠缺、社会公众参与意识薄弱等困境，进一步完善师范专业认证制度，还有待于清晰界定政府职能、赋予高校自主权力、培育师范专业组织以及提高社会公众意识。[⑤]刘莉莉、陆超认为，还可从激发专业认证的主体诉求，形成专业建设的自主发展机制；健全专业认证的行业组织，增强认证的专业性与权威性；完善专业认证标准与认证关键技术，建立科学的专业认证指标体系等方面努力，优化师范类专业认证制度。[⑥]

综上所述，国内外现有的关于师范类专业认证的研究主要集中在教师教育认证制度的发展、教师教育认证机构的演变、教师教育认证标准的分析等方面，且大多集中于对教师教育专业认证经验的介绍，其中以美国为主，澳大利亚、加拿大、英国等国家略有涉猎。我国师范类专业认证的时间相对较晚，近年来，研究者们从理论和实践层面展开了相关探索。

[①] 刘莉莉,陆超.高校师范类专业认证的历史必然与制度优化[J].教师教育研究,2019(5):40-45.
[②] 胡万山.师范类专业认证背景下教师教育改革的意义与路径[J].黑龙江高教研究,2018(7):25-28.
[③] 田腾飞,任一明.高校师范专业认证的总体设计及实践探索[J].重庆师范大学学报(社会科学版),2018(3):69-75.
[④] 王芸.我国师范类专业认证实践研究：以广西为例[D].南宁：广西师范学院,2017.
[⑤] 杨跃.师范专业认证制度改革的现实困境与治理对策：基于新制度主义理论视角的分析[J].现代教育管理,2018(2):71-76.
[⑥] 刘莉莉,陆超.高校师范类专业认证的历史必然与制度优化[J].教师教育研究,2019(5):40-45.

（二）关于教师教育课程设计的研究

1. 关于教师教育课程设置的研究

笔者通过梳理文献发现，课程设置与课程设计在使用中互为同义词。课程设置是学校教育的灵魂，是任何教育研究都无法回避的核心问题，基础教育如此，教师教育亦然。[①]因此，我们可以发现，在关于教师教育课程的研究中，教师教育课程设置的研究相对而言最丰富。

师范学校最初建立时，其教师教育课程设置的关键在于满足教师具备任教学科的专业知识这一要求，因此课程设置的主要内容是任教科目课程；到19世纪末20世纪初，一些教育研究者提出师范教育理应重视师范性，加大教育科目训练[②]，因此，在19世纪末教师教育课程在设置时才逐渐开始关注教育理论类课程；到20世纪20年代，美国"卡耐基教学促进基金会确立了由基础学科课程、任教科目课程和教育专业课程构成的教师教育课程结构，构成了美国教师教育课程体系的基本框架"[③]；到20世纪50年代末，教学实习周数，除少数特例之外，各类教师教育机构一般都在8周。[④]世界各国教师教育课程体系框架大致相似，只是各类课程比重不同。

20世纪60年代，美国国家教师教育和专业标准委员会（the National Commission on Teacher Education and Professional Standards，NCTEPS）规定教师教育院校课程设置的标准是：文理基础知识约占整个教学计划的40%；任教学科占40%，主要是为教师资格证的科目类别及未来任教学科做准备；教育专业知识和教育实习约占20%，使师范生掌握"如何教"的知识。[⑤]德国巴伐利亚州规定，在基础学校教师培训中，教育科学占16%，学科教学论占28%，学科科学占16%，学校实习占41%。[⑥]加拿大的教师教育课程中，教学法课程占50%左右，教育基本理论占30%左右，教育实践课程占20%左右。[⑦]我国教育部1981年颁布《高等师范院校四年制本科文科三个专业教学计划（实行

---

① 李其龙，陈永明. 教师教育课程的国际比较 [M]. 北京：教育科学出版社，2002:4.
② Bullough Robert V.Pedagogical Content Knowledge Circa 1907 and 1987:A Study in the History of an Idea[J].*Teaching and Teacher Education*,2001,17(6):655-666.
③ Griffin Gary A.*The Education of Teachers*[M].Chicago:The University of Chicago Press,1999:194.
④ 林木. 世界各国师范教育课程 [M]. 台北：台湾开明书店，1964:129-131.
⑤ NCTEPS.New Horizons for the Teaching Profession[R].Washington D C:NCTEPS.NEA,1961:72.
⑥ 李其龙，陈永明. 教师教育课程的国际比较 [M]. 北京：教育科学出版社，2002:116.
⑦ 任怡. 加拿大职前教师教育课程的设置 [D]. 重庆：西南大学，2015.

草案）》规定：公共基础课占教学总时数的 20%，专业课占教学总时数的 65%，教育类课程占 5%。[1] 而在日本，初等教育师资的课程中一般教育占 36.6%，学科专业课程占 27%，教育专业课程占 37.4%。[2] 在韩国，教养课程建议占 20%，专业课程建议占 60%，自由选修课占 20%[3] 等。

20 世纪 80 年代中期以后，以舒尔曼（Lee Shulman）为首的一批研究者提出了"学科教学知识"（Pedagogical and Content Knowledge，PCK）这一概念，认为教师的专业基础是"普通教育学与任教学科的结合以及教育学知识在任教学科的具体应用。"[4] "学科教学知识"这一概念的提出，在某种程度上开始促使人们在教师教育课程设置时，有意识地将任教学科知识与教育学知识进行融合。

达林-哈蒙德（L. Darling-Hammond）则认为教师教育课程整体应设置成连贯一致的紧密的课程，无论是在理论课程之间、理论课程与中小学实习之间，还是在中小学实习与教育专业理论课程之间等。[5] Karen Goodnough 的研究指出"有效的教师教育课程主要有三大共同点：一是课程的一致性和整合性，在课程及课程和实习之间有很强的一致性；二是运用理论联系实际的课程教学法和大量的、受到良好监督的实习；三是与中小学学校建立良好的关系"[6]，在某种程度上，应是对达林-哈蒙德观点的支持。

除了对教师教育课程的整体设置进行考虑外，国外还有一些研究者基于某一视角，对教师教育课程设置提出建议，希望在教师教育课程中增加某一门或某一类课程。例如，莎朗·塞勒斯-克拉克（Sharon E. Sellers–Clark）认为媒介正在影响人们的生活，影响我们的青少年，为了使中小学生在媒介教育上取得成功，达到州媒介教育的标准，教师教育机构应该开设媒介素养课，以使

---

[1] 朱旭东，胡艳 . 中国教育改革 30 年：教师教育卷 [M]. 北京：北京师范大学出版社，2009:128.

[2] 刘捷，谢维和 . 栅栏内外：中国高等师范教育百年省思 [M]. 北京：北京师范大学出版社，2002:220.

[3] 金铁洙 . 中韩两国教师教育比较研究 [D]. 长春：东北师范大学，2006.

[4] Shulman L.S.Those Who Understand: Knowledge Growth in Teaching[J].*Educational Researcher*,1986,15(2):4-14.

[5] Darling-Hammond L., Bransford J.*Preparing Teachers for a Changing World: What Teachers Should Learn and Be Able to Do*[M].San Francisco, CA:Jossey-Bass,2005.

[6] Karen Goodnough.The "Black Box" of Teacher Education:The Use of Evidence in Program Renewal[A]. Falkenberg T,Smits H.The Question of Evidence in Research in Teacher Education in the Context of Teacher Education Program Review in Canada[C].Winnipeg,MB:Faculty of Education of University of Manitoba,2011:107-123.

职前教师具备媒体素养，能教授媒介素养课。[1] 芭芭拉（Barbara Redhead）认为教师教育应致力于提高教育质量，因此应开设个性化的、有利于社交和健康的教育类课程。[2] 卡梅（Carmel M. Diezman）认为教师教育应开设研究方法类的课程，以帮助学生形成科研能力，促进教师成为研究者或学术型教师。[3] 蒂拉（Dina Brown）和马克（Mark Warschauer）则认为教师教育应开设技术方法类课程，以帮助学生掌握逻辑思维和教育教学的技术，为学生打下终身学习的基础。[4] 还有学者认为应将建构主义分类学应用于小学数学教师教育课程设置。[5]

由于美国是个移民国家，如何让多样化的学生一个都不掉队也是研究者关注的问题。有研究者认为"教师教育课程设置中应体现多元文化意识"[6] "教师教育课程设计者从初始阶段就要努力确保课程内容、知识、价值取向和技能的课程都符合多元文化结构"[7]，"以帮助学生（包括少数跨文化学生）培养在日益多元化的美国社会和注定到来的'地球村'中，作为有效公民应具备的多元文化能力"[8]。学者范努兰（Van Nuland Shirky）则认为"加拿大职前教师课

---

[1] Sellers Clark S.E.Are Great Cities Institutions Preparing Pre-Service Teachers to Teach Media Literacy? A Comparative Study [D].Detroit:Wayne State University,2006.

[2] Redhead Barbara,Start with the Issues [J].*Times Educational Supplement*,2004(4577):22.

[3] Diezman C.M.Growing Scholarly Teachers and Educational Researchers:A Curriculum for Research Pathway in Pre-service Teacher Education[J].*Asia-Pacific Journal of Teacher Education*,2005(7).

[4] Dina Brown,Mark Warschauer.From the University to the Elementary Classroom:Students' Experiences in Learning to Integrate Technology in Instruction[J].*Journal and Teacher Education*,2006,14(3):599-621.

[5] Robert Cohen. The Development and Use of a Constructivist Taxonomy in Implementing the Nctm Standards in Mathematics Elementary Teacher Education [D].Maryland:University of Maryland,2001.

[6] Bank J. A. Citizenship Education and Diversity: Implications for Teacher Education[J]. *Journal of Teacher Education*,2001,52(1):5-16.

[7] Thomas S,Vanderhaar J.Negotiating Resistance to Multiculturalism in a Teacher Education Curriculum:A Case Study[J].*The Teacher Educator*,2008(43):173-197.

[8] Bank J.A. Citizenship Education and Diversity: Implications for Teacher Education[J]. Journal of Teacher Education,2001,52(1):5-16;De Courtivron,I. Educating the Global Student,Whose Identity is Always a Matter of Choice[J].*The Chronicle of Higher Education*,2000,41(44):B4-5.

程的内容与形式已具有多样性的特点"。①

国内研究者则多从我国现行教师教育课程设置整体存在的问题出发，提出相应教师教育课程设置的建议或对策。较具代表性的研究有《教师教育课程标准》专家组、周钧（唐义燕、龚爱芊）、"全国高等师范院校师范生培养状况调查"项目组的研究。

《教师教育课程标准》专家组在收集我国教师教育课程方面具有代表性的研究报告、论文或著作的基础上，分析指出当前我国教师教育课程设置存在总课时、学分不足，教育类课程地位不高，没有关注专业信念和责任，课程结构过于简单，教与学方式过于单一，知识陈旧与脱离实际，实践性课程薄弱，专业技能课程欠重视，任教教师素质不太高等方面的问题，提出"教师教育课程改革势在必行"②。

周钧、唐义燕、龚爱芊通过分析我国30所院校本科层次的教师教育专业人才培养方案，发现我国教师教育课程设置呈现必修公共课程以英语、体育和计算机技术为主，选修公共课程学时数不高，教师教育必修课程仍然以"教育学""心理学""学科教学论"和"现代教育技术"4门课程为主，教师教育选修课程的门类较多，开设各类选修课程的院校比例不高等特征。同时，建议我国教师教育课程设置需要根据培养目标和培养规格中的内容来制定；要适当调整课程结构的比例；……要调整实践环节课程的比例等。③

"全国高等师范院校师范生培养状况调查"项目组对我国11个省（自治区、直辖市）27所高等师范院校师范生培养状况进行大规模的调查发现：师范院校学科专业类课程比例较高，教育类课程比例相对较低，教育实践类课程占教育类课程的比例较高。因此，师范院校的课程设置应从关注教师教育课程设置的相互联系及其内在统一，加强教育类课程的实用价值和实践性，从课程内容和教学上加强师范生教育专业素养培养，加强学科教育类课程及其学习的政策导向，开展多种实习模式等多方面入手。④

---

① Van Nuland S.Teacher Education in Canada[J].*Journal of Education for Teaching*, 2011,37(4): 409-421.

② 教师教育课程标准专家组. 关于我国教师教育课程现状的研究 [J]. 全球教育展望,2008(9): 19-25.

③ 周钧,唐义燕,龚爱芊. 我国本科层次教师教育课程设置研究 [J]. 教师教育研究,2011(7):44-50.

④ "全国高等师范院校师范生培养状况调查"项目组. 中国高等师范院校师范生培养状况调查与政策分析报告 [J]. 教育研究,2014(11):97-103.

绪　论

对我国某一个省职前教师教育课程设置现状进行的研究有：高有华、韩亚红（2015）对江苏省的研究；汪贤泽（2016）对浙江省的研究；曹梦（2015）对河南省的研究等。

还有一些学者对教师教育课程的设置进行了国际比较研究，或对其他国家教师教育课程设置的借鉴研究，指出发达国家在教师教育课程设置方面的优点或优势，并对我国教师教育课程设置提出相应建议。

较具代表性的研究成果是李其龙、陈永明教授主编的《教师教育课程的国际比较》（2002）一书和一些研究者的论文。比如，蒋玲俐的《美国教师教育课程专业化革新的当代价值》（2017），姜勇、戴乃恩等的《基于"在地实践"的欧洲五国教师教育课程改革述评》（2017），杨鹏的《澳大利亚教师职前教育课程设置及其启示》（2016），胡久华、李燕等的《中、美、日、韩中学科学教师教育课程及其核心内容的比较》（2016），任怡的《加拿大职前教师教育的课程设置》（2015），周雁秋的《英国中学教师职前教育课程研究》（2015），陈君、姜茉然的《日本义务教育教师教育课程改革的新动向及其启示》（2013），谢赛的《儿童学习结果取向的美国教师教育课程研究》（2012），娜达莎的《中俄教师教育课程改革比较研究》（2012），钱小龙、汪霞的《美、英、澳三国教师教育课程设置的现状与特点》（2011），骆琤的《中美教师教育实践课程比较研究》（2009），高艳贺的《新加坡教师教育课程设置及其启示》（2006）等。

可见，关于教师教育课程设置或改革研究大多是从教师教育课程的形式结构调整方面着手，如教师教育课程类型需拓宽，课程内容需更新、整合，实践课程需强化等，并未从教师教育课程的实质结构方面展开分析，即为什么要这样设置教师教育课程的价值导向分析。

2. 关于教师教育课程思想或价值取向的研究

"教育与价值问题分不开，教育现象是以价值为内容的现象。……教育活动就是一种价值活动。"[①] 学校课程都是一定价值观指导下的产物，教师教育课程亦不例外。教师教育课程改革是国家或学校课程思想、价值变革的具体表现。

利斯顿和蔡克纳（Liston & Zeichner）认为教师教育课程经历了学术传统、社会效率传统、发展主义传统和社会重建传统四种不同取向。[②] 齐非尔（N. L.

---

① 顾明远. 中国教育大百科全书(第一卷)[Z]. 上海：上海教育出版社，2012:787.

② Liston D. P., Zeichner K. M. *Teacher Education and the School Conditions of Schooling*[M]. New York:Chapman and Hall Inc,1991.

Zimpher）认为教师教育课程经历了技术取向、临床取向、个人取向和批判取向。[1] 王泽农和曹慧英认为教师教育课程的价值取向主要有三种：知识本位、能力本位和专业发展本位。[2] 万明钢认为教师教育课程存在学术取向、实用取向、技术取向、个人取向和社会批判取向等五种取向。[3] 肖甦指出教师教育史上曾出现能力为本、教师专业化、反思型教师教育、建构主义教师教育和教师可持续发展理论等思潮。[4] 谢赛认为教师教育课程价值取向经历了知识取向、技术取向、反思取向、儿童学习结果取向等变化。[5] 学者 Martin Illingworth 认为教师教育课程设置的基本原则应是公平、多样性和社会公正。[6] 古德莱德（Goodlad）认为应以教师专业标准为方向对教师教育课程进行设置。[7]

2011 年，我国教育部颁布《教师教育课程标准（试行）》，确立教师教育课程以儿童为本、实践取向、终身学习为理念，以促进教师的专业发展。戴伟芬对 20 世纪 80 年代以来美国教师教育课程思想的三种价值取向即学术取向、专业取向和社会取向进行了梳理。她认为在世界专业化大背景下，专业取向教师教育课程思想仍是美国教师教育的主流思想。[8] 谢赛认为，在 20 世纪 80 年代，反思取向在美国教师教育课程设置中占了主导地位，但到 20 世纪 90 年代后期，儿童学习结果取向是美国在教师教育课程价值追求上的重新定位。[9] 基于教师教育课程思想或价值研究的多样性，有研究者还对此进行了一定的梳理，具体如表 0-1 所示。

---

[1] Zimpher N. L.Adapting Supervisory Practices to Different Orientations Competence[J].*Journal of Curriculum and Supervision*,1987,2(2):101-127.

[2] 王泽农,曹慧英.中外教师教育课程设置比较研究 [M].北京：高等教育出版社,2003:30-170.

[3] 万明钢.教师教育课程体系研究 [J].课程·教材·教法,2005(7):85-86.

[4] 肖甦.比较教师教育 [M].南京：江苏教育出版社,2010:14-20.

[5] 谢赛.儿童学习结果取向的美国教师教育课程研究 [M].北京：北京大学出版社,2014:34-46.

[6] Martin Illingworth.Education in the Age of the Information Superhighway:An Investigation into Initial Teacher Training in Canada[J].*Canadian Journal of Education*,2012,35(9):180-193.

[7] Goodlad J. J.Rediscovering Teacher Education[J].*The Magazine of Higher Education*, 1999(5):28-33.

[8] 戴伟芬.美国教师教育课程思想 30 年 [M].北京：北京师范大学出版社,2012:216-220.

[9] 谢赛.儿童学习结果取向的美国教师教育课程研究 [M].北京：北京大学出版社,2014:前言 2.

表0-1 教师教育课程的不同取向[①]

研究者	研究结果
费曼-纳姆塞（Feiman-Nemser,S.）	学术取向；实践取向；技术取向；个人取向；批判/社会取向
艾曼斯（Emans,R.）	准备取向；模仿取向；临床取向；反思取向
寇克（Kirk,D.）	传统主义取向；理性主义取向；激进主义取向；批判取向
乔伊斯（Joyce,B.）	学术取向；个人取向；能力取向
邓宗怡等（Deng,Z.& Gopinathan,S.）	技术取向；实践取向；改适取向
波普凯维兹等（Popkewitz,T. S.）	经验-分析取向；批判取向
哈奈特等（Hartnetl,A.）	意识形态取向；技术取向；工艺取向；批判取向
肯尼迪（Kennedy,M. M.）	技术取向；理论或原则的应用取向；批判性分析取向；审议取向
舒伯特（Schubert,W. H.）	实证分析取向；解释取向；批判取向
柯瑟根等（Korthagen,F. A. J.）	技术理性取向；现实主义取向
艾略特（Elliot,J.）	理性主义取向；社会市场取向；解释取向
汤姆（Tom,A. R.）	学术取向；教学有效性取向；合作取向
朱小蔓、笪佐领	知识取向；能力取向；情感取向；建构取向；批判取向；反思取向
丁钢	学术取向；个性取向；批判取向；技术取向；实践取向

通过以上梳理可以发现，一方面，虽然研究者们对教师教育课程的价值取向或理念没有达成一致，但都认为教师教育课程是负载价值的；另一方面，这些研究大多是从哲学思辨的角度对教师教育课程的价值观进行分析阐述，缺乏对历史或现实的教师教育课程体系文本的参照。

[①] 谢赛.儿童学习结果取向的美国教师教育课程研究[D].上海：华东师范大学,2012.

（三）关于教师教育课程评价的研究

课程评价对规范、管理、提高课程质量起着重要作用，教师教育课程改革的最终目的是提升教师教育课程质量，教师教育课程改革的成效有待教师教育课程评价检验。

由于课程评价最初开始于美国学者拉尔夫·泰勒（R. W. Tyler）及其团队对美国中学新教育课程实验（该课程为应对20世纪20年代末到30年代初美国爆发经济危机，美国中学课程不适应社会与失业青年的需要而设计）而进行的评价研究，因此，研究者对中小学课程进行的评价研究是最多的，而后才逐渐向大学和幼儿园延伸，聚焦到教师教育课程评价的研究是少之又少。

经文献梳理发现，国外绝大部分研究者对中小学课程评价的研究多集中于国内我们所谓的"副科"，而较少关注国内我们所言的"主科"——语数外。国外研究者对中小学某一门课程进行评价研究的课程科目从可食用植物课程（Graves and Leila,2014）、消防安全课程（Chavez and Audrie Aliza,2013）、社会技能课程（Ricciardelli and Dominique,2006）、技术融合社会技能课程（Bunting and Tia Wheatley,2009）、课余身体活动课程（Mowad and Laura M,2007）、综合课程（Houle and Robert Paul,1994）、跨学科营养教育课程（Blom-Hoffman and Jessica,2001）、生物科学课程（Anukam and Anselm Amah,1996）、环境科学课程（Bradley and Jennifer Campbell,1995）、技术教育课程（Merrell and Wayne L,990）、科学教育课程[1]、数学课程[2]到家禽生物安全和疾病预防课程[3]等。国外研究者多采用实证研究，通过一门课程实施前后学生知识获得或态度变化的统计数据来得出该课程是否值得推行的结论。

国内对中小学某一门课程的评价研究主要集中在对综合实践活动课程评

---

[1] Kristen D. Holtz,Eric C. Twombly. A Preliminary Evaluation of the Effects of a Science Education Curriculum on Changes in Knowledge of Drugs in Youth[J]. *Journal of Drug Education*, 2007,37(3):pp.317-333.

[2] Douglas H. Clements,Julie Sarama. Experimental Evaluation of the Effects of a Research Based Preschool Mathematics Curriculum[J]. *American Educational Research Journal*, 2008,45(2):pp.443-494.

[3] Kohlhagen Kyle R. Analysis and Evaluation of the Effectiveness of a Poultry Biosecurity and Disease Prevention Curriculum[D]. West Lafayette:Purdue University,2008.

价[①]、信息技术课程评价[②]，以及语文、数学、物理、地理、体育、美术等课程的评价研究上。而且，除了极少数的文章使用调查研究得出数据提出建议外，绝大多数文章的框架都是理论描述、存在问题及对策建议这三大块。

对大学某一门具体课程的评价研究。比如，Rita James Simon 对法学院一些课程改革有效性的评价研究[③]；Tama L. Morris 对护理课程的评价研究[④]；Andrew Mearman 对经济学课程的评价研究[⑤]；Jennifer O'Malley 对生命科学课程进行的评价研究[⑥]；等等。

对大学某一类课程的评价研究。比如，Russell，Cianan Brooks 对以研究为基础的大学实验室课程进行的评价研究[⑦]；Stettler, Steven Russell 对犹他州州立大学园林建筑和环境规划系现行课程进行的评价研究[⑧]；Juny Montoya 对哥伦比亚波哥大法学院课程的评价研究[⑨]；James Melvin Holley 对弗吉尼亚州立

[①] 牛金成.小学综合实践活动课程的评价研究[D].呼和浩特：内蒙古师范大学,2003；赖秀龙.综合实践活动课程评价的研究[D].昆明：云南师范大学,2007；寇文亮.普通高中综合实践活动课程研究[D].保定：河北大学,2011.

[②] 王保中.高中信息技术课程评价方法研究[D].长春：东北师范大学,2003；王燕.初中信息技术课程评价体系的探索与实践[D].昆明：云南师范大学,2009；荆建鹏.信息技术课程学习评价的理论与方法研究[D].长春：吉林大学,2012.

[③] Simon R.J.An Evaluation of the Effectiveness of Some Curriculum Innovations in Law Schools[J].The Journal of Applied Behavioral Science,1966,2(2):pp.219-237.

[④] Morris Tama L. Fast Track Program Evaluation of a New Nursing Curriculum Incorporating Student Characteristics, Institute of Medicine Core Competencies, Hesi Exit Exam, and Nclex-rn Results[D]. Charlotte:The University of North Carolina at Charlotte Curriculum & Instruction,2008.

[⑤] Andrew Mearman,How Should Economics Curricula Be Evaluated?[J].*International Review of Economics Education*,2014,5(16):73-86.

[⑥] O'Malley Jennifer. The Maps in Medicine Program: An Evaluation of the Development and Implementation of Life Sciences Curriculum[D]. Baguio City:Saint Louis University Educational Studies,2011.

[⑦] Russell C.B. Development and Evaluation of a Research Based Undergraduate Laboratory Curriculum[D].West Lafayette:Purdue University Chemistry,2008.

[⑧] Stettler S.R. An Evaluation of the Current Curriculum within the Landscape Architecture and Environmental Planning Department at Utah State University[D]. Logan:Utah State University,1996.

[⑨] Montoya J. Responsive and Democratic Evaluation of a Law School Curriculum: A Case Study (Colombia)[D]. Urbara-Champaign:University of Illinois at Urbana-Champaign,2004.

大学职前农业教师教育课程的有效性进行的评价研究[①]；等等。

国内研究者主要从我国现行教师教育课程评价的现状出发，找出我国教师教育课程评价存在的问题，如"教师教育课程设计阶段评价较少，教师教育课程评价的过程性缺失""职前教师教育课程评价的特殊性被消解，仅局限于考核、甄选、筛检等功能，丧失其作为鉴赏、意义建构、智慧生成等题中应有之义"[②]"我国基于知识的评价助长了未来教师在知识掌握与运用在低水平徘徊，使得教师教育未能为教育实践做好充分的准备"[③] 等。在此基础上提出相应改进策略，如应重视教师教育课程评价的整体设计；重视师生参与，加强对教师教育课程设计的评价；强化教师自评，突出评价的过程性；职前教师教育课程评价需采用能检测真实情境中的实践性知识的基于表现的评价范式等。

因此，国内有一些研究者对国外一些发达国家的教师教育课程评价进行了介绍，以期对我国教师教育课程评价有所借鉴。

苟顺明、王艳玲认为，美国的教师教育课程评价大体可以分为教师教育机构外部专业组织开展的认证和机构内部的学生学习评价两部分，能有效保证教师教育活动的有效开展和师范生的培养质量。因此，我国应不断改进评价方式和手段，切实保证教师教育课程质量，从而提高我国教师教育人才培养质量。[④]

汪霞、钱小龙介绍了英国的教师教育课程标准框架由合格教师专业标准、入职教师专业标准、资深教师专业标准、优秀教师专业标准和高级技能教师专业标准五个部分组成，从而为职前教师培养课程与在职教师培训课程的设计提供了明确和系统的指导。[⑤]

邓丹介绍了澳大利亚的职前教师教育课程国家认证系统，由认证目标、师范毕业生标准和课程标准及基本的认证程序组成。[⑥]

谢赛以日本大学认证协会（JUAA）对宫城教育大学课程认证为例，分析当前日本教师教育课程认证的基本情况，指出我国应从法令出发构建自身认证视点，应实行内部评价与外部评价相结合，确保认证质量，促进教师发展，认

---

① Holley J.M. An Evaluation of the Pre-Service Teacher Education Curriculum in Agricultural Education at the Virginia State College[D]. Columbus:The Ohio State University,1958.
② 付光槐. 论职前教师教育课程评价的新理路 [J]. 黑龙江高教研究 ,2017(3):26-28.
③ 周文叶. 职前教师教育课程评价：范式、理念与方法 [J]. 教师教育研究 ,2014(3):73.
④ 苟顺明，王艳玲. 美国教师教育课程评价的策略与启示 [J]. 教师教育研究 ,2014(3):102-108.
⑤ 汪霞，钱小龙. 英国教师教育课程标准的改革 [J]. 比较教育研究 ,2011(11):21-26.
⑥ 邓丹. 澳大利亚教师教育标准化的新发展 [J]. 比较教育研究 ,2011(8):45-49.

证后应注意完善整改等方面加强建设我国教师教育认证。[①]

可见，国内外研究者对教师教育课程评价的研究相对较少，特别是对我国教师教育课程评价的研究较少。国内关于教师教育课程评价的研究多集中在对国外教师教育课程评价的介绍、借鉴上。在研究方法上，国外学者多进行实证研究，再结合质性评价得出结论，而国内学者多重在理论阐述。

（四）小结

从上述对现有文献的梳理，可以得出以下一些结论。

第一，现有研究对我国师范类专业认证背景下教师教育课程领域研究的内容稍显单薄。现有的对我国师范类专业认证的研究多集中在对美国教师教育专业认证制度的发展、机构的演变及认证标准的分析等方面，对我国师范类专业认证的研究才刚刚起步。近年来，研究者对我国师范类专业认证的内涵、动因、意义和实践操作层面进行了探索，但对师范类专业认证背景下教师教育课程领域的研究不多。

第二，现有的对教师教育课程的研究视角比较单一。现有研究一部分集中在对我国教师教育课程现状进行分析、提出改革建议或策略上，一部分集中在理论思辨，对教师教育课程价值取向的分析上。两类研究要么缺少对师范类专业认证实施前后教师教育课程体系变化的对比关照，要么缺少对课程体系现实文本的分析。因此，师范类专业认证对教师教育课程设计的影响何在，表现在哪些方面？不得而知。

第三，现有研究对教师教育课程的研究程度不够深入。现有研究大多只关注了教师教育课程形式结构的调整，较少关注教师教育课程的实质结构层面。大多数现有研究认为我国教师教育课程结构存在比例失调、结构不尽合理等问题，而这些涉及的都是课程的形式结构方面的问题，并没有进一步从课程的实质结构层面进行分析，指出该课程结构为什么需这样调整，而不是那样调整，即该课程结构是基于什么价值、理念进行调整没有探究。

当前，在师范类专业认证的背景下，我国各师范类专业必定会对教师教育课程进行改革或优化，如果我们不深入分析教师教育课程的实质结构，最终只能看到改革者对教师教育课程各种课程类型比例的调整或具体科目的增减，而看不到改革者究竟为什么或依据什么来调整或增减课程。"任何国家、任何

[①] 谢赛. 基于法令的日本教师教育课程认证 [J]. 当代教师教育,2014(3):49-57.

时期的课程建设都要优先考虑课程的价值、价值取向等问题。"①"课程结构问题不只是个技术问题，更重要的是价值问题。"②对教师教育课程结构的研究如果只是停留在形式结构层面，而不深入其实质，那么，我国教师教育课程结构改革最终只会是治"标"不治"本"，不能真正解决问题。

可见，对师范类专业认证背景下的教师教育课程设计与评价展开探索性研究显得尤为必要且迫切。补充或超越现有研究的路径何在？本研究认为，关注师范类专业认证后教师教育课程设计实质结构的变化可以为师范类专业认证研究提供一种新的视角。本研究立足于教师教育课程设计的理论基础，对师范类专业认证前后，湖北省内本科小学教育专业课程体系文本进行分析，探究其实质结构变化的过程，旨在以小见大，管窥师范类专业认证对教师教育课程设计的影响所在，找到主导教师教育课程演变的价值导向，从而为我国当前大学本科教师教育课程优化调整提供思路。

五、研究思路与研究方法

（一）研究思路与框架

《荀子·大略》中有言："国将兴，必贵师而重傅。"当前，我国教育改革进入了全面提高教育质量、努力办好人民满意的教育的历史新阶段。教师教育在整个教育体系中占有重要地位，而课程选择与构建是提高教师教育质量的关键，离开了课程，教师教育就成了无源之水、无本之木。③

实行师范类专业认证后，我国大学本科教师教育课程体系该如何设计？其设计理念是否符合师范类专业认证的要求？或者说是否与师范类专业认证理念保持一致？设计好的课程体系是否得到了使用者预期的好评？如何保障调整后的教师教育课程体系能较好地实现师范类专业认证的目的、教师教育改革的目标？这一系列问题不得不引起人们的思考。鉴于当前我国师范类专业认证刚刚起步，对教师教育课程设计分类评估的研究还相对较少，本研究选取小学教育专业认证标准涉及的本科小学教育专业课程体系进行研究，以期对我国师范类专业分级分类认证有所贡献。

本研究的思路将沿着这样一条主线展开：我国师范类专业认证的背景是

---

① 李定仁,徐继存.课程论研究二十年(1979—1999)[M].北京:人民教育出版社,2004:23.
② 郭晓明.课程结构论：一种原理性探寻[M].长沙:湖南师范大学出版社,2002:62.
③ 教育部教师工作司.教师教育课程标准(试行)解读[M].北京:北京师范大学出版社,2013:6.

什么——教师教育课程设计的理论基础是什么——师范类专业认证后，我国本科小学教育专业教师教育课程设计秉持的是"学生中心"理念吗——在"产出导向"理念的背景下，本科小学教育专业毕业生和基础教育小学管理层对本科小学教育专业课程体系的评价如何——怎样设计本科小学教育专业课程体系使其更符合人们的期待——如何保障调整后的教师教育课程体系实现其应有的功能。故本研究的框架大致如下。

绪论。在交代本研究的选题缘由、选题意义、相关文献述评、几个重要的基本概念（如师范类专业认证、教师教育、课程设计、课程结构及课程评价等）的基础上，阐明本研究的研究对象、拟研究的问题和研究方法等，构建本论文的分析框架。

第一章：师范类专业认证的背景追溯。师范类专业认证的起因？我国为什么要开展师范类专业认证，最直接的原因是什么，其目的何在，如何展开等。

第二章：教师教育课程设计的理论基础探源。学校课程体系隐含了设计者的课程观或价值观，我国大学本科教师教育课程设计必有其理论依据，这是研究教师教育课程时首先应明确的根本性问题。

第三章：教师教育课程设计涉及的课程类型分析。课程设计的核心是课程结构设计，在设计教师教育课程结构时，有五对课程类型及其关系不可回避。厘清这五对课程类型及其关系，对教师教育课程设计和评价具有操作性的指导意义。

第四章：专业认证背景下教师教育课程设计。师范类专业认证后，我国本科小学教育专业课程体系设计发生了哪些变化，这些变化体现教师教育课程设计的什么价值倾向？为本科小学教育课程体系评价和优化提供实践支撑。

第五章：专业认证背景下教师教育课程评价。在基于师范类专业"产出导向"的认证理念下，通过"产品"使用者基础教育小学和"产品"当事人——毕业生对小学教育专业课程体系进行评价，找出当前我国本科小学教育专业课程体系存在的问题及原因，为后续小学教育专业本科教师教育课程体系优化调整做好铺垫。

第六章：专业认证背景下教师教育课程再设计一章，分别从"设计前""设计中""设计后"等阶段应秉持的理念与原则出发，对本科教师教育课程体系再设计及保障措施进行系统阐述。

（二）研究方法

1. 文献研究法

做研究离不开资料的收集、分析和整理。由于师范类专业认证起源于美国，因此，笔者除了在中国期刊网、ProQuest Dissertations & Theses（PQDT）博硕士论文全文数据库、SAGE journals（http://online.sagepub.com/）外文期刊数据库和学校图书馆获得相关文献外，还尽可能将网上可以买到的有关书籍收集在手，仔细研读。同时，对于国外相关文献，尽可能到相关网站或请友人相助获得第一手资料。

通过对文献资料的分析，了解师范类专业认证教师教育课程领域研究的现状，找到本研究的出发点和价值所在。现有文献资料在某种程度上启发了笔者的思考，为笔者提供了一定的研究思路，同时为本研究的顺利完成打下了坚实的基础。

2. 文本分析法

结构的基础是分析，必须有细致的考察并以此为起点。[①] 为了使本研究更聚焦和有可比性，本研究选取的案例高校是湖北省内在师范类专业认证前后都举办有本科小学教育专业的高校。本研究将对师范类专业认证前后，湖北省内公立本科小学教育专业育课程体系文本进行对比分析，试图了解师范类专业认证后，湖北省内本科小学教育专业课程体系形式结构哪些地方发生了变化，以期探究本科小学教育专业体系调整时其实质结构所隐含的价值取向，从而得知其是否朝着与师范类专业认证的预期目标一致的方向改进，师范类专业认证是否真正发挥了预期的功能或作用，为师范类专业认证后本科小学教育专业课程体系优化调整提供经验借鉴或参考。

截止到 2021 年 12 月，湖北省公立高校举办本科小学教育专业的学校一共有 10 所，其中，湖北民族大学本科小学教育于 2019 年 9 月开始招生，湖北大学 2021 年 9 月才开办小学教育专业。而我国师范类专业认证实施方案于 2017 年 10 月颁布，没有师范类专业认证前的课程体系作为参照对象，故而本次调查主要集中在湖北省内 2017 年之前就开设本科小学教育专业的 8 所公立高校，分别以大学 A/B/C/D/E/F/G/H 标记，从而分析这几所案例高校专业认证前后本科小学教育专业课程体系变化的情况。

---

① 张楚廷. 课程与教学哲学 [M]. 北京：人民教育出版社, 2003:35.

3. 调查研究法

教师教育是基础教育师资来源的重要渠道，在基于师范类专业"产出导向"的认证理念下，本科小学教育专业课程体系是否取得了预期成效，只有来自其"使用者"——本科小学教育专业毕业生、基础教育小学管理层对毕业生等的评价才有针对性和实际价值。因此，笔者将对湖北省武汉市部分小学管理层和A校2020届、2021届本科小学教育专业毕业生进行访谈或问卷调查，并结合麦可思公司对A校2018届、2019届和2020届三届本科小学教育专业毕业生调研的相关信息，了解本科小学教育专业毕业生对本科小学教育专业课程体系的相关评价，以期为本科小学教育专业课程体系的优化调整提供依据。

为获取本科小学教育专业毕业生对小学教育专业课程体系的评价，笔者通过问卷调查了A校2020届（41人）和2021届（50人）这两届本科小学教育专业的毕业生，以知晓他们对本科小学教育专业课程体系的评价。选取A校作为案例学校进行调研，一方面是因为A校本科小学教育专业是湖北省小学教育专业中最早成为湖北省国家一流专业的专业点，且地处省会武汉，比较有代表性；另一方面是因为A校2020届毕业生（2016级）用的是2014版的人才培养方案，2021届毕业生（2017级）用的是2017版的人才培养方案，两届毕业生刚好也经历了一次人才培养方案（课程体系）的调整。

为获取基础教育小学段管理层对本科小学教育专业毕业生的评价，笔者通过短信、微信、电话或面对面的形式专门访谈调研了武汉市市区基础教育小学阶段的18所小学（分别记为小学1/2/3/…/18，其中省示范学校3所）共25位小学校长、副校长和主任（9位校长，分别记为校长A/B/C/D/E/F/G/H/I；11位副校长，分别记为副校长A/B/C/D/E/F/G/H/I/J/K；5位主任，分别记为A/B/C/D/E），分别听取他们对本科小学教育专业师范生教师的评价及对小学教育专业课程的建议。访谈问题主要集中在三个方面：第一，贵校近三年招录小学教育专业毕业的新教师多吗？比例大概占多少？第二，小学教育专业的新教师教育教学能力如何？与其他师范类教师有差别吗？与非师范类教师有差别吗？主要体现在哪些方面？第三，您建议本科小学教育专业开设哪些或哪类课程较好？由于疫情、研究者时间、精力等因素的局限，访谈对象的数量不太多，但"研究者相信，在质化研究的抽样逻辑中，研究结果的效度并不在于样本数量的多少，而在于样本是否可以比较完整、相对准确地回答研究者的研究问题"[①]。

---

① 卢乃桂，操太圣. 中国教师的专业发展与变迁[M]. 北京：教育科学出版社，2009:213.

第一章 师范类专业认证的历史及背景

认证制度（accreditation system）亦称"认可制度""鉴定制度"，是由专门的认证组织对学校整体或专业进行检查评估，以维持其教育活动达到最基本的质量标准的制度体系。[①] 认证制度最早产生于美国，后逐渐扩展到其他国家，如英国、加拿大、澳大利亚、日本等。师范类专业认证是认证制度的一部分，是高等教育质量保障体系的重要组成部分。

一、认证制度的产生

美国高等教育认证协会前主席 Judith S. Eaton 指出："认证（accreditation）是一个由外部对高等教育的学院、大学和项目质量进行审查的过程，这种审查旨在保证或改进高等教育的质量。认证在美国有 100 多年的历史，最初产生于人们对公共卫生与安全的关注以及服务于公众的利益，后来才逐渐应用于教育领域。"[②]

早在 1787 年，美国纽约州就通过有关立法，要求州委员会每年视察本州的大学。它通常是由一名州政府低级官员对大学进行为期一天的视察，然后给州立法委员会递交一份年度报告。这种视察虽然是一项保证质量的重要举措，但既没有既定标准，也没有自评、同行评估和小组评定等内容，因此，与现代意义上的认证相去甚远。

19 世纪下半叶，美国中等教育和高等教育都有了较大发展，但此时美国的中学教育非常混乱，各州学制不同，课程庞杂，标准不一，水平参差不齐。为了保证高等院校的招生质量，一些区域成立院校自愿联合组织，如 1885 年成立新英格兰地区大学与预备学校协会，1887 年成立宾夕法尼亚大学协会（即

[①] 顾明远. 中国教育大百科全书（第 3 卷）[Z]. 上海：上海教育出版社, 2012:1523-1524.

[②] Judith S. Eaton. An Overview of U.S. Accreditation(August 2011). http://www.chea.org/pdf/overview_US_accred_pdf.April.30,2004.

后来的中部各州大学与中学协会)、1895年成立中北部地区大学与中学协会。这些协会成立的目的是确保大学招生的质量,因此,按一定标准对中学进行考核评估,重点评估的是大学入学资格。这就是最初的中学认证。

后来,一些院校联合组织从中得到灵感,把中学认证模式推广到高等院校,以保证其基本质量。比如,1901年,美国成立"学院入学考试委员会"(College Entrance Examination Board)后,美国一些区域性协会就开始将自己关注的焦点从学生入学资格转移到了院校质量的提高上来了。[①] 这一时期,高等教育领域还出现了一些组织对大学的评估鉴定活动,这也可以看作是认证制度的早期形式。比如,1882年,美国大学女性协会(American Association of University Women)开始根据一套标准考察院校并列出一个院校名单,规定这些院校的毕业生有资格成为其成员。1905年,美国卡内基促进教学基金会(Carnegie Foundation for the Advancement of Teaching)为建立大学教师养老金制度,设立了一套大学应达到的标准,并据此对公立、私立大学进行鉴定。1909年,在美国联邦教育局和卡内基促进教学基金会工作的基础上,中北部地区学院与中学协会制定了高等院校认证标准,并于1910年根据这个标准对本地区的院校进行认证,1913年公布了获得认证资格的院校名单。这是美国首次现代意义上的高等院校认证[②],亦是当代美国高等院校认证的雏形。

1949年,美国国家认证委员会(National Certification Academy,NCA)成立,该委员会是美国高等教育认证机构的认可机构,专门对高等教育认证机构作资格审定,全面协调高等院校的认证工作。1952年,美国教育局(the Union Office of Education)设立了"认证与院校资格工作委员会"(Accreditation and Institute on Eligibility Staff,AIES),专门对高校认证机构在制度和政策导向上进行研究,同时建立了顾问委员会,公布了一套认可认证机构的标准,标志着联邦政府开始管理认证机构。1958年美国颁布《国防教育法》,在加大政府对高等教育机构的财政拨款的同时,联邦政府规定,只有获得其认可的认证机构所认证的院校才有资格参加联邦资金项目,接受政府财政拨款。1964年,美国成立高等教育区域认证委员会联合会(FRACHE),该联合会同NCA一样,是高等教育的认可评估机构。

20世纪50年代后,由于工业生产各领域的飞速发展,人们开始注重对品质或质量的诉求,在世界范围内掀起了一场生产领域质量管理和保障的热

---

① 洪明. 美国教师质量保障体系历史演进研究 [D]. 福州:福建师范大学,2008:80.
② 顾明远. 中国教育大百科全书(第3卷)[Z]. 上海:上海教育出版社,2012:1523-1524.

潮,之后逐步扩展到企业管理领域。到20世纪90年代初,全面质量管理和ISO 9000系列质量保证体系逐步得到全球各个行业的普遍认可,并逐渐在全球普遍推行,社会各行各业都开始应用或开发其对应的质量保证系统,高等教育领域也不例外,开始进入"质量保证时代"。

20世纪80年代末90年代初,以荷兰、美国、英国等为首的西方国家率先展开了高等教育质量保障的理论研究和实践探索。[①]1987年,英国率先启动了针对大学教师的"大学职员评估",并于1992年相继实施了大学"教学"和"科研"的结构性分级评估制度,而且将结果直接与经费拨款挂钩。随后,荷兰、法国、西班牙、瑞典、挪威、日本、韩国、印度等国家相继成立了全国性的高等教育评估机构,陆续开展针对大学的评估。[②]因此也有学者认为,"尽管在英美少数国家,高等教育评估评价已有相当长的历史,但客观地讲,世界上多数国家的高等教育评估和质量保证活动和制度的建立,是从20世纪90年代开始的"[③]。也就是说,20世纪90年代是全球高等教育质量运动的开始阶段。

二、专业认证制度的产生

由于院校认证主要是对学校的办学目标、物质条件、经费来源、管理水平、办学效益等进行评估,并不具体到对某个专业课程设置等细节问题提出要求。为了强化多样化高校间的竞争,保障高校各个专业的质量,许多国家建立了与国家高等教育质量保障体系相辅相成的专业认证制度,由行业性的专业组织或专门的专业认证机构组织实施,以此作为院校认证的有效补充。

专业认证最早可以追溯到20世纪初,当时是由美国医学协会发起对美国、加拿大的医学专业进行的认证。随后,英国、澳大利亚、日本、加拿大等发达国家的高校专业认证陆续得到了不同程度的发展。

专业认证是高等教育质量保证体系的重要组成部分。当前,虽然世界各国高等教育质量保障体系内容有所不同,但大致可分为内部保障和外部保障两个子体系。内部质量保障体系主要负责高等教育机构内部的质量保障活动,是保证高等教育机构教育质量形成、发展的主体,包括高校各种形式的质量管理、质量控制和自我评估活动。外部质量保障体系是指在高等教育机构自我评估的基础上,由校外全国性或区域性的高等教育质量保障机制对高等教育机构

---

① 张伟江,李亚东.大众化高等教育的质量保障与评价[M].北京:高等教育出版社,2010:5.
② 张彦通.高等教育评估与质量保证研究[M].北京:北京航空航天大学出版社,2011:前言1.
③ 张彦通.高等教育评估与质量保证研究[M].北京:北京航空航天大学出版社,2011:序言1.

所进行的质量审计、质量评估和社会评价活动,它是保持和提高高等教育机构教育质量的外因。故而,专业认证属于高等教育质量保障体系的外部质量保障体系。

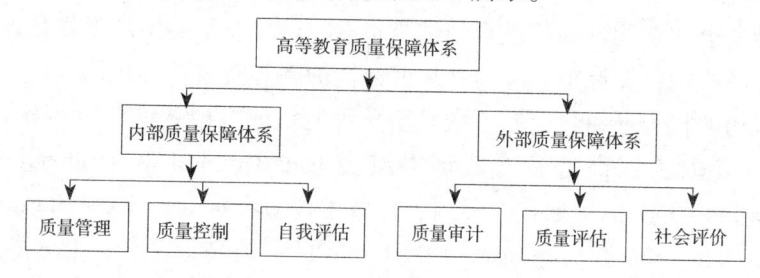

高等教育质量保障体系内容具体如图1-1所示。

```
                    高等教育质量保障体系
                    ↙              ↘
            内部质量保障体系      外部质量保障体系
            ↙    ↓    ↘          ↙    ↓    ↘
        质量管理 质量控制 自我评估  质量审计 质量评估 社会评价
```

图1-1 高等教育质量保障体系

一般而言,高等教育质量保障体系应以高校内部质量保障体系如高校自我质量控制、自我评估为主,以外部质量保障体系如院校认证、专业认证为辅。

目前,国际上主要形成了三种高等教育质量保证模式。一种是以高等学校认证制度为特色的质量认证模式;一种是以高等学校同行评估为特点的质量审核模式;一种是以政府管理主导为特点的高等教育质量检查评估模式。也有学者将这三种高等教育质量保证模式划分为美国模式、英国模式与大陆模式。[①]

质量认证模式是目前全球范围内应用最广泛的高等教育质量保障模式。它是一种达标(或合格)鉴定,一般以相互约定的质量标准为依据,对学校的教育质量进行周期性的检查,以达到持续改善与提高学校教育质量的目的,从而获得社会的信赖与认可。即在实行质量认证模式的国家,大学享有高度的自治权,政府不参与大学评估,主要依靠社会各种专业性学术机构进行认证,形成分地区、分类型、分专业的认证格局。因此,在实行质量认证的国家,没有获得认证资格的学校,就是质量缺乏公信的代名词。认证一般有强制性认证和自愿性认证、院校认证、专业/课程认证、政府/准政府认证和民间认证之分。

目前采用认证模式的国家主要有美国、印度、菲律宾、埃及、南非、智利、阿根廷、哥伦比亚、日本、韩国、瑞典、芬兰、马来西亚、匈牙利、阿联酋、印度尼西亚、德国、爱尔兰、意大利、拉脱维亚等国。另外,有些国

---

① 汪冰.高等教育质量系统的跨国分析[D].北京:北京师范大学,1998:71-92;陈玉琨,代蕊华,杨晓江,等.高等教育质量保障体系概论[M].北京:北京师范大学出版社,2004:19-39.

家仅对课程或专业实施认证,如荷兰、波兰、捷克等。1975年1月,美国国家认证委员会(NCA)和高等教育区域认证委员会联合会(FRACHE)合并成立美国中学后教育认证委员会(the Council on Postsecondary Accreditation, COPA)。合并后的COPA下设三个评估机构:院校认证团体委员会、专业认证机构委员会和全国性高等教育组织委员会。COPA是美国高等教育评价民间组织的最高机构,拥有审查全国性和地区性的高等院校认证机构、高等院校专业认证机构的权力,每年公布一次它所认可的认证机构名单。1995年,COPA又被新成立的美国高等教育认证委员会(the Council for Higher Education Accreditation, CHEA)取代。美国工程技术评审委员会(Accreditation Board for Engineering and Technology, ABET)负责全美高等学校工程、技术、应用科学和计算机等专业的专业认证工作,1989年由该组织发起,联合加拿大、澳大利亚、南非、爱尔兰、中国香港等国家和地区,成立了"华盛顿协议"(Washington Accord)组织,旨在推进工程教育专业认证的国际互任与合作。美国目前有70多个专业认证机构,负责各高校专业与课程的认证。印度于1994年成立了国家评估与认证委员会,除此之外,还建立与完善了很多全国性的专业认证机构,如印度全国技术教育专业委员会、印度医学专业委员会等,专门负责专业院校课程的认可、专业院校质量的提升,并对本科层次的专业提供拨款和奖励等工作。

　　质量审核模式是高校对自身的教育质量建立质量保障机制。在高校对自身教育质量进行自我评估的基础上,组织国内外知名专家对高校质量进行质量审核,通过同行专家(特别是国外专家)的质量审查,指导和帮助被审核高校的质量保障。即在实行质量审核模式的国家,政府只是间接干预,大学实行联盟自治,大学有较大的自主权和自由度,政府主要通过高等教育基金委员会对大学施加影响。

　　目前采用审核模式的国家主要有英国、澳大利亚、新西兰、瑞典、芬兰、爱尔兰、瑞士、南非、挪威等。英国在1997年成立了高等教育质量保障署,负责高校的学术质量审核和教学质量评估。英国高等教育质量保障署是独立的中介性机构,作为政府、社会和高校三方联系的桥梁,其核心业务是评估英国高等教育的质量和标准,并对授予英国高校学位的海外合作教育机构的教学进行监管。它将各高校的质量评价结果通过网站和出版物公之于众,对于申请学校的学生及选择毕业生的雇主们很有帮助。在英国,其评估模式就是以学科专业为基点:评估者将所有的学科专业划分为60个类,根据不同类型的评估对象、内容和特点制定不同的评估标准。澳大利亚于2000年成立大学质量保障署；日本 2000 年在改革原有学位授予机构的基础上，建立了大学评估与学位授予机构。

质量检查评估模式多指自上而下的、政府主导的行政性评估，它是政府的教育行政管理部门对学校教育方方面面进行的评价，既包括院校层面的整体教学质量评价，又包括学科专业层面的评价等。即在实行质量检查评估模式的国家，政府对高等教育评估实施严格的控制，政府直接参与组织和实施评估，教育评估多经政府授权成立或委托成立的评估委员会进行。不同于认证模式或审核模式，检查评估的内容丰富，种类繁多。采用检查评估模式的国家根据各自的实际情况，选择使用综合性评估、单项评价、合格评估、等级鉴定及特色评估等多种形式。目前，采用评估模式的国家主要有法国、德国、荷兰、日本、瑞典、芬兰、丹麦等国。比如，法国政府于 1984 年设立了全国唯一的高等教育评估机构——国家评估委员会，负责高校制度的评估、学科评估和高等教育状况的总体评估。

当然，上述三种质量保障模式在一个国家的运用并不是完全独立的。从发达国家高等教育质量保障的模式来看，多种评估模式的交叉融合、综合运用是高等教育评估的发展趋势之一。各国的高校评估不再是只用单一的评估方式，而是更多地寻求多样化的、有效高质的、适合本国国情的评估方式。在实践中表现为：有的国家既有审核又有认证，或审核、认证、评估三者兼而有之；有的国家既有政府行为，又有民间行动，如澳大利亚的外部质量审核与大学自我认证相辅相成；美国的民间认证机构与政府间接的学校教育质量保障政策不断互补；日本的政府评估日益走向政府评估与社会第三方评估的融合与并举；芬兰既有质量审核，又有专业认证，还有选优评估；等等。

三、师范类专业认证制度的产生[①]

师范类专业认证制度最初产生于美国。在 20 世纪之前，虽然美国的大多数专业还没有正式建立专业的认证机构，但在不少领域，专业标准和专业教育标准问题都在 19 世纪被讨论过。教师教育也是如此。1823 年，美国第一所私立师范学校建立后不久，关于建立教师教育标准的讨论就开始了。

美国最早尝试从事教师教育标准和考试开发的教育团体是 1829 年成立于俄亥俄州的"文实中学协会"（Academic Institute）。1858 年美国师范学

---

① 洪明.美国教师质量保障体系历史演进研究[D].福州：福建师范大学,2008；贾国锋.战后美国教师教育专业标准演进研究[D].保定：河北大学,2014.

校成立了"美国师范学校协会"（American Normal School Association，简称ANSA），教师教育者们开始关注教学专业和毕业生标准等问题。与此同时，来自美国 8 个州和哥伦比亚特区的 43 名教育工作者在 1857 年成立了"全美教师协会"（National Teachers Association，NTA）。1870 年该组织改名为"全美教育协会"（National Educational Association，简称 NEA），并将 ANSA 并入，两者在 NEA 名下成立了"全美教育协会师范学校部"（the Department of Normal School of the National Education Association，DNSNEA）。

这一时期，教师教育机构为提高教育质量和争取自己的地位，曾寻求区域认证机构对自己进行认证。比如，全美教育协会师范学校部就曾向区域认证机构提出过申请，要求对师范学校的专业进行认证，但都被回绝了。原因在于区域认证机构属于高等教育的专业认证机构，在它们看来，当时的教师教育还没有成为高等教育的一部分，教学专业是否称得上专业也是个问题，不值得认证。

1886 年，全美教育协会师范学校部在对美国 30 个州和 50 所师范学校调查之后，撰写了一份有关师范学校和课程标准的调查报告。1899 年，它又提交了一份报告，要求师范学校的行政官员考虑标准、定义、专业学科的基本条件等问题。虽然全美教育协会师范学校部两次都没有制订具体标准，但它们所做的工作对师范学校标准的制订具有重要意义。

20 世纪初，美国公立中等教育迎来了大发展，对教师的学历提出了新的要求，师范学校面临向师范学院转型的压力。1908 年，全美教育协会师范学校部开始尝试开发师范学校或师范学院管理的标准。与此同时，来自美国中西部地区的一些师范学校的校长于 1902 年组建了"中北部州立师范学校校长委员会"（the North Central Council of State Normal School Presidents and Principals，NCCSNSPP），随着该组织的发展，1912 年其易名为"全美州立师范学校校长委员会"（the National Council of State Normal School Presidents and Principals，NCSNSPP）。1917 年该组织的一个工作小组提交了关于《州立师范学校标准化中的问题》（Problems Involved in Standardizing State Normal Schools）的研究报告。该报告强调师范学校如想得到自己所期望的专业界和社会公众的认可就必须注重培养标准，而这种培养标准最好是由教学专业内部自己制订。1922 年，成立不久的"标准与调查委员会"（Committee on Standards and Surveys）向全美州立师范学校校长委员会提交了有关审核师范学校和师范学院的标准和原则草案——《师范学院和师范学校认证标准》。可见，全美州立师范学校校长委员会是教师教育认证标准的早期发起者，它提出的教师培训机构的评估原则和标准,为美国师范学院协会标准的制定奠定了基础。

1917年,美国州立师范学院院长成立"美国师范学院协会"(American Association of Teachers Colleges,AATC),作为高等教育层次的教师培养机构的协会组织,开始着手建立教师教育标准。1923年,美国师范学院协会将全美州立师范学校校长委员会并入,继续使用美国师范学院协会这一名称。同年,美国师范学院协会在全美州立师范学校校长委员会标准的基础上,制订了州立师范学校和师范学院的9条认证标准,规定了对师范学校和师范学院认证的最低限度的要求。

1925年,美国师范学院协会与全美教育协会的师范教育部合并后,美国师范学院协会便成为美国代表州立师范学校和师范学院的唯一的协会机构。尽管此时美国师范学院协会只是全美教育协会的一个下属机构,但其在管理和运作上享有高度的自主权。此时,美国师范学院协会不仅是教师教育机构的协会,也是负责对教师教育机构进行认证的机构,具有双重的职能。1926年,美国师范学院协会又颁布了一个包含15条认证标准的新的教师教育认证标准。不过,此时美国师范学院协会的认证对象只限于师范学校和师范学院,对大学的教育学院、教育系或文理学院等这些教师培养机构,并不进行认证。因此,其制订的教师教育标准还存在专业代表性方面的局限性。

为此,1948年,美国师范学院协会与"全美教育学院和教育系协会"(National Association of Colleges and Departments of Education,NACDE)和"全美城区教师教育机构协会"(National Association of Teacher Education Institutions in Metropolitan Districts,NATEIMD)合并,成立了"美国教师教育院校协会"(the American Association of Colleges for Teacher Education,AACTE),继续对其成员进行认证。因此,美国教师教育院校协会也成为当时全美教师教育新的认证协会,这也是美国历史上首次由各种不同类型的教师教育机构组成的教师教育认证协会。

到20世纪50年代,美国师范学院综合化和大学化的进程加快,师范学院纷纷转制成为大学教育学院,师范学院逐渐退出历史舞台。在这个过程中,为了让教师教育认证具有更广泛的基础,形成一个更能为人们所接受的认证程序,1952年,美国教师教育院校协会、全美教育协会、州立学校行政主管委员会、全国各州教师教育与资格证书主任协会和全国中小学校董事会协会五个组织联合成立了新的教师教育认证机构——全美教师教育认证委员会(National Council for Accreditation of Teacher Educatiom,NCATE)。全美教师教育认证委员会于 1954 年 1 月接管了美国教师教育院校协会的认证工作，并对原美国教师教育院校协会的下属机构进行了重新认证。

全美教师教育认证委员会成立后，就面临着与全美认证委员会（National Commission on Accrediting，NCA）的关系问题。此前，全美认证委员会是不承认全美教师教育认证委员会的前身组织——美国师范学院协会和美国教师教育院校协会的认证的。经过协商，全美认证委员会最终认可了全美教师教育认证委员会的认证。

全美教师教育认证委员会在 20 世纪六七十年代取得了一定的成效。在 20 世纪 60 年代中期，美国有一半的州规定：毕业于通过了认证的教师教育机构的学生，其所获得的州的教师资格证书可以跨州通用。1966 年，经全美教师教育认证委员会认证的教师教育机构达 426 所；到 1974 年，接受全美教师教育认证委员会认证的教师教育机构达 522 个。但在 20 世纪 70 年代，由于全美教师教育认证委员会内部专业团体间的矛盾和美国一些大学教育组织对全美教师教育认证委员会认证标准、认证工作等的不满，全美教师教育认证委员会遭遇了空前的危机。

20 世纪 80 年代，全美教师教育认证委员会进行了重建，并于 1987 年颁布了第一个认证标准。这个认证标准不再是对教师教育方案认证的标准，而是对教师教育机构认证的标准，但其又遭受诸如"认证标准陈旧过时、费用过高、耗费时间、对促进教师教育机构自我改进帮助不大"等方面的责难。20 世纪 90 年代，全美教师教育认证委员会进行了改革。到 21 世纪后，面对各种新的认证机构的不断兴起，为了确保自己在教师教育改革中发挥引领作用，全美教师教育认证委员会采取了一系列改革措施，在 2001 年颁布了新的认证标准。

同时，在全美教师教育认证委员会对美国教师教育机构进行认证期间，有些教师教育机构对其行政命令和施加的压力不满，如密歇根州立大学、特拉华州立大学和锡拉丘兹大学等，自己组建了一个新的教师教育认证机构，这就是 1997 年成立的教师教育认证委员会（Teacher Education Accreditation Council，TEAC）。与全美教师教育认证委员会只对教师教育机构认证不同，教师教育认证委员会主要是对教师教育机构的教师培养方案进行认证，认证的过程就是对教师教育机构提供的教师培养方案的证据进行审核。即教师教育机构要想通过教师教育认证委员会的认证，就必须提供证据以证明自己的教师培养方案能培养出有能力、责任心强和称职的教师。

2001 年美国高等教育认证协会（Council of Higher Education Accreditation，

CHEA）正式认证了教师教育认证委员会，2003年9月，美国联邦教育部部长罗德佩奇（Rod Paige）正式承认教师教育认证委员会为美国的教师教育认证机构。美国高等教育认证协会和联邦教育部的双重承认使教师教育认证委员会获得了与成立多年的全美教师教育认证委员会相同的职能和身份。因此，在这段时间，美国教师教育认证领域存在两雄并踞的局面。

在1997年到2013年间，美国教师教育认证是全美教师教育认证委员会和教师教育认证委员会两家认证机构并存。但由于二者的认证方式各有不足，如全美教师教育认证委员会的认证方式复杂且僵化，而教师教育认证委员会的认证方式又过于灵活，甚至有学者认为其是没有标准的认证，因此，将二者合并的呼声渐涨。2010年两家认证机构开始探讨合并事宜，终于在2013年1月正式合并成立美国师资培养认证委员会（Council for the Accreditation of Educator Preparation，CAEP）。此后，美国师资培养认证委员会开始开展认证工作，并于2016年完成过渡，完全取代全美教师教育认证委员会和教师教育认证委员会两家认证机构，从而开启了美国教师教育认证制度再次统一的新局面。

美国师资培养认证委员会是在全美教师教育认证委员会和教师教育认证委员会两家认证机构的基础上成立的，也是在新时代和教育背景下对教育质量认证框架体系的再造和重构。[①]因此，美国师资培养认证委员会在美国具有极高的认可度。

从1952年美国成立全美教师教育认证委员会，1997年成立教师教育认证委员会，到2013年全美教师教育认证委员会和教师教育认证委员会两家认证机构合并，成立美国师资培养认证委员会，美国教师教育专业认证尤其表现出以认证评估的证据提交来强调问责的趋势，即教师教育的培养机构需要通过提供可靠、真实而又具体的证据，证明教师培养机构具有培养教师的资格，证明教师候选人是具备专业知识和能力的教师。[②]

四、我国师范类专业认证制度的产生

2017年10月26日，我国教育部印发《普通高等学校师范类专业认证实施办法（暂行）》，颁布《中学教师培养专业认证标准（试行）》《小学教育专

[①] 王兴宇.美国教师教育认证制度变革及其对我国的启示[J].教育科学,2018(12):79-85.
[②] 许芳杰.美国教师教育专业认证评估的证据文化及其对我国的启示[J].教师教育研究,2021,33(4):19-25.

业认证标准（试行）》等。《普通高等学校师范类专业认证实施办法（暂行）》是我国政府颁布的第一个分级分类的专业认证标准，它构建了师范类专业纵向三级递进、横向三类覆盖的分级分类认证标准体系，以规范和引导师范类专业合理定位，特色发展，追求卓越。《普通高等学校师范类专业认证实施办法（暂行）》标志着我国师范类专业认证制度的开始。

师范类专业认证是我国高等教育质量保障体系的重要组成部分。一般认为，我国高等教育质量保障始于1985年。1985年5月，《中共中央关于教育体制改革的决定》指出"国家及其教育管理部门要加强对高等教育的宏观指导和管理。教育管理部门还要组织教育界、知识界和用人部门定期对高等学校的办学水平进行评估，对成绩卓著的学校给予荣誉和物质上的重点支持，办得不好的学校要整顿以至停办"。

1985年6月在黑龙江省牡丹江市镜泊湖召开的"高等工程教育评估问题专题研讨会"，被国内学术界公认为我国高等教育评估正式开始的起点，具有里程碑的意义。[①]1985年11月，原国家教委颁布了《关于开展高等工程教育评估研究和试点工作的通知》（〔1985〕教高二字020号），接着又发出了《关于正式开展高等工程教育评估试点工作的几点意见》（〔1987〕教高二字012号），全面部署了对高等工程教育的评估研究工作与试点工作。

1985年，国务院学务委员会开启了对高等学校学位与研究生教育评估的研究工作，并分别于1986、1987、1991和1994年开展了一系列的学位和研究生教育评估。1994年7月，全国高等学校与科研院所学位与研究生教育评估所成立，对33所最早设立的研究生院进行评估。

我国整体本科教育的评估始于1994年。1994年我国启动了对本科教育的评估工作。在局部试点的基础上，1996年陆续开展了对108所普通高等学校本科教学工作的评估。[②]1998年，我国教育部成立"普通高等学校本科教学工作评估专家委员会"，但高等教育质量保障得到社会广泛关注则是从1999年高等学校扩招开始。2003年11月20日，教育部下发《教育部办公厅关于对592所普通高等学校进行本科教学工作水平评估的通知》（教高厅〔2003〕9号）明确提出"建立五年为一周期的全国高等学校本科教学质量评估制度"，正式启动了我国普通高校本科教学工作水平评估。2004年8月，教育部高等教育教学评估中心成立，负责开展对高等学校教学、办学机构教学和专业教学工作

---

① 孙崇文，武伟民，赵慧．中国教育评估史稿[M]．北京：高等教育出版社，2010：138．
② 张彦通．高等教育评估与质量保证研究[M]．北京：北京航空航天大学出版社，2001：前言2．

的评估等工作。2003 至 2007 年间，教育部采用统一评估方案（2004 年重新进行了修订）对全国 592 所普通高校本科教学工作分期分批进行了评估。首轮本科教学工作水平评估的结论分为优秀、良好、合格、不合格四种。这一轮评估是新中国成立以来规模最大、范围最广、影响最深远的学校教育评估。[①]"截至 2008 年年底，列入首轮评估计划的 592 所普通本科院校全部评估完毕。"[②]

我国开展的本科教学工作水平评估是国家教育部门对普通高等学校本科办学水平和教育质量高低进行评判的一种形式。[③] 毫无疑问，我国实行的普通高校本科教学工作水平评估在促进政府加大高等教育经费投入、促进高校改进教学和管理水平、提升高等教育质量等方面发挥了显著作用，也形成了一套较为完备的评估指标体系和标准，但由于我国普通高校本科教学水平评估的评估指标整齐划一，难以体现不同学校的办学特色和目标，难以对学校之间的差异做出客观的评价，一直饱受诟病。并且，由于教学评估中出现了这样那样的一些问题，曾经引起了社会的广泛关注，甚至引发了高校的教学评估工作是否有必要进行下去这样的严重争论。[④] 因此，如何完善高等教育质量保障体系，对不同层次、不同类型高校进行分类评估在当今中国受到充分关注。

其实，我国对各级各类学校实行单独评估的想法可溯源到 1993 年。1993 年 2 月，中共中央、国务院颁布的《中国教育改革和发展纲要》第三十二条明确提出："建立各级各类教育的质量标准和评估指标体系。各地教育部门要把检查评估学校教育质量作为一项经常性的任务。"2010 年《国家中长期教育改革和发展规划纲要（2010—2020 年）》第三十三条又提出"改进教育教学评价，根据培养目标和人才理念，建立科学、多样的评价标准"。

同时，我国自 1999 年教师教育制度逐步走向开放后，"一些地区出现了一些不具备教师教育资质的学校或机构举办教师教育的情况，这显然与建设开放教师教育体系的初衷——提高教师教育水平和层次——相背离"[⑤]。如何保障我国教师教育机构的办学质量，确保我国教师教育培养人才的质量成为亟待解决的问题。

---

① 张伟江，陈效民.学校教育评估指标设计概论[M].北京：高等教育出版社，2011:8.
② 孙崇文，武伟民，赵慧.中国教育评估史稿[M].北京：高等教育出版社，2010:153.
③ 张凯，史蓉.普通高等学校本科教学工作水平评估的理论与实践探索[J].黑龙江高教研究，2004(10):89.
④ 张伟江，李亚东.大众化高等教育的质量保障与评价[M].北京：高等教育出版社，2010:67.
⑤ 朱旭东，胡艳.中国教育改革 30 年：教师教育卷[M].北京：北京师范大学出版社，2009:160-161.

因此，在全球都重视人才培养质量、重视教师教育地位，纷纷建立（或改进）教师教育机构认证或专业认证制度，并予以实施的大环境下，结合国内对教师教育机构不同层次、不同类型办学标准评估的急迫需求，2017年10月26日，我国教育部正式印发《普通高等学校师范类专业认证实施办法（暂行）》，颁布《中学教师培养专业认证标准（试行）》《小学教育专业认证标准（试行）》等，对师范类专业实行分级分类认证。《普通高等学校师范类专业认证实施办法（暂行）》标志着我国第一个分级分类专业认证标准的开始。

师范类专业认证是我国振兴教师教育、促进新时代高素质教师培养的着力点和突破口，有利于重塑师范类专业的教育教学模式，推进我国教师教育质量保障体系建设，对提高我国教师人才培养质量具有重要意义。

我国《普通高等学校师范类专业认证实施办法（暂行）》以"学生中心、产出导向、持续改进"三大理念为行动指南，构建了纵向三级递进、横向三类覆盖的分级分类认证标准体系。

《普通高等学校师范类专业认证实施办法（暂行）》（以下简称《实施办法》）规定：有三届以上毕业生的普通高等学校师范类专业申请参加第二级认证；有六届以上毕业生并通过第二级认证的普通高等学校师范类专业，申请参加第三级认证；个别办学历史长、社会认可度高的师范类专业可直接申请参加第三级认证。尤为鼓舞人心的是，《实施办法》把师范类本科专业和国控教育类专科专业都纳入了认证体系。

《实施办法》第九条"认证结果使用"明确指出：通过第二级认证专业的师范毕业生，可由高校自行组织中小学教师资格考试面试工作。所在高校根据教育部关于加强师范生教育实践的意见要求，建立以实习计划、实习教案、听课评课记录、实习总结与考核等为主要内容的师范毕业生教育实习档案袋，通过严格程序组织认定师范毕业生的教育教学实践能力，视同面试合格。通过第三级认证专业的师范毕业生，可由高校自行组织中小学教师资格考试笔试和面试工作。所在高校按照国家有关要求开设通识课程、学科专业课程（幼儿园分领域教育基础课程）和教师教育课程等，师范毕业生按照学校师范类专业人才培养方案修学规定课程且成绩合格、达到毕业要求，视同笔试合格。所在高校根据教育部关于加强师范生教育实践的意见要求，建立以实习计划、实习教案、听课评课记录、实习总结与考核等为主要内容的师范生教育实习档案袋，通过严格程序组织认定师范毕业生的教育教学实践能力，视同面试合格。

《实施办法》关于"认证结果使用"的说明，意味着不论是哪个学历层次的师范类专业，只要能够在专业人才培养上有一套自己的模式，人才培养质量经得起行业、社会的检验，能通过相应级别的专业认证，它就能拥有在全国或某个区域师范类专业的话语权，可以在"政策制定、资源配置、经费投入、用人单位招聘、高考志愿填报"等方面获得倾斜性的扶持。这样一来，师范类专业认证与教师市场准入的衔接得以建立。师范类专业认证一端连接高校，一端连接教师劳动力市场，可以有效达成师范类专业基于产出的持续改进质量保障机制和追求卓越的质量文化的目标。同时，师范类专业认证通过与教师资格证书衔接，某种程度上可以缓解实行教师资格证开放化考试后对原有师范教育的冲击，可以有效纠正我国师范教育不断弱化、教师教育定位不清的问题，实现师范院校以培养教师为主、教师培养以师范院校为主的局面。

第二章　教师教育课程设计的理论基础

　　任何时候大学的课程设计总会受到当时的哲学思想、教育思潮的影响，宏观的教育理论总会在大学课程领域中得到折射或体现。大学课程理论与实践在历史的长河中，也会受到教育思潮与哲学思潮的影响与洗涤。[1]"课程组织不是一个价值中立的过程，任何课程组织模式总是受特定的课程价值观的支配，必定折射或体现出特定的课程价值观。"[2] 不论课程工作者是否意识到，他们的实践总是受某种课程理论的支配。

　　20世纪以前，学科知识和学校水平是学校课程设计的重要基础，到1900年以后，随着新兴领域，如儿童发展、心理学、人类学、社会学和学习理论的出现，人们逐渐把与其有关的理论和研究作为课程规划和教学的基础。[3]

　　1949年，课程专家拉尔夫·泰勒在其经典著作《课程与教学的基本原理》中指出：学校教育目标制定的来源包括对学习者本身的研究、对现行社会生活的研究和学科专家对知识的研究等方面。[4] 这一观点指出了学校课程编制时需考虑的三个方面：学习者、社会生活和学科知识，在课程领域影响深远，逐渐发展成为学校课程设计的三大理论基础，即学生中心课程论、社会中心课程论和学科中心课程论，并得到众多学者的认同。

　　美国学者坦纳夫妇（D. Tanner & L. N. Tanner）与塞勒（J. Saylor）等人指出，一种有效的课程基础是：社会、学生、知识。[5] 美国学者亚瑟·K. 埃利

---

[1] 转引自季诚钧.大学课程概论[M].上海：上海教育出版社,2007:18.
[2] 张华.课程与教学论[M].上海：上海教育出版社,2000:234.
[3] 帕克.当代课程规划:8版[M].北京：中国人民大学出版社,2010:6.
[4] 拉尔夫·泰勒.课程与教学的基本原理：英汉对照版[M].罗康,张阅,译.北京：中国轻工业出版社,2014:6-26.
[5] Tanner D.,Tanner L. *Curriculum Development: Theory into Practice*[M]. New York: Collier Macmillan Ltd.,1975:100;John Galen Saylor. *Curriculum Planning for Better Teaching and Learning*[M]. Boston:Houghton Mifflin Harcourt School; Subsequent edition, Rinehart & Company,1981:29.

斯认为课程模式可划分为学习者中心模式、社会中心模式和知识中心模式这三种类型。[①] 国内学者季诚钧指出："我国教育理论界一般把课程设计的价值取向或理论基础分为三类：学科中心主义、学生中心主义、社会中心主义。"[②] 施良方指出："事实上，如果根据哲学观来分类，几乎所有的课程都可以被归入以下三类：学生中心课程、社会中心课程、学科中心课程。"[③]

课程史上，也有学者认为课程研究的理论基础是哲学、心理学和社会学。例如，英国学者泰勒和理查兹（P. H. Taylor & C. M. Ricards）、中国台湾学者黄炳煌、中国大陆学者丁念金等。但一些学者指出哲学、心理学和社会学应属于课程的基础学科。例如，英国学者劳顿[④]（D. Lawton）等和澳大利亚学者史密斯与洛瓦特[⑤]（D. L. Smith and T. J. Lovat）明确指出，课程的基础学科包括心理学、社会学和哲学。中国学者施良方指出："作为学科，心理学、社会学、哲学在一定程度上是独立的。但如果作为课程的基础，这中间最为重要的应该是哲学。这是因为：一方面，心理学和社会学都源于哲学，是从哲学母体分化出来的；另一方面，无论是心理学还是社会学的思想，其实都是从某种哲学观念出发的，背后都有哲学假设作为其支柱。"[⑥] 托马斯·霍普金斯（L. Thomas Hopkins）也强调："哲学在人们以往作出有关课程和教学的重大决策方面一直发挥作用，将来仍然是重大决策的依据。……如果哲学没能在课程和教学中发挥作用，那么，教育就会脱离实际情况而一团糟。"[⑦] 因此，施良方指出："如果根据哲学观来分类，几乎所有的课程都可以被归入以下三类：学生中心课程、社会中心课程、学科中心课程。"

一、学科中心课程论

自教育存在起，课程便如影随形。但正式学校课程的形成大约在 19 世纪之后。在此之前，严格意义上的课程是不存在的。一般认为，1918 年美国著名教育学者博比特（F. Bobbitt）出版《课程》（*The Curriculum*）一书是课程

---

① 亚瑟·K.埃利斯.课程理论及其实践范例[M].张文军,译.北京:教育科学出版社,2005:3.
② 季诚钧.大学课程概论[M].上海:上海教育出版社,2007:27.
③ 施良方.课程理论:课程的基础、原理与问题[M].北京:教育科学出版社,1996:121.
④ 劳顿.课程研究的理论与实践[M].张渭城,等,译.北京:人民教育出版社,1985:5.
⑤ Smith D.L, Lovat T.J.*Curriculum:Action and Reflection*[M]. Wentworth Falls,N.S.W.:Social Science Press.1990:21.
⑥ 施良方.课程理论:课程的基础、原理与问题[M].北京:教育科学出版社,1996:23-24,74.
⑦ Thomas Hopkins.*Interaction:The Democratic Process*[M].Boston:D.C.Heath,1941:198-200.

成为一个独立研究领域的标志。因此,"课程有一悠久的过去,但只有短暂的历史。"①亦即,正式学校课程形成的历史是比较短暂的,但构成学校课程的基础——学科本身的历史却是悠久的。比如,我国早在春秋战国时期就确定的"六艺"——礼、乐、射、御、书、数;古希腊、古罗马学校中的"七艺"——文法、修辞、逻辑、算术、几何、天文、音乐等就是最早的学科课程形态。可以说,从古希腊到文艺复兴前1 500多年的时间里,"七艺"几乎是欧洲学校教育课程的全部。

在我国,学校课程可以说不是自然发端的产物。从孔孟至近代以前的各派教育家,大多是将各自的人性论作为自己课程思想的依据,如孔子是"性相近,习相远";孟子是"人之初,性本善";荀子是"性恶论";董仲舒则认为"天地之性人为贵",主张"性三品"说。可以说,在洋务运动以前,中国的教育内容几乎是唯儒独尊,"四书五经"成为首选、必选的学习科目。洋务运动以后,西方的课程、课程思想或课程研究理论、方法才逐渐传入我国。因此,对学科中心课程论的探讨我们从西方学者的研究开始。

(一)基本思想

学科中心课程论,又被称为学科本位课程论、学术中心课程论或知识中心(本位)课程论。学科中心课程强调根据学科(知识)的内在性质和逻辑结构来组织、规划学校课程。通过对历史文献的追溯分析,发现百科全书主义、赫尔巴特主义、斯宾塞的课程论、要素主义、永恒主义、结构主义等课程论在本质上均属于学科中心课程论。"学科中心"典型课程理论具体如表2-1所示。

表2-1 学科中心课程论典型理论一览表[②]

课程理论名称	形成时间	代表人物	强调的内容	优点与不足
百科全书主义	16—17世纪、18世纪	培根、夸美纽斯、狄德罗等	一切知识(人文学科、自然学科等)	科学知识开始出现在课程中;知识太多,增加了学习者的负担

---

① 张华.课程与教学论[M].上海:上海教育出版社,2000:1.
② 依相关资料对各流派的分析结果整理。

续表

课程理论名称	形成时间	代表人物	强调的内容	优点与不足
赫尔巴特主义（主知主义）	19世纪初	赫尔巴特、威勒等	六种兴趣的知识（自然、物理、文法、唱歌、绘画、神学等）	最早为学科中心课程提供哲学、心理学理论基础，课程结构思想萌芽。偏重系统传授书本知识，忽视学生思维能力的发展
斯宾塞的课程论	19世纪后半期	斯宾塞、赫胥黎等	科学知识为核心（生理学、解剖学、逻辑学、心理学、雕刻等）	确立了科学知识在学校课程中的重要地位，课程结构思想萌芽。在科学与宗教的关系上表现出不彻底，认为科学和宗教是可以调和的
要素主义	20世纪30年代	巴格莱、科南特、贝斯特等	回归基础（现代文化知识基础）、人类共同的要素（英语、物理、化学等）	严格按照系统性、逻辑性和学术性要求设置学校课程，学习者能较好地掌握基础科目的内容，课程结构思想萌芽。忽略了学习者的学习动机和情感发展
永恒主义	20世纪30年代	赫钦斯、阿德利文斯通等	伟大思想、古典名著（历史、古代名著等）	回归经典，重建传统价值观，课程结构思想萌芽。脱离时代要求，在教育实践中影响范围不大
结构主义	20世纪60年代	皮亚杰、布鲁纳、施瓦布等	学科的基本结构（某门学科的基本概念、原理和规则）	首次提出课程结构这一思想，使课程结构成为一个研究领域。主要是对某一门具体学科内部的结构研究，专家未对该结构达成共识，过分强调儿童学习的主观能动性，改革失败

由上述表格可知学科中心课程论产生、发展轨迹大致为：百科全书式的课程结构体系，促成了近代学校以科目为本位的课程结构体系的形成。赫尔巴特关于课程组织的"相关和集中原理"及威勒的"中心统合法"，表明他们开始关注学科间的关系，在进行课程结构化的努力。斯宾塞注重科学知识的课程体系，将学科中心课程论推到新的发展阶段。永恒主义和要素主义，使学科中心课程在理论上得到进一步发展，并逐渐趋向细致化。到结构主义课程论时期，人们开始按照学科的基本结构来设计学校课程，促成了近代学校以学科为本位的课程结构体系的形成。

从学科课程论产生、发展的轨迹可知，课程结构思想萌芽于培根、斯宾塞和赫尔巴特等人，诞生于布鲁纳。虽然培根、夸美纽斯、斯宾塞等教育家都尝试打破古典人文学科占学校课程主体的情况，将科学教育引入学校课程中，但是，他们并没有提出课程结构这一思想，可以说当时他们还没有课程结构这一意识。但他们的研究使人们发现课程有人文教育课程、科学教育课程之分，在一定程度上使人们认识到课程有结构，所以说课程结构萌芽于培根、斯宾塞和赫尔巴特等人。布鲁纳的结构主义课程论虽然是对具体某一门学科的课程结构进行研究而设计课程，有一定的局限性，但正是从他开始，课程结构研究才逐渐成为课程研究的一个领域。

（二）价值倾向及优缺点

学科中心课程论紧紧围绕学科的逻辑，坚持"以学科为中心"来设计学校课程结构体系，虽然其流派众多，观点在某些方面存在差异，但都一致认为在学科知识的基础上建立一个严谨的、富有挑战性的课程体系是关键，他们的取向始终是学术性学习。[①]

学科中心课程论的优点：第一，它按照人类已有知识分类来设置课程，有助于学生系统地继承、传承和发扬人类有史以来的文化知识；第二，学科知识是经过筛选、简约化了的知识，有助于学生短时期内较系统地了解、获得人类已有的文化知识；第三，有助于人们对知识学习的结果进行评价。学科中心课程对学生知识的检测，促成了简单、方便、易操作的标准化测验的诞生。

学科中心课程论的不足：第一，学科中心课程论强调系统知识的传递，容易忽视学生的兴趣和需要、社会生活的现实情况；第二，因注重知识的系统性，易忽视学生的心理接受能力，使学生学习起来觉得困难；第三，由于重视学生知识获得的情况，采用标准化测验，容易导致以教师为中心的讲授方法和学生的死记硬背；第四，学科中心课程变革难度较大，因为任何一门课程，一旦被纳入学科中心课程中，说明都有其相应的价值，要对它进行变革，势必引起相应群体的抗拒，这也是课程改革有时难以推进的原因。

二、学生中心课程论

学生中心课程论的出现比学科中心课程理论晚一些。一般认为，学生中心课程理论起源于19世纪末20世纪初欧美的"新教育运动"和"进步教育运动"。

---

① 亚瑟·K.埃利斯.课程理论及其实践范例[M].张文军,译.北京：教育科学出版社,2005:120.

（一）基本思想

学生中心课程论又被称为儿童中心课程论，是根据学生的心理逻辑、围绕学生的兴趣和发展来组织课程的一种理论。通过对历史文献的追溯分析，人们发现：自然主义、经验主义、人本主义和建构主义课程论在本质上均属于学生中心课程论。"学生中心"典型课程理论具体如表2-2所示。

表2-2　学生中心课程论典型理论一览表[①]

课程理论名称	形成时间	代表人物	强调的内容	优点与不足
自然主义	18—19世纪	卢梭、裴斯泰洛齐、福禄培尔	教育适应自然，儿童应快乐、自由地生活，成为"自然人"。"经验"是个体对客观事物的认识和反映	重视个体的经验，"经验"是个体对客观事物的描摹，课程是儿童的直接经验。"经验"的获得是以主客分离为基础的
经验主义	19世纪末20世纪初	杜威	教育就是经验的改造或改组、教育即生活、学校即社会、"经验"是儿童与环境的交互作用，是个体对自身行为及该行为结果反思的结合	重视儿童的经验，儿童的"经验"就是课程，课程与儿童是一个整体，是儿童的直接经验＋反思，消解了主客分离、经验与自然分离二元对立的局面
人本主义	20世纪70年代	马斯洛、罗杰斯等	教育应培养整体的、自我实现的人。"人的存在"是人的潜能得到实现的能动过程，人的"自我实现"意味着"人的潜能的充分发展"和"完美人性的形成"	重视人是认知与情感统一的存在，"经验"就是"存在体验"，"经验课程"就是"体验课程"。主客分离的二元论彻底消除
建构主义	20世纪80—90年代	皮亚杰、维果茨基、布鲁纳等	关注学生的认知发展过程，关注学生的已有经验，关注学生熟悉的"生活"和"情境"	重视儿童已有经验，重视儿童对知识的意义建构，但忽略了教师的引导作用，忽略了学生学习时间的有限性、学习的实效性和经济性

从上述表格可知，虽然自然主义、经验主义、人本主义和建构主义课程

[①] 依相关资料对各流派的分析结果整理。

论在本质上都属于学生中心课程论，但不同流派对于课程的主要内容——"儿童的经验"有不同的看法。自然主义课程论认为课程是学生的直接经验；经验主义课程论认为课程是儿童的直接经验和儿童对该经验反思的综合；人本主义课程论认为课程是人完成"自我实现"的"存在体验"，这种"体验课程"是认知课程与情感课程的统一。这种从"经验"到"体验"课程观的变迁，体现了人们由对知识的追求转向对意义的追求，由对工具理性的追求转向对价值理性的追求，由对智能的追求转向对个体价值的追求，由对世界的控制能力的追求转向对与世界共同生存的追求。①

（二）价值倾向及优缺点

学生中心课程论紧紧围绕学生的兴趣和需要，坚持"以学生为中心"来设计学校课程结构体系，其优点为：第一，它主张把传统文化知识转化为儿童的经验，有助于学生更好地理解传统文化知识，从而实现传统文化知识的继承与发展；第二，它依据学生的兴趣和需要组织课程，有助于调动学生的学习积极性，提高学习效率；第三，它重视学习者的个体差异，有助于实施因材施教，帮助学生实现个性的自由发展。

学生中心课程论的不足：第一，容易导致忽视系统文化知识的传递；虽然学生中心课程论是想把传统文化知识转化为儿童的经验，但并不是所有的文化知识都能顺利地转化为儿童的经验；第二，容易导致学生学到的知识比较浅薄，学生中心课程论重视儿童的兴趣与需要，强调儿童的自由选择，但儿童是否有判断、选择某门课程的能力值得考量；第三，容易忽视儿童思维、综合、分析等深层能力或品质的发展，学生中心课程论重视"游戏"和"活动"，本意是想让学生获得心智的成长与发展，但实际上，由于教师过分关注儿童的即时快乐或课堂的"热闹"，有时会听从儿童的要求做一些简单、缺少内涵的游戏或活动，而降低课程应有的品质。

三、社会中心课程论

一般认为，社会中心课程论是从进步主义教育运动中分化而来。

（一）基本思想

社会中心课程论主张以适应或改进社会为根据，围绕主要的社会问题来

---

① 张华. 课程与教学论 [M]. 上海：上海教育出版社, 2000:265.

规划学校课程，设计学校课程结构体系。在课程发展史上，改造主义、新马克思主义（又称"西方马克思主义"）、批判主义等本质上都属于社会中心课程论。美国学者亚瑟·K.埃利斯在《课程理论及其实践范例》一书中提到了他研究社会中心课程时忽略批判理论和新马克思主义课程观的原因，"我没有将这些观点纳入本书是因为他们对美国学校现状基本上没什么影响，而且这些理论主要用于批评教育现状，它很少以课程的形式来展现。"[①] 笔者同意他的观点，故对社会中心课程论基本思想的阐述重点围绕改造主义课程论。

改造主义是从"进步教育"和杜威的经验主义课程中逐步分化出来的，到20世纪50年代，它已成为一种独立的课程思想。1929—1933年，西方资本主义国家爆发了空前的经济危机，极大地震撼了美国社会，导致人们对当时美国占主导地位的"进步教育"和经验主义课程论产生怀疑。一些原来主张"儿童中心"的教育家们开始思考学校的社会责任，这为社会改造主义的形成创造了契机。改造主义认为"教育担负着社会的责任，担负着克服文化危机和创造文化的使命"[②]。学校应成为"社会改造"的主要工具，学校课程应以"社会问题"为中心，要少强调"儿童中心"，其主要代表人物是美国教育家布拉梅尔德。

（二）价值倾向及优缺点

社会中心课程论紧紧围绕社会需要，坚持"以社会为中心"来设计学校课程结构体系，其优点在于：紧紧围绕社会生活中的问题而设置，有助于帮助学生认清当前所生活的社会环境，并在这个过程中培养学生的公民意识和民主意识，实现学生个体的社会化。但是，由于它过于偏重社会取向，容易忽视学生个人的兴趣与需求，容易导致学生成为社会的工具，而且它强调课程的"社会一致"作用，容易忽视课程的差异性与多样性，这在美国这样一个倡导价值多元的国家中是不易被接纳的。批评家认为该课程论"并不能对培养美国社会所需要的人才起指导作用，在教育实践中的影响也不大"[③]。

四、"三中心"课程论比较分析

我们通过对"三中心"课程论的追溯分析可以发现："三中心"课程论的

---

① 亚瑟·K.埃利斯.课程理论及其实践范例[M].张文军,译.北京:教育科学出版社,2005:89-90.
② 张华.课程与教学论[M].上海:上海教育出版社,2000:270.
③ 单中惠.西方教育思想史[M].北京:教育科学出版社,2007:524.

形成离不开特定的历史环境，离不开当时的社会生产力、政治、经济和文化等因素的制约。而在这之中，我们还可发现以下情况。

第一，学科中心课程论历史最悠久，社会中心课程论历史较短。学科中心课程论的历史多达2000多年；学生中心论课程次之，160年左右；社会中心论课程则只有70年左右的历史。故而，依据学科知识来组织学校课程是大家最为熟悉的课程设计模式。我们甚至可以把这称作司空见惯的模式。[①] 近代学校以科目为本位设计学校课程结构体系源自百科全书主义流派的推动，赫尔巴特、斯宾塞、要素主义和永恒主义的课程论都属于科目中心课程论。现代意义上的"以学科为中心"设计学校课程结构体系则源自结构主义课程论的推动。

第二，课程结构研究的历史较短。可以说，直到1960年布鲁纳结构主义课程论的提出，课程结构才开始成为一个研究领域，而且布鲁纳对课程结构的研究更多集中在对一门具体学科内部结构的研究上，还没有涉及对一个专业、一个学科领域或一个学校整体课程结构的研究上。20世纪50年代布拉梅尔德的"轮型课程"和20世纪70年代福谢依的人本主义课程是对学校整体课程结构设计的构想。学校课程体系中开始有了经济和政治领域课程、科学和艺术领域课程、教育和人际关系领域课程、知识课程、情意课程和体验课程等课程类别的划分，这为研究学校课程结构提供了基础。

第三，每一种课程论的产生都关乎课程的价值取向。课程史上每一个课程流派及其课程结构体系的产生，都来自课程专家对课程进行价值判断后的选择，不涉及任何价值倾向的课程结构体系几乎是不存在的。不同的课程价值观会呈现不同的课程结构，课程结构会无意识中"透露"课程设计者的倾向性。学科中心课程论秉持"以学科为中心"的价值导向，紧紧围绕学科的逻辑来设计学校课程结构；学生中心课程论秉持"以学生为中心"的价值导向，紧紧围绕学生的兴趣和爱好来设计学校课程结构；社会中心课程论秉持"以社会为中心"的价值导向，紧紧围绕社会问题来设计学校课程结构。这也是促使我们在进行课程结构体系研究时，注重对其课程结构体系价值取向进行分析的原因。

作为学校课程结构设计调整的理论基础，"三中心"课程论基于各自的倾向，各有不同的侧重点，具体对照如表2-3所示。

---

① 亚瑟·K.埃利斯.课程理论及其实践范例[M].张文军，译.北京：教育科学出版社，2005:113.

表2-3 "三中心"课程论对照表[①]

类别	学科中心课程	学生中心课程	社会中心课程
着重点	教学内容来自学术性学科；有组织的范围和顺序	聚焦个体；个人成长和发展；学习者的兴趣；强调情感	寻求与社会的相关性；公民意识的教育
教学	教师是学者/学习者；教师主导的课程；多样化的教学策略	教师作为促进者	问题解决单元；学科科目作为工具；社区中的人力资源；小队设计/小队教学/小队学习
学习	掌握教材；学生是被统治的学习者	随机教育	团体项目；协作努力；做领导的机会
环境	明确关注学术性；传统学科；学校即学习场所	培养创造力；激励性的；游戏化环境；活动的自由；信任的气氛	课堂/学校是民主的；跨年龄/跨年级；真实世界是学习的实验室
评价	正规考试；标准化评价	学习者自发；面向发展；强调形成性；经验的；非竞争性的	在真实的世界中的成效；公民意识和领导能力的发展；知识和技能的应用；集体反思；社会性方面的发展

学校课程工作者会依据自身学校的侧重点，对学校课程结构进行调整，以实现学校课程改革的目标。

五、"三中心"课程论对教师教育课程设计的影响

作为课程研究的一个领域，大学本科教师教育课程设计深受"三中心"课程论的影响，在此，研究者将沿着课程理论历史变迁的轨迹分析其对教师教育课程设计的影响。

（一）"三中心"课程论历史变迁轨迹

学校课程体系调整是"以学科为中心""以学生为中心"还是"以社会为中心"，在很长一段时间内，学者们并未达成共识，不同的学者依据不同的教育思想或理念对学校课程结构进行设计。依据对"三中心"课程理论的梳理分

---

① 亚瑟·K.埃利斯.课程理论及其实践范例[M].张文军,译.北京：教育科学出版社,2005:50,84,123.

析，笔者制作了"三中心"课程论中典型课程理论历史变迁的相关表格，具体情况如表 2-4 所示。

表2-4 "三中心"典型课程论历史年表

序号	产生时间	课程论流派	所属"中心"
1	文艺复兴时期	百科全书主义	学科中心课程论
2	18—19 世纪	自然主义	学生中心课程论
3	19 世纪初	赫尔巴特主义	学科中心课程论
4	19 世纪中期	斯宾塞的课程论	学科中心课程论
5	19 世纪末 20 世纪初	进步主义、经验主义	学生中心课程论
6	20 世纪 30 年代	永恒主义	学科中心课程论
7	20 世纪 30 年代末	要素主义	学科中心课程论
8	20 世纪 50 年代末	改造主义	社会中心课程论
9	20 世纪 50—60 年代	结构主义	学科中心课程论
10	20 世纪 60 年代末	批判主义	社会中心课程论
11	20 世纪 60—70 年代	人本主义	学生中心课程论
12	20 世纪 80—90 年代	建构主义	学生中心课程论

经过对"三中心"典型课程理论的梳理分析可知以下内容。

第一，在很长一段时间内，学校课程一直围绕"以学科为中心"来设计、调整。自人类社会产生之日起，教育便如影随形；自教育存在起，课程便朝夕相伴。但课程作为一个独立的研究领域从教育中分离出来（这种分离是相对的）还是 20 世纪初的事。1918 年，美国著名教育学者博比特（F. Bobbitt）出版《课程》（The Curriculum）一书，这是课程成为一个独立研究领域的标志。美国资深课程学者坦纳夫妇（D. Tanner & L. N. Tanner）由此指出："课程有一悠久的过去，但只有短暂的历史。"[1] 也即是说，"课程形成的历史是比较新的，但构成课程之基础的学科本身的历史却是古老的。"[2] 比如，我国早在春秋战国

---

[1] 张华. 课程与教学论 [M]. 上海：上海教育出版社, 2000:1.

[2] 钟启泉. 现代课程论 [M]. 上海：上海教育出版社, 1989:5.

时期就由教育家孔子确定的"六艺"——礼、乐、射、御、书、数,古希腊、古罗马学校中的"七艺"——文法、修辞、逻辑、算术、几何、天文、音乐等,就是最早的学科课程形态。"孔子的'六艺''四文'(诗、书、礼、乐)说,是我国古代学校最原初的学科群形成的理论依据。""'七艺'中,文法、修辞、逻辑学三科谓之'三艺',属文科课程。其余四科谓之'四艺',主要是理科课程。它们就是构筑近代教育史起点的传统学科课程。"[①] 自古希腊时期至文艺复兴前,"七艺"支配了欧洲学校教育课程实践长达1 500年。[②] 及至16世纪弗朗西斯·培根(Francis Bacon,1561—1626)主张"把一切知识教给一切人"到18世纪德尼·狄德罗(Denis Diderot,1713—1784)出版《百科全书》,可见,从古希腊到18世纪上半叶,学校课程几乎都是"以学科为中心"来设计。

第二,学校课程设计是"以学科为中心"还是"以学生为中心"一直处于胶着状态,但自20世纪90年代后,"以学生为中心"逐渐成为学校课程结构设计主导的价值取向。从理论梳理分析可知,自18世纪中期后,以卢梭为代表的自然主义课程论开始主张"以学生为中心"来设计学校课程结构,但这种做法在19世纪初又被赫尔巴特改变。到20世纪前半期,进步主义教育运动的代表之一杜威又开始建立"以儿童为中心"的课程结构体系,并在美国教育界占统治地位,但结果是学生学业水平下降。有学者认为"进步主义的改革太强调适应,强调鼓励孩子追求他们自己的兴趣,强调社会活动、个性发展以及降低了基本的学术或训练技能的设计教学法。学校变得不够严格,忽视了重要的、学术的、用脑筋的和困难的学科,学校与其说是一个学术性机构,倒不如说更像马戏场。"[③] 到20世纪50年代,以布拉梅尔德(T. Brameld)为代表的一些学者开始强调学校课程应以"社会问题"为中心,"以社会为中心"才逐渐成为学校课程结构设计调整的价值取向之一。但是,到20世纪50年代中期,苏联人造卫星上天,美国国内学生学业水平的下降,又使要素主义、结构主义等崇尚知识的课程论在美国风行一时。但一段时间后,由于要素主义、结构主义这两种课程论忽视学生的情感与个性发展,并未取得预期的效果,在20世纪60—70年代,注重学生兴趣、情感的人本主义课程论兴起,到20世纪

---

① 钟启泉. 现代课程论[M]. 上海:上海教育出版社,1989:6-9.
② 张华. 课程与教学论[M]. 上海:上海教育出版社,2000:239.
③ 丘奇. 对进步主义的反动:1941—1960[C]// 瞿葆奎. 教育学文集·美国教育改革. 李亚玲,译. 北京:人民教育出版社,1990:402.

80—90年代，重视学生主动建构知识的建构主义兴起。因此，从20世纪90年代起，"以学生为中心"逐渐成为学校课程设计主导的价值倾向。

（二）"三中心"课程论对教师教育课程设计的影响

教师教育是社会发展到一定阶段的产物。人类社会自产生之日起，就有教育，但专门培养教师的教育即教师教育的产生却是人类历史进入近代以后的事。教师教育是伴随着时代发展，机器大生产、工业革命对劳动者素质要求的提高，教育开始普及，社会对教师的大量需求而发展起来的。可见，教师教育从产生之日起，就是伴随着社会需求而发展起来的。社会需要什么样的教师，教师教育就培养什么样的教师，"为社会服务""服务于社会"是教师教育秉持的价值导向。伴随着教师教育培养教师目标的改变，教师教育的课程体系也经历了多次调整，支撑其调整的理论依据也经历了不断变化和发展的过程。

依据对教师教育课程体系调整的理论依据的梳理分析，笔者制作了教师教育课程体系调整价值取向变迁的相关表格，具体情况如表2-5所示。

表2-5 教师教育课程体系调整价值取向变迁表

序号	时间	社会对教师的要求/教师教育课程体系设计	影响教师教育课程设计的主要课程理论（相关理论）	教师教育课程体系调整的价值取向	教师教育课程所属"中心"
1	1684年—19世纪（1684年世界上第一所教师训练机构建立）	教师是知识丰富的学者/课程以任教学科知识为主	百科全书主义、赫尔巴特主义、斯宾塞的课程论	技艺观/学徒制/学科取向/知识取向	知识取向/学科中心课程论
2	19世纪末20世纪初	教师还应知道如何教育学生/课程增加教育理论专业知识课程	斯宾塞的课程论	技艺观/知识取向	知识取向/学科中心课程论
3	20世纪初—20世纪50年代	教师是学生的向导，是学生学习的引导者/课程轻视学术性科目，重视教育学知识，教学法类科目	经验主义、进步主义、实用主义	封闭的专业主义取向[①]	学生取向/学生中心课程论

[①] 源自美国教育史学家克雷明（Lawrence A. Gremin）对20世纪上半叶美国师范院校教育课程一系列特征的概括。Gremin Lawrence A.Transformation of the school: Progressivism in American Education 1876-1957.[J].*British Journal of Educational Studies*,1961,10(1).

续表

序号	时间	社会对教师的要求/教师教育课程体系设计	影响教师教育课程设计的主要课程理论（相关理论）	教师教育课程体系调整的价值取向	教师教育课程所属"中心"
4	20世纪50—60年代	教师是精通某一专业科目或学科的人/课程重视学科文化知识	永恒主义、要素主义、结构主义	学术取向/学术倾向	知识取向/学科中心课程论
5	20世纪60—70年代	教师是教学能力娴熟的技术人员/课程突出教师教学行为的改善，教学的能力	实验心理学、行为主义	能力本位/技术取向/临床取向	知识取向/学科中心课程论
6	20世纪70—80年代	教师应是"专家型"教师，探求建立专业教师队伍/课程注重普通教育与专业教育内容的融合	行为主义	技术理性取向/临床取向/资格能力本位	知识取向/学科中心课程论
7	20世纪80—90年代	教师应是"反思型"教师，教师专业发展运动，教学专业标准/课程除了学科知识内容和教学技能技巧外，注重培养教师有关教学整体的直觉认识	认知主义	反思取向/个人取向/临床取向/绩效标准本位	知识取向/学科中心课程论
8	20世纪90年代至今	教师是学生学习的引导者、促进者/课程注重学术学科与教育学科知识各类课程的融合	人本主义、建构主义	儿童学习结果取向/融合与多元取向	学生取向/学生中心课程论

经过对教师教育课程价值取向的梳理分析可知以下内容。

第一，教师教育课程体系一直紧随社会对教师的不同要求而调整，以实现不同时期教师教育课程的功能。纵观教师教育课程价值取向演变的历史可以发现，当社会上较有影响的课程理论从"教师是学者/学习者"（学科中心课程论）向"教师作为促进者"（学生中心课程论）转变时，教师教育课程的价值取向随之从"知识取向"向"学生取向"转变，教师教育课程体系亦随之从围绕"教师应该知道什么知识""教师应该具备哪些能力"向"教师如何帮助、促进学生更好地学习"调整。

第二，教师教育课程体系调整的价值取向从本质上来讲可归为"知识取向"和"学生取向"两大类，虽然不同学者所用专业术语不一样。

第一类："知识取向"。无论是传统的技艺观、学科/学术取向、能力本位/取向、技术（理性）取向、临床取向，还是资格能力本位取向等，从本质上而言都属于"知识取向"。因为，这些价值取向不是聚焦于未来教师的学科专业知识，就是聚焦于未来教师的教育专业知识、教学的能力，抑或教师对自身教育教学的反思能力上，出发点均聚焦在未来教师身上。比如，"传统的技艺观""学术取向""学术倾向"等聚焦的是未来教师的知识基础；"专业取向""能力本位""技术（理性）""临床取向""资格能力本位取向"等聚焦的是未来教师的教学技能；"反思取向""个人取向"等聚焦的未来教师对自身教与学的反思探究。故而，这些价值取向的教师教育课程体系在设计时就重在关注如何让教师具备任教学科的专业知识、教学法知识、教学技能和对情境的感知等课程上。

第二类："学生取向"。"封闭的专业主义取向""儿童学习结果取向""融合与多元取向"从本质（课程体系的实质结构）上而言均属于"学生取向"。因为这三种价值取向主要聚焦于未来教师如何帮助、促进学生发展，出发点聚焦于学生。但在教师教育课程结构设计实践操作中（形式结构的调整上），由于"封闭的专业主义取向"失之偏颇，并未像预期那样促进学生发展，甚至导致了学生学术质量的降低，因此，也有学者认为它其实关注的依然是教师，将其归为"知识取向"一类。20世纪上半叶，因受当时进步主义和实用主义课程思想的影响，人们普遍认同"教师的角色就是充当儿童解决问题和开展科学活动的向导"[①]这一观点。因此，教师教育课程体系在设计时非常重视"教师如何激发儿童兴趣、鼓励儿童解决问题、为儿童提供建议等方面教育学知识"[②]的教育专业课程，而忽视学科专业知识课程，导致课程体系中这两类课程比例严重失调。此时期，"小学教师培训课程大约有1/2是教育专业课程"[③]"这些科目不仅种类繁多，而且重复设置"[④]，致使学生知识习得不系统、不全面，知识水平、学业水平下降，导致大众认为其没有促进学生发展，因此迅速被永恒主义、要素主义、结构主义倡导下的"学术取向"课程取代。

第三，自20世纪90年代以后，"以学生为中心"逐渐成为教师教育课程

---

① 艾伦·C.奥恩斯坦,弗朗西斯·P.汉金斯.课程：基础、原理和问题[M].柯森,译.南京：江苏教育出版社,2002:52.

② 谢赛.儿童学习结果取向的美国教师教育课程研究[M].北京：北京大学出版社,2014:35.

③ 戴伟芬.美国教师教育课程思想30年[M].北京：北京大学出版社,2012:54.

④ Bullough-Jr.,R.V. Pedagogical Content Knowledge Circa 1907 and 1987:A Study in the History of an Idea[J].*Teaching and Teacher Education*,2001,17(6):655-666.

设计主导的价值倾向。当时，在人本主义和建构主义等课程理论的影响下，人们逐渐意识到：学校课程设计不能只关注学生智力的发展，还应关心学生情感的发展；不能只关注学生对知识的被动接受，还应关心学生对知识的主动建构等。因此，学校课程设计应关注学生的认知发展水平，关注学生已有的经验，关注学生的情感，选择适于学生学习，并能有效帮助学生实现主体建构，促进学生作为整体的人全面发展的课程。而且，随着时代发展，科技的进步，世界各国都意识到了人才的重要性，教育的重要性，都非常重视提高学生的学业成就，人们普遍认同"儿童学习标准应该为教师培养与发展提供方向"[1]。因此，才有了"以儿童学习结果为取向"的教师教育课程调整、"融合与多元"的教师教育课程调整等不同提法的改革。1998年，联合国教科文组织在世界高等教育大会宣言中指出，"在当今日新月异的世界，高等教育显然需要转向'以学生为中心'的新视角和新模式，各个国家和教育机构的决策者要把学生及其需要作为关心的重点，并把他们看作是高等教育改革的主要参与者。"[2] 这是"以学生为中心"首次见诸联合国机构的正式文件，从此这一提法逐渐成为权威性的术语和全世界越来越多教育工作者的共识。[3]

"以学生为中心"之所以成为教师教育课程调整主导的价值取向，不仅因为它更科学，而且因为它更能实现课程的本体功能。有学者指出"'以学生为中心'之所以能成为大学本科教学改革主流，是因为它更加科学，更符合人的大脑的特点与功能。只有能充分发挥大脑潜能的实践与方法，才能有效提高学生学习的效果与效率。"[4] 教育的本质是培养人的活动，课程作为学校教育的重要载体，其本体功能就应是也只能是培养人。大学课程调整必须坚持"以学生为中心"，才能真正实现课程育人的本体功能，"为学科发展服务"和"为社会发展服务"只能是大学课程调整的附属功能。因为，学科和社会的发展离不开人的作用，而人的发展又会进一步推动学科和社会的发展，人是学科和社会发展的决定性因素。正如有学者所言："高等教育发展的历史表明，过于强调

---

[1] National Board for Professional Teaching Standards, What Teachers Should Know and Be Able to Do[R].Arlington VA:NBPTS,1989.

[2] United Nations Educational, Scientific and Cultural Organization (UNESCO). World Declaration on Higher Education for The Twenty-First Century: Vision and Action[EB/OL].(1998-10-09) [2018-10-31].http://www.unesco.org/education/educprog/wche/declaration_eng.htm.

[3] 李嘉曾. "以学生为中心"教育理念的理论意义与实践启示 [J]. 中国大学教学, 2008(4): 55.

[4] 赵炬明. 聚焦设计：实践与方法（上）：美国"以学生为中心"的本科教学改革研究之三 [J]. 高等工程教育研究, 2018(2):33.

大学为社会服务并不能真的提升高等教育的服务能力；相反，如果大学与政府或社会保持合适的距离，致力于人的理智的发展和人性的改善，反倒更能促进人类文明的进步和国家的繁荣。"[1] 当前，随着人类社会发展和科学进步，大学课程调整逐步走向学科中心、学生中心和社会中心三者的融合，但不同课程体系中其不同课程类型比重的多少，都会无意中"透露"课程设计者的倾向性。课程设计者主导的课程价值观不同，其设计的课程体系就会有差别。这也是促使我们在进行课程改革实践时注重对课程体系中课程结构进行深层次价值分析的原因。不论社会如何变迁，"课程的产生和发展在于培养和教育人，如果离开了这一本体功能，课程便无法存在"[2]。大学课程调整必须坚持"以学生为中心"，才能实现预期的目标功能。

---

[1] 王建华.高等教育适应论的省思[J].高等教育研究,2014(7):3.
[2] 顾书明.课程设计与评价[M].南京：南京大学出版社,2015:203.

第三章　教师教育课程设计关涉的课程类型

　　课程设计是在一定的教育目标（理论基础）的指引下，厘清课程各个组成部分（课程类型）之间的关系，选择课程内容，并将其组织成一定课程结构体系的过程。我国教师教育自诞生以来，虽然其课程体系在随着社会发展不断调整改变，但仔细研究可发现，课程体系中各个组成部分（课程类型）并没有发生明显变化，变化的只是不同组成部分（课程类型）的比重。也就是说，一百多年来，我国教师教育课程体系中的几种课程类型保持了相对稳定。

　　在结构中，结构间的"关系重于关系项"即结构中各成分的关联比要素自身更重要，成分的性质也要放在结构的关联中去考察，这体现了结构的整体性。作为整体的一个独特的结构系统，才能实现其独特的功能；"共时性重于历时性"，即结构中各成分在同一时期内的关联比它在不同时期内的关联更重要，这体现了结构的转换性。不同时期内，结构由于转换而形成新的结构，实现新的功能。"实质结构重于形式结构"，透过形式结构可以把握具有转换规则的实质结构，而且，对实质结构的把握具有更重要的意义。[①]

　　因此，本章将对教师教育课程体系关涉的几种课程类型及其关系展开研究，在厘清不同课程类型间实质结构关系的基础上，关注实质结构对形式结构的决定作用。

　　教师教育课程体系中的课程类型按不同的标准大致可划分为通识教育课程（公共基础课程）、学科专业课程、教育专业课程（亦即师范类专业认证强调的教师教育课程，为避免与整体的教师教育课程相混淆，本研究采用"教育专业课程"这一提法）三大类；或显性课程和隐性课程二大类；或必修课程和选修课程二大类；或理论课程和实践课程二大类等。教师教育课程设计主要关

---

① 张楚廷.课程与教学哲学[M].北京：人民教育出版社,2003:42-43.

乎这几种课程类型的设计。具体课程体系结构图如图 3-1 所示。

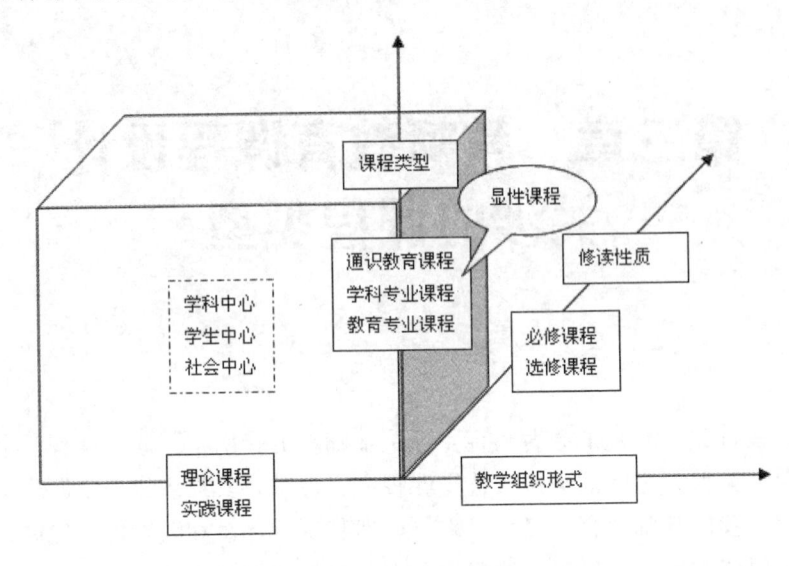

图 3-1　教师教育课程体系结构图

也就是说，我国大学本科教师教育课程结构体系是一个包含内在实质结构（学科中心、学生中心和社会中心）和外在形式结构的三维立体系统。在大学本科教师教育课程体系的形式结构中，按照知识的属性来划分，我国大学本科教师教育课程可分为通识教育课程、学科专业课程和教育专业课程三大类；按照课程的修读性质来划分，我国大学本科教师教育课程可分为必修课程和选修课程两大类；按照教学的组织形式来划分，我国大学本科教师教育课程可分为理论课程和实践课程两大类。不管是基于哪一种划分方法，上述每一类课程都体现在各校教师教育人才培养方案的课程计划体系中，是人们看得见的课程，所以也将它们统称为显性课程；至于那些没有体现或反映在各校人才培养方案课程计划体系中的课程，则称之为隐性课程。

由此可知，基于课程类型不同的划分方法，教师教育课程体系中属于同一划分范畴的课程类型并不会单独出现，一般会成对出现，如显性课程与隐性课程、必修课程与选修课程、理论课程与实践课程、通识教育课程与专业教育课程、学科专业课程与教育专业课程等。本章将对教师教育课程体系关涉的这几对课程类型及它们之间的关系进行分析。

一、显性课程与隐性课程

教师教育课程设计首先要解决的问题就是确定教师教育课程体系的总学分。因此，理解显性课程（课程体系总学分）与隐性课程的内涵及其相互关系，对设计教师教育课程具有全局确定性意义。

（一）显性课程与隐性课程的内涵

显性课程（Explicit Curriculum 或 Manifest Curriculum）也叫显在课程、正规课程、官方课程，是指为实现一定的教育目标而正式列入学校课程计划的各门学科及有目的、有计划、有组织地实施的课程。[1] 简而言之，显性课程就是学校人才培养方案（简称"人培方案"）或课程计划中所列出的所有课程。它们"明显"地出现在人培方案或课程计划中，是教师和学生"明显"都知道要学习的内容。它几乎与学校教育同时期出现。

隐性课程（Hidden Curriculum）也称潜在课程、隐蔽课程。它的出现较显性课程晚了很多。"隐性课程"这一概念最初由杰克逊（P. Jackson）在《教室中的生活》（"Life in Classroom"，1968）一文中首次提出。该文是他深入美国芝加哥市一所小学，历时两年实地研究的成果。[2] 我国对隐性课程的研究较晚，始于20世纪80年代中期以后，但在实践中它引起了教育工作者的广泛注意，是现代课程研究的重要议题之一。

《国际教育百科全书》对隐性课程定义是：那些没有在课程计划或学校政策中显现，却是学校教育实践和教育结果中必不可少且有效的组成部分。一般是指形成学生的非正式学习的各个要素，如师生关系、能力分组、课堂规则与程序、隐喻的教科书内容、学生的性别差异以及课堂奖励方式等。[3]

我国学者将隐性课程定义为："非计划的学习活动"[4]；"是学生在教学计划所规定的课程外所受的教育"[5]；或"是指学生在学习环境（包括物质、社会和文化体系）中所学习到的非预期或非计划的知识、价值观念、规范或态度"[6]。还有学者认为：隐性课程是课内外间接的、内隐的、通过受教育者无意识的、

---

[1] 顾书明. 课程设计与评价[M]. 南京：南京大学出版社，2015:157-158.
[2] 张华. 课程与教学论[M]. 上海：上海教育出版社，2000:306.
[3] 顾书明. 课程设计与评价[M]. 南京：南京大学出版社，2015:159.
[4] 吴也显. 潜在课程初探[J]. 教育研究，1987(11).
[5] 陈玉琨. 试论潜在课程的性质、功能和组织[J]. 上海高教研究，1988(4).
[6] 陈伯璋. 潜在课程的概念分析[M]. 台北：师大书苑有限公司，1987:96.

非特定心理反应发生作用的教育影响因素[①]；或隐性课程是指学校通过教育环境（包括物质的、文化的和社会关系结构的）有意或无意地传递给学生的非公开性的教育经验（包括学术的和非学术的）[②]；等等。

可见，学者们认为隐性课程一般没有"明显"出现在学校人培方案或课程计划中，而是"隐藏"在学校教育中。因此，隐性课程论者认为，学生在校习得的不只是读、写、算等方面可以测量的认知、技能上的发展，他们还从学校的制度、组织社会过程和师生交互作用等方面接受没有显现出来的价值上、规范上的陶冶。[③]也就是说，学生在校学习的不仅是课表上的正规课程，还经由学校的管理特点、师生关系、课外活动、校园环境等学到了正规课程上没有的东西，而且这些东西对学生个性、人格的形成的影响作用并不亚于正规课程，它会在无意识中制约或引导学生的行为，从而造就不同的学生。因此，除关注正规课程的教育作用外，教育者还应特别关注隐性课程的教育力。

美国著名的未来学家托夫勒（Alvin Toffler）曾说："超级工业化的教育专家绝不可把严格的价值观念强加给学生，他们应该有计划地组织正式及非正式的活动，促使学生能够界定、说明且感受自身的价值观念。……一方面必须在实际环境中发挥教育的功能，另一方面又必须借助教育的功能来塑造环境。"[④]"学校和学生自己都应该有效地管理学习时间，用于核心课程的学习时间不应该超过60%。"[⑤]"未来的文盲将不再是白丁，而是那些从未学习'如何学习'的人。"现在的"事实"，在未来极可能成为"错误的信息"。这种错误与事实或资料并不相干。未来的学校不仅要传授知识，还要传授学习知识的方法，而学生必须学习如何扬弃古老的见解，以及何时去摈弃这些古老的见解，总之，他们必须学习"如何去学习"[⑥]。

联合国教科文组织出版的《学会生存》一书也指出：未来的学校必须把教育的对象变成自己教育自己的主体。受教育的人必须成为教育他自己的人；别

---

① 班华.隐性课程与个性品德形成[J].教育研究,1989(12):19-24.
② 靳玉乐.潜在课程简论[J].课程教材教法,1993(6):48-51.
③ 施纪华.新时期师专课程结构与学生智能培养的理论研究[J].内蒙古师大学报（哲学社会科学版）,1998(2):13.
④ 托夫勒.未来的冲击[M].蔡伸章,译.北京:中信出版社,2006:233.
⑤ 经济合作与发展组织编.面向未来的学校[M].李昕,曹娟,译.北京:教育科学出版社,2009:167.
⑥ 托夫勒.未来的冲击[M].蔡伸章,译.北京:中信出版社,2006:231.

人的教育必须成为这个人自己的教育。……教育必须是从学习者本人出发的。[①]因为，学生在学校学习的时间是有限的，人的生命亦是有限的，而知识却是无限的，学生在校必须学会自我管理、自主学习、自我决策及有效地把知识运用于具体情境等一系列的能力，这样才能不断发展。所以，大学教育就应当努力为学生提供或创造一个能促进学生自我学习的情境。当学生在这种情境中体验学习后，获得的个人经验将会使他终身不忘，"大学是自我陶冶的学校。"[②]

因此，当瓦兰斯（E. Vallance）把隐性课程进一步归纳为教育在一定程度的有意图的安排时，表明人们对隐性课程的研究已开始由注重不知不觉的潜移默化到有意图的安排。这种概念的扩大对于研究隐性课程具有重大意义。[③]它启发我们思考学校（班级）物质、文化环境的教育功能和创设情境的重要性。

总之，隐性课程的出现开拓了人们的视野，它使人们逐渐认识到，学校教育不仅仅有显性课程，隐性课程同样是学校教育的重要组成部分。而且，隐性课程对学生的学习态度、理想信念、价值观、人格等的影响具有显性课程所不能替代的作用，教育工作者应有意识地注重班级文化、校园文化、学校自然环境等方面对学生的影响。

（二）显性课程与隐性课程的关系

知晓了显性课程与隐性课程的内涵，但二者之间究竟是怎样一种关系？是对立还是相互依存，是矛盾冲突还是相互补充？还需进一步探讨。

课程史上，首次将显性课程与隐性课程作为一对概念提出的是美国教育家本杰明·布鲁姆（Benjamin Bloom）。1972年，他在著作《教育学的无知》（*Innocence in Education*）中提出。布鲁姆认为，"历来的课程研究专注于显性课程，而忽略了潜在课程。其实，学校的组织方式、人际关系等社会学、文化人类学、社会心理学的因素对于学生的态度与价值观的形成具有强有力的持续的影响。"[④]"隐性课程能很好地达到某些教学目标（特别是在品质、习惯、态度方面），并比显性课程的明确目标能保持得更久。"[⑤]

关于显性课程与隐性课程如何区分，西方学者曾从三个方面进行了归纳：

[①] 联合国教科文组织,国际教育发展委员会.学会生存：教育世界的今天和明天[M].华东师范大学比较教育研究所,译.北京：教育科学出版社,1996:200-201.

[②] 转引自常思亮.大学课程决策论[M].长沙：湖南大学出版社,2010:113.

[③] 钟启泉.现代课程论：3版[M].上海：上海教育出版社,2015:235.

[④] 钟启泉.现代课程论：3版[M].上海：上海教育出版社,2015:234.

[⑤] 顾书明.课程设计与评价[M].南京：南京大学出版社,2015:158.

第一，从学生学习的结果上看，学生在显性课程中获得的主要是学术性知识，而在隐性课程中得到的主要是非学术性知识；第二，从计划性上来看，隐性课程是无计划的学习活动，学生大多是在无意中接受其隐含的经验的，而显性课程是有计划、有组织的学习活动，学生有意参与的成分很大；第三，从学习环境上来看，隐性课程是通过学校的自然环境和社会环境进行的，而显性课程主要是通过课堂教学的知识传递进行的。①

但是，这种区分对吗？还需进一步探究。因为显性课程在实施过程中也会隐含着潜在的、未被人们认识到的教育作用，即在显性课程实施的过程中，某些教学内容也会不经预期或无意识地出现对学生某方面的影响。正如杜威所言，有一种"附带的学习"在内；而一种潜在的教育影响因素一旦被人们认识到并有意识地做出安排，使之成为育人活动的一种途径，那么也可以认为是一种正式课程。② 这也是我们研究隐性课程的意义所在：教育（课程）工作者在设计课程时，可以有意识地设计隐性课程（校园物质、文化环境、社团活动等），从而使它发挥对学生的积极作用。因此，隐性课程也可以是有计划的课程。

另外，学生也可以通过学校文化、人际交往、社团活动等获得显性课程所蕴含的有关学术性知识，领会到有关学术观点，形成某种学术态度，而不仅仅是非学术性的知识。再者，如果显性课程安排的社会实践类课程，学生获得知识的途径也不一定都是通过课堂教学，而是通过学生自己去实践体验获得的。学校显性课程与隐性课程关系图如图 3-2 所示。③

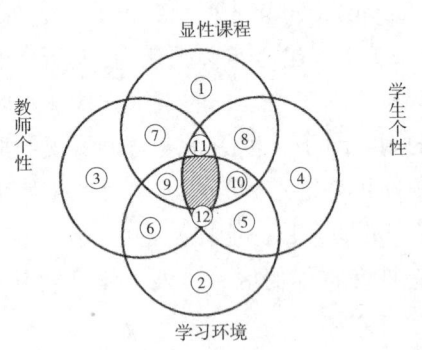

图 3-2　学校显性课程与隐性课程关系图

---

① 施良方.课程理论：课程的基础、原理与问题 [M].北京：教育科学出版社,1996:272.
② 王伟廉.高等学校课程研究导论 [M].广州：广东高等教育出版社,2008:10.
③ 钟启泉.现代课程论:3 版 [M].上海：上海教育出版社,2015:466.

图 3-2 中每个数字代表的内容如下。
①学校教育计划、教科书、教材、辅助读本等。
②学校的设施设备、教室、运动场、植物园等。
③教师集体、管理组织、校务分工组织、非正式组织（学派、工会与非工会、兴趣）等。
④学生集体、交友关系、竞争与合作、游戏等。
⑤学生文化（学习文化、游戏文化等）、班级认同感等。
⑥教师文化（自信型、保守型、奔放型、决断型等）。
⑦教师的价值观、教育观、教材观等。
⑧学生从教材中能够解读的价值观、隐性文化等。
⑨教师的研修、个人研修、校内研修等。
⑩学生的自治活动、俱乐部活动等。
⑪师生关系、学生辅导等。
⑫学校与班级的氛围、校风、班风等。

由此可见，显性课程与隐性课程是你中有我、我中有你的交叉关系，它们并非两个相对的独立的概念，而是两个相互交叠、成对出现的概念。

因此，如果真正要将显性课程与隐性课程区分开来，在逻辑上，从学生个体获得经验的方式来区分较为妥当。学生在校获得经验的方式不外乎两种：一种是教育工作者直接传授的，另一种是学生自己体会到的。如果学生在学校情境中获取的经验是教育者直接传授的，如课表中的课目（包括教育实习：因为师范生的实习也是有指导老师指点、传授教育教学经验的），就应属显性课程；如果学生在学校情境中获取的经验是通过校园物质文化、学生交往等自我体会、反思摸索得到的，就应属于隐性课程。即显性课程就是学校情境中以直接的、明显的方式呈现的课程，而隐性课程就是学校情境中以间接的、内隐的方式呈现的课程。①

二、必修课程与选修课程

必修课程、选修课程这一对概念是国家社会对人才的统一要求与学生个性发展需求在大学课程体系中的体现。

纵观全球，没有哪一个国家和哪一所学校，不对人才培养进行统一要求。现代课程理论中的制度主义视角也非常重视和强调这种课程文化的普遍性。

---

① 施良方. 课程理论：课程的基础、原理与问题 [M]. 北京：教育科学出版社, 1996:273.

制度主义的观点认为，教育应该为共同的知识和共享的价值观念提供一个场所。① "功能主义者"亦认为，我们的社会应当对所有人都是有益的，他们相信学校有义务为学生提供一种可以帮助他们适应社会需要的教育。② 故而，大学课程体系必须反映国家、社会对合格社会公民的基本知识和技能的要求。但社会职业是多元的，学生的个性发展需求亦是多样的，因此，大学课程体系还必须满足学生多样化发展的需要。也就是说，大学课程不仅要服务于社会对合格公民的基本要求这一目标，还需服务于不同个体发展需要这一目标。

（一）必修课程、选修课程的内涵

必修课程指的是在学校设置的所有课程中规定学生必须修读的课程，用以满足学生基本的发展需求并达到基本的学力水平。选修课程是指在学校设置的所有课程中允许学生自主选择进行修读的课程，用以满足学生个性化发展的需求。③

在课程史上，必修课程可以说一直是大学课程体系的主体，选修课程作为大学课程体系的组成部分之一则是出现在19世纪初。

选修课程制度最初产生于德国。1810年，洪堡在德国创立柏林大学，就将自己曾求学的哥廷根大学"提倡自由探索科学的精神"贯彻其中，他不仅提出了"教学和科研合一"的著名论点，还促进了大学选修课程制度的诞生。他认为大学的学术自由不仅包括教师"教的自由"，还应包括学生"学的自由"，学生应有自由选择专业、课程、修课时间及学习年限等的权利，因此，学校应大量开设课程供学生选择，于是，选修课程制度得以产生。④

随后选修课程制度逐渐被美国及欧洲其他国家的大学所借鉴，并经哈佛大学推广实行，最终得以迅速发展起来，成为大学课程结构体系中不可缺少的一个组成部分。

1869年，美国化学家、教育家查尔斯·威廉·艾略特（Charles William Eliot，也有学者译为艾里奥特）担任哈佛大学校长，在任职期间他积极推行选修课程制度。他认为"长期以来，美国的高等教育一直没有对个人智力的差异给予足够重视，每个人的才能没有得到最充分发展。必修课程制让所有的学生都以同样的形式学习同样的课程，犹如按照统一平均尺寸去为群体裁剪

---

① 麦克·扬.未来的课程[M].谢维和,译.上海：华东师范大学出版社,2003:译者序7.
② 谢延龙.西方教师教育思想：从苏格拉底到杜威[M].福州：福建教育出版社,2015:96-97.
③ 杨明全.课程概论[M].北京：北京师范大学出版社,2010:102.
④ 常思亮.大学课程决策论[M].长沙：湖南大学出版社,2010:157.

衣服，而不考虑量体裁衣一样。"① 选修制带来"教育中的自由"和对各种知识"兼容并蓄"的思想。大学必须为学生提供选择课程的自由和在某一门课程或学科上赢得突出学业成绩的机会。② 为此，他开始打破原有固定的班级的做法，给所有的课程编号以利学生选修，并逐年从高年级到低年级取消或减少必修课程：1872 年，四年级的全部必修课程被取消；1879 年，三年级的全部必修课程被取消；1884 年，二年级的全部必修课程被取消；1885 年，一年级的必修课程又大幅减少；1894 年，一年级仅仅保留修辞学一门必修课；到 1897 年，整个哈佛大学只在一年级开设修辞学一门必修课程。伴随学分制的推行，哈佛大学的课程不断丰富，1870—1871 年，全校 32 名教授为 643 名大学生开设 73 门课程；1910—1911 年，全校 169 名教授为 2 217 名学生开设 401 门课程。③ 可以说，正是由于艾略特的积极倡导和推行，选修制才终于受到重视并开始得以发展。

从选修课程制度的产生与发展可以看到，选修课程制度产生的最初缘由是为了让学生能够自由选择专业、课程等，从而实现学生个性的自由发展。但是，随着选修课程制度的推进，它还促进了学术自由、学科知识的发展。因为，教师为了开发出让学生满意、符合学生需求的新课程，必然会依据自身的兴趣爱好，对组成课程的某一或某些学科知识进行探索和研究。同时，科学技术和社会文明等课程的开设，又使 19 世纪以前只有"自由教育"课程的大学课程体系更加多样化。最后，在学生、教师自由选择和创新的道路上，学科知识不断更新和发展，选修课程制度又为科学进步和社会文明作出贡献。而社会的进步反过来又会要求学生具备更高的素质，所以，最终，选修课程制度使学校教育与社会、学科知识、学生的关系日益紧密。由此也可以看到，正是因为选修课程制度的推进，学分制才得以产生。

学分制是由哈佛大学校长查尔斯·威廉·艾略特（Charles William Eliot）首先创立并推行。在推行选修课程制度的过程中，各校出现了如何计算学生毕业取得学位所必须完成的学习量这一问题，于是基于选修课程制度的学分制在美国大学应运而生。从 1781 年开始，学分制真正成为一种课程实施管理制度在哈佛大学实行。④ 学分制的产生使选修不同课程的学生的学习量能方便地计

---

① 季诚钧.大学课程论[M].上海：上海教育出版社,2007:61.
② 张红霞,吕林海,孙志凤.大学课程与教学：原理与问题[M].北京：教育科学出版社,2015:215.
③ 贺国庆.外国高等教育史[M].北京：人民教育出版社,2003:295-296.
④ 常思亮.大学课程决策论[M].长沙：湖南大学出版社,2010:157.

算和考核。因此，从这之后，美国绝大多数高校都开始实行学分制。

但是，从艾略特推行选修课的举措来看，当时哈佛大学其实实行的自由学分制。学校只对学生毕业有最低的学分要求，没有明确规定学习年限。这种"自由学分制在拓宽知识范围、增加学术自由的同时还引发了许多混乱，例如造成学生知识结构不合理的'浅学现象'以及共同目标共同价值观的丧失等问题"[①]。它关注了学生学习的主体地位，崇尚学生的自由精神，但这种基于自由学分制的选修课程制度极易忽视学生选课过程中趋利避害的非理性行为，故而实行适当统一要求的必修课程是必需的。

因此，1909 年，在劳威尔（Lawrence Lowell，也有学者译为洛厄尔）接替艾略特担任哈佛大学校长后，他取消了自由学分制，建立了"集中与分配制"（concentration and distribution，也被译为"指定选修制"或"主辅修制"），对学生的自由选课进行了一定程度的限定。哈佛大学在 1914 年开始全面实行"集中与分配"课程制度。所谓集中课程，就是专业课程；所谓分配课程，就是普通课程。[②]每个哈佛本科生就读期间必须完成 16 门课程的学习，其中 6 门课程属于主修，必须"集中"到一个学科领域或专业领域中，剩余的 10 门课程中，至少有 6 门课程要"分配"到所学专业以外的人文科学、社会科学和自然科学三个领域，以保证学生的知识面比较广泛。这种自然、人文、社科等领域的课程统称为通识教育课程，余下的课程学生才自由选择。这样就形成了主修课程（必修）、通识教育课程（必修）和选修课程三大部分组成的新的课程体系。[③] 这也是通识教育课程最初的来源。

选修课程制度在我国最先被引进的是北京大学。1917 年，北京大学校长蔡元培根据其"思想自由，兼容并包"的思想最先将德国的选修课程制度引进北大，规定"本科生满 80 个学分即可毕业"，其中必修课与选修课各占一半。所有一年级学生入学后必须先修共同科目，同时选修其他系科的有关课程，二年级再转入专业学习。[④]1929 年 8 月，国民政府教育部颁布《大学规程》，规定"大学各学院或独立学院各科课程得采用学分制，每年所修学分必须加以限制，不能提前毕业"。1931 年，国民政府教育部发布《学分制划一方法》，规定"大学学生四年必须修满 132 学分才能毕业。医学院学生除外"。

---

① 熊卫东,冯向东.哈佛选课制中的理念冲突:知识结构的合理性与人的自由发展[J].高等工程教育研究,2002(6):69.

② 季诚钧.大学课程论[M].上海:上海教育出版社,2007:61.

③ 常思亮.大学课程决策论[M].长沙:湖南大学出版社,2010:159-160.

④ 吴云鹏.中国近代高校学分制发展历程述评[J].江苏高教,2001(6):116.

新中国成立初期，我国教育部规定高等学校一律"停止实行学分制，普遍实行学时制"。从20世纪50年代初废止学分制到1978年，我国大学实行的都是单一的学年制课程实施管理制度。[①]1978年9月，教育部颁布《关于高等学校理工科教学工作若干问题的意见》指出"有条件的高校可试行学分制"。但由于在1977—1999年，我国本科教师教育采取的是封闭式定向培养的教师教育制度，所以这时都实行的是国家统一的学时制的教学计划。2000年后，我国大学本科教师教育有了自主设计课程的权利，学分制在课程体系中普遍得以推行，选修课程制度也随之顺利推进。

（二）必修课程与选修课程的关系

从课程的实质结构看，大学必修课程受社会中心主义价值取向影响较多（大学培养的学生首先应是符合社会要求的合格公民）；选修课程则受学生中心主义价值影响较多（因为学生都是有个性化发展需求的独特个体）。因此，探讨必修课程与选修课程之间的关系，可以帮助我们在设计教师教育课程时，既能兼顾社会的统一要求，又能实现学生的个性化发展。

从上述对必修课程与选修课程内涵的分析可以发现，必修课程与选修课程虽然是一对相互出现的概念，但它们其实是一对"平等"的概念，不存在主次关系，它们互为补充，构成教师教育课程结构这一整体，缺一不可。一方面，必修课程虽然体现的是社会对学生的统一要求，但这种统一要求只有在符合学生个性发展需要的前提下才能获得更好的效果。因为"如果课程内容对学生没有什么个人意义的话，学习就不大可能发生"[②]。另一方面，选修课程虽然注重对学生个性化需求的满足，但这种需求满足也绝不是牺牲社会对一个合格公民的基本要求来实现的，而是谋求在一个合格公民基础上的学生的个性化发展。

所以，必修课程与选修课程是一对相互独立又互为补充的概念，它们在价值倾向上具有内在的统一性，内在统一于学生发展需要，不存在价值大小之分。

三、理论课程与实践课程

理论课程与实践课程之间的关系，反映的其实是"学科中心"和"学生中

[①] 常思亮.大学课程决策论[M].长沙：湖南大学出版社,2010:165.
[②] 顾书明.课程设计与评价[M].南京：南京大学出版社,2015:74.

心"之间的冲突。学生获得知识的来源是直接学习书本知识——理论课程（间接经验）为好，还是实践课程（直接体验）为好？这在课程史上已争论了几百年。

（一）理论课程与实践课程的内涵

理论课程主要是指通过课堂以书本为媒介进行教学的课程。实践课程主要是指与课堂教学相对的实验、实习、劳动、毕业论文、社会实践（非书本媒介）等课程。两者划分的主要依据是教学的组织形式这一维度。

在课程发展史上，理论课程几乎是伴随着学校教育的出现而产生的，而对实践课程（儿童自由生长需求）的关注，则始于卢梭。但是最初尝试把儿童的经验作为课程编制的中心并进行探索的则是杜威，也是课程史上儿童中心主义的开始；课程史上间接经验与直接经验的冲突、学科中心主义与学生中心主义的争论亦由此开始。

在教师教育课程史上，实践课程的出现主要来自学者们对隐性知识的研究。

学者迈克尔·波兰尼（M. Polanyi，1891—1976）对隐性知识（默会知识）的研究为其他学者研究教师个体实践知识奠定了基础。1958年，波兰尼在其著作《个体知识》一书中提出了默会知识这一概念。他认为，默会知识是只可意会不可言传的知识，通常经由实践或经验领悟而得，是一种大家经常使用却又难以用语言文字清晰表述或直接传递的知识。[①]

20世纪60年代后，一些英美教育哲学家如赫斯特、布劳迪等将波兰尼的默会知识引入学校教育活动中，发现学校教育中存在大量的默会知识及其教育意义。[②]学者们认为：教育领域的专业知识和能力远不止已经被教育专家发现、归纳和格式化的、编码为各分支的教育科学知识，更丰富的知识和才能还集聚在我们每一个教师的教学和教育经验中。[③]也就是说，在教育领域中，专家所知道的大部分知识是隐性知识，而这种隐性知识是难以形式化和通过他人的直接教学来获得的，只能通过教师本人真实的实践去获得。

加拿大学者克兰蒂宁（D. J. Clandinin）与康奈利（F. M. Connelly）一直在从事教师个体实践知识的研究。他们提出了教师个体实践知识的概念，把教

[①] 有关默会知识及默会知识的特点参见 :http://www.xuexila.com/baikezhishi/1060715.html.

[②] 王晶. 理解知识的新视角 [J]. 内蒙古社会科学（汉文版），2012(7):48.

[③] 王建磐. 教师教育改革与教师专业发展：国际视野与本土实践 [M]. 上海：华东师范大学出版社，2007:49.

师作为一个有知识的并且正在认知的个体，强调经验对教师知识的重要作用。他们认为，知识不是客观的，也不是独立于教师被教师学习和传承的，教师知识来源于个体经验。这就是教师个体实践知识研究的定位。对教师来讲，教师实践知识既是对过去经验的重建，又具有将来的意义。[①]这也是教师应成为反思型教师、应培养反思型教师等观点提出的最初来源。教师应利用对实践的反思将个人的隐性知识显性化。

因此，自20世纪90年代后期，欧美国家在教师教育和课程的发展中都特别重视教师的专业反省能力和教师的专业经验，要求教师不仅学习已经格式化、系统化的教育理论和方法，还要探索和学习处于隐性状态的教师专业知识，以促进教师隐性知识的显性化，从而实现教师终身的专业成长。1990年英国牛津大学教育研究系首先提出"教师校本培训"方案，让新教师不仅到大学去学习已经"显性的""格式化的"教育学、心理学知识和各学科的教学法，还把将近一半的学习时间放到中小学，让新教师去学习领悟老教师的教学心得和各种尚未"格式化"的隐性知识、才能和智慧。同一时期，在欧美的教师教育中，案例研究和案例教学法也因此获得了青睐。麻省理工学院的研究方法教授尹（Yin）和教育科研方法论专家迈灵（Merriam）认为：从功能上看，案例教学在很多情景中也是将教师在成功或失败的教学案例中透露出的隐性知识、才能、技巧、理念显现和凝固起来，成为教育和培养其他教师的经典。[②]

实践课程在我国教师教育课程体系中亦日益受到重视。我国著名学者石中英教授曾指出"探索中国教育学建设与教育改革的新路，就需要像迈克尔·波兰尼那样彻底抛弃我们所持有的显性知识观念，从个体知识和默会知识的视角重新审视我们的教育理论与实践"[③]。

（二）理论课程与实践课程的关系

理论课程与实践课程的矛盾冲突从本质上来看，是知识本位价值取向与学生本位价值取向的论争。那么，理论课程与实践课程是相对立的吗？值得进一步探究。

理论课程与实践课程其实是彼此包含、相互交叉的关系。因为，一方面，

[①] 朱旭东.教师专业发展理论研究[M].北京：北京师范大学出版社,2011:76-77.
[②] 王建磐.教师教育改革与教师专业发展：国际视野与本土实践[M].上海：华东师范大学出版社,2007:49.
[③] 石中英.波兰尼的知识理论及其教育意义[J].华东师范大学学报(教育科学版),2001(2):36-45.

理论源于实践、指导实践并接受实践检验，理论课程注定包含实践的成分；另一方面，实践是在执行、检验理论，并为新理论的产生奠定基础，实践课程注定包含理论成分。理论课程与实践课程彼此交融，不可割裂。可以说，大学的任何一门课程都是理论与实践融合的结果，都是在学生的理论学习和实践体验下展开的。正如著名的课程学者派纳（William Pinar）所言："课程不是跑道，而是跑的过程和跑的经验。"[1] 学生正是在这种融合了前人理论和个人实践体验的课程学习中，不断进步，不断生长的。大学不能简单以教学是否在教室进行、学生是否以书本为载体进行学习来划分理论课程和实践课程，而应以学生在教学中是直接体验课程还是间接体验课程为标准来划分这两类课程。

可见，理论课程与实践课程从表面上看像是一种对立的关系，存在"学科中心"（知识本位）和"学生中心"（学生本位）两种理念间的冲突，其实它们是彼此包含、相互交叉的关系，在价值上具有内在的统一性。一方面，学生在学习理论课程的过程中，理论课程的内容中所包含的积极的世界观、人生观、价值观，主人翁坚忍不拔的意志，逻辑思维清晰等优秀品质及某些方面的技能、能力等经验也会成为学生经验的一部分，不只是实践课程才能让学生有直接的体验。另一方面，实践课程天然蕴含理论成分。如果没有基本理论的指导，学生的实践就会缺失方向，甚至南辕北辙，消耗不必要的时间与精力。理论课程与实践课程内在统一于学生发展的需要。

因此，我们在设计课程体系时应致力于将理论课程与实践课程、间接经验与直接经验科学地统一起来。

四、通识教育课程与专业教育课程

通识教育课程与专业教育课程之间比例的调整历来是大学课程体系调整的重点。在教师教育课程体系中，由于教师教育所具有的双专业特性，其专业教育课程不仅包括学科专业教育课程，还包括教育专业课程。因此，厘清通识教育与专业教育课程之间的关系，对大学本科教师教育课程设计具有重要的指导意义。

（一）通识教育与专业教育课程的内涵

通识教育（general education）源于西方古代的自由教育（liberal education，又译为博雅教育）。自由教育注重对人的理性的培养，追求高雅的心智养成，

---

[1] Pinar W. *Curriculum: Toward New Identities*[M]. New York: Routledge, 1998:84.

排斥任何职业性的专业教育。但通识教育与自由教育又是有区别的。哈佛大学校长詹姆斯·科南特组织哈佛大学教育委员会对通识教育问题进行了全面的梳理,该委员会首次对"general education"与"liberal education"的区别进行了精辟的阐述:"general"词义与"special"相对,而不与"liberal"相对。"liberal"有排斥实用的含义,而"general"只是"special"的基础。也可以这样理解,在现代社会,只有既做到"general"又做到"special",才能真正地拥有现代意义上的"liberal"的思想和灵魂。[1]还有学者认为,通识教育与经典的自由教育相比较,它至少在三个方面有质的变化:第一,现代大学的通识教育是面向所有学生的,而不像自由教育那样仅仅是少数学生的特权;第二,现代大学的通识教育并不排斥或贬低专业教育,通识教育与专业教育是携手合作、互相补充的;第三,现代大学的通识教育强调文理兼备,力图通过科技与人文的深刻对话,达到沟通、整合的目的,而自由教育则对专业教育和职业训练持反对、蔑视的态度,以人文学科作为大学教育的唯一内容。[2]

在19世纪以前,西方大学教育的主要内容就是自由教育,专业教育或职业教育不受重视。专业或职业教育是工业革命后,由于学科领域和职业分工的分化,人们为学习某种实用的或特定的职业知识和技能而产生的。[3]"从教育理念上看,通识教育(general education)与专业教育(specialized education)相对,是指为专门教育做准备的教育。"[4]因此,我们可以将通识教育理解为:不直接为学生将来的职业活动做准备的那部分教育,旨在通过科学与人文的沟通,培养具有宽广视野、人文及科学精神的健全公民。[5]它关注的是人自身的发展和社会对人才的基本要求,是一种"做人"的教育,侧重于培养个体的人格或个性、情感、道德、动机、理想、信念、价值、态度及健康的心理等。[6]

关于通识教育课程的产生,前面在谈到选修课程制度时,提到其最初来源于1909年哈佛大学校长劳威尔建立的"集中与分配制"选修课程制度。他要求学生在选课时至少有6门其他课程分布于人文科学、社会科学和自然科学三个领域,以保证学生有较广泛的知识面,而这种自然、人文、社科等领域的课程统称为通识教育课程。

---

[1] 张红霞,吕林海,孙志凤.大学课程与教学:原理与问题[M].北京:教育科学出版社,2015:84.
[2] 季诚钧.大学课程论[M].上海:上海教育出版社,2007:7.
[3] 李进.教师教育概论[M].北京:北京大学出版社,2009:210.
[4] 张红霞,吕林海,孙志凤.大学课程与教学:原理与问题[M].北京:教育科学出版社,2015:77.
[5] 季诚钧.大学课程论[M].上海:上海教育出版社,2007:9.
[6] 转引自季诚钧.大学课程论[M].上海:上海教育出版社,2007:84.

但其实早在 1829 年，留德回美的美国博德学院（Bowdon College）帕卡德教授（A. S. Packard）就曾将通识教育和大学教育联系到一起。他提出："我们学院预计给青年一种通识教育（general education），一种古典的文学和科学的，一种尽可能综合的教育（comprehensive education），它是学生进行任何专业学习的准备，为学生提供所有知识分支的教学，这将使得学生在致力于学习一种特殊的、专门的知识之前对知识的总体状况有一个综合的、全面的了解。"[1] 只是当时高校对"专门的知识"的学习还不突出，所以帕卡德教授的提议未受到过多关注。到 19 世纪后期，随着科学的发展进步，学科日益分化，专业划分越来越细，专业教育的地位愈来愈受到重视，但也伴随着学生综合素养的下降，高校开始关注通识教育。20 世纪 70 年代末，德里克·博克任哈佛大学校长，以"核心课程"（core curriculum）的形式将通识教育内容制度化。

所以，通识教育课程在西方经历了这样一个路径：自由教育（19 世纪前）—专业教育（19 世纪）—通识教育（兼专业教育，20 世纪初开始至今）。

而我国高校（包括开设大学本科教师教育的高校）自新中国成立至其后很长一段时间内，为了给社会主义各行各业的建设提供专门人才，非常重视专业教育，直到 20 世纪 90 年代以后，才开始慢慢关注通识教育课程。1994 年，华中科技大学率先在全国高校中开展人文素质教育（在某种程度上与通识教育同义）活动。1995 年 9 月，教育部在华中理工大学召开了"全国高等学校加强大学生文化素质教育试点工作第一次会议"[2]。1997 年 6 月 3 日，杨振宁在出席清华大学高等研究中心成立大会时接受了专访。杨振宁指出："平均起来，中国学生的整体素质比起美国学生的整体素质，我认为是好的。""不管是大学生也好，研究生也好，自费生也好，公派生也好，平均起来，国内出去的学生，成绩、学识都是好的。假如我有一点批评的话，就是知识面不够宽。"[3] 此后，我国各高校对通识教育课程的关注逐渐增多，通识教育课程内容也逐渐丰富。

专业是高等学校根据社会分工需要而划分的学业门类。[4] 专业教育就是为社会培养专门人才的教育，它有特定的专业（行业、职业）方向，为学生将来

---

[1] 张红霞,吕林海,孙志凤.大学课程与教学：原理与问题[M].北京：教育科学出版社,2015:97-98.

[2] 刘献君,罗家才.守正出新的大学之道：华中科技大学历史发展中的若干节点[J].高等教育研究,2017(5):32-42.

[3] 转引自张志勇.创新教育：中国教育范式的转型[M].济南：山东教育出版社,2004:32.

[4] 夏征龙.辞海[Z].上海：上海辞书出版社,2002:2259.

从事某一专业（行业、职业）提供知识和技能准备。只要基于社会分工所存在的专门化职业领域不消失，专业教育就永远不会消失。亦即专业教育是基于"与社会职业对口"而开设的。

大学是培养高级专门人才的地方，欧洲中世纪大学最初的产生就是来源于培养法律人员、神职人员、医生等专业人员的。专业教育是大学教育区别于基础教育的地方，是大学教育的基本职责之一，也是衡量大学教育质量的依据之一。因此，在大学课程体系中，专业教育一直占主导地位。

专业教育课程就是从职业需要的逻辑起点来选择课程，体现专业教育课程的工具性作用、实用价值倾向的。专业教育课程可以说是经历了先有职业，再开设专业，而后设置相应课程这样一个流程，即职业—专业—课程，专业教育课程具有明显的服务社会的功能。我国大学本科教师教育属于为社会培养教师的专业教育，它的课程设置也是经历了这样一个过程。但美国高等学校专业形成的线路是"职业—课程—专业"，即当社会上出现新的职业时，美国高校总是先开设一门或几门职业需求的选修课，只有当新职业发展到一定规模，提出稳定的人才需求，同时高校有可能开设系列配套的课程，且师资、设备达到一定条件时才正式设置专业，开展专业教育。因此，美国大学在本科阶段专业意识淡薄（美国本科专业没有全国统一的专业目录），被称为"主修领域"[①]。但美国大学供学生选择的主修领域非常多，一般一级学科范围内的主修领域最多可达几十个，最少也有十多个。[②] 有人称美国高校专业是"以知识为主导的专业模式"，它以知识包为核心，即由各类课程组成课程板块，进而组成主干课程，形成专业。[③]

我国大学本科教师教育根据"专业"来设置课程是在新中国成立之初、全面学习苏联教师教育体系之时。在清末优级师范学堂时，是按"中国文学、外国语""地理、历史"等分类学科设置；在民国初期，则是以"国文部""英语部"来设置；"五四"运动后，北师大的课程设置是以主科、副科等组成；南京国民政府时期则是按系来设置课程。1952年，我国根据新中国成立初师资需求的情况，设置了21种师范专业。1981年，全国高等师范学校设置的专业共有37种。[④] 师范生按专业招生，入校后按专业培养，每个专业都有自己的

---

① 季诚钧.大学课程论[M].上海：上海教育出版社,2007:10.
② 王伟廉.中国大学教学运行机制研究[M].广州：广东高等教育出版社,2005:44.
③ 季诚钧.大学课程论[M].上海：上海教育出版社,2007:92.
④ 中国教育年鉴编辑部.中国教育年鉴(1949—1981)[Z].北京：中国大百科全书出版社,1984:239,260.

课程体系。可见，此时师范专业的划分是严格按照学科和职业去向综合考虑的，"专业"被明确用来指称大学中师范教育的系科分类。因此，我国大学本科教师教育课程体系的设计是紧紧围绕专业来展开的，强调学科知识的逻辑体系。直到今天，我国大学本科教师教育课程在很大程度上依然沿袭根据专业来设置课程这一传统，具有很强的学科中心情结。

但是，大学教育（含大学本科教师教育）只重专业教育这一命题当前被重新审视和诠释。反对狭窄的专业教育的呼声与支持通识教育的意见正在拧成合力影响大学课程的设计。支持通识教育的人们提出如下理由：科学知识的综合化趋势要求大学能为学生提供更为广阔的知识背景；高等教育大众化使得本科教育成了中等教育与研究生教育的中间站，专业教育向上延伸；经济生活的多样化带来了人们更换职业的可能性，因而大学要培养具有一定适应性的学生；狭窄的专业教育培养出了一些被称为"经济动物""科技奴隶""智能强盗"等人格缺陷的人；专业教育模式已经过时，高等教育发达的美国实施的就是通识教育。而坚持专业教育的人则认为：专业教育建立在社会分工的基础上，只要存在社会分工，专业教育就不会消失；高度复杂的、专门化的职业领域不断涌现，任何人单靠经验都不能胜任这些工作，大学实施专业教育势所必然。专业教育是与我国目前经济发展水平相适应的，是人才市场、用人单位的要求。专业教育既是衡量学生水平的根本所在，又是评估学校办学水平的主要依托，是大学的一个主要杠杆，是衡量大学水平的重要标志。[1]

孰对孰错？专业教育与通识教育之间是对立的吗？它们在课程体系中究竟该如何处理？值得每一个课程工作者思考。

（二）通识教育课程与专业教育课程之间的关系

通识教育课程与专业教育课程从表面上看似乎存在"学生中心"和"学科中心"两种价值取向的冲突，实际上它们内在统一于服务学生这一主旨。

"从教育理念上看，通识教育（general education）与专业教育（specialized education）相对，是指为专门教育做准备的教育。"但哈佛大学前教务长罗索夫斯基称通识教育为"非专业的"或"前专业的教育"[2]。可见，通识教育是专业教育的基础，是一种"前专业教育"，它作为一种知识基础存在于专业教育之中，能帮助学生更好地学习专业课程，领会专业教育的真谛。通识教育涉及

---

[1] 季诚钧. 大学课程论 [M]. 上海：上海教育出版社,2007:59.
[2] 张红霞,吕林海,孙志凤. 大学课程与教学：原理与问题 [M]. 北京：教育科学出版社,2015:77.

的知识范围一般较广泛，人文、社会、自然、科学、艺术等方面的知识都有所涉及，目的是提升学生的综合素质，成为能适应不断变革的社会的有用之才。故而，通识教育并不是独立于专业教育之外的一种教育，而是作为一种知识基础存在于各专业教育之中，帮助学生更好地学习专业教育，领会专业教育的真谛的教育。

专业教育作为一种为"职业"做准备的教育，它给了大学生在一个不确定的世界里"一技之长"的谋生本领、一个经济独立的机会，在当今大学生就业竞争日趋激烈的环境下亦非常重要。只是狭窄的专业教育不利于学生成长为一个全面发展的人。爱因斯坦曾说："通过专业教育，他可以成为一种有用的机器，但不能成为一个和谐发展的人，要使学生对价值有所理解并产生热烈的感情，那是最基本的。他必须获得对美和道德上的善有鲜明的辨别能力。否则，他——连同他的专业知识——就更像一只受过很好训练的狗。"① 爱因斯坦的批评也许过于尖锐，但也正基于此，我们才更能感受伟人对只接受专业教育的厌恶，对寻求通识教育+专业教育培养和谐发展人的欣赏、期盼。大学就应向着培养"全面发展的专业人才"而努力。英国教育家怀特海（Alfred North Whitehead）也曾指出："普通文化旨在培养大脑的智力活动，而专业课程则是利用这种活动。但不应过分强调两者之间这种简单的对立，正如我们所看到的，在普通的文化课程中，学生会对特殊的问题产生兴趣；同样，在专业学习中，学科外在的联系使学生的思想驰骋于专业领域之外更广阔的空间。"②

1945年哈佛大学"红皮书"《自由社会的通识教育》指出："通识教育不仅应该为专业选择提供足够的基础，而且应该成为使专业潜力充分发展的沃土……这两种教育内容不可以也不应该是相互冲突的。通识教育不仅应该为学生提供足够的基础去选择一个专业，还应该为学生在专业上充分发展提供潜力。专业教育是有机体中的一个器官，而通识教育是整个有机体，它们互相不离开。专业教育告诉学生可以做什么和怎样做，通识教育告诉学生应该做什么和为什么去做。""通识教育为专业教育指明了意义和目的……"③

因此，通识教育与专业教育两者之间并不是对立的关系，而是相互促进的关系。通识教育能促进专业理解，专业教育能促进通识教育学习，它们内在统一于学生发展的需要。

---

① 爱因斯坦.爱因斯坦文集[C].许良英,李宝恒,赵中立,等,译.北京:商务印书馆,1979:310.
② 怀特海.教育的目的[M].徐汝舟,译.北京:生活·读书·新知三联书店,2002:20.
③ 张红霞,吕林海,孙志凤.大学课程与教学:原理与问题[M].北京:教育科学出版社,2015:79.

五、学科专业课程与教育专业课程

在大学课程设计中，显性课程与隐性课程、必修课程与选修课程、理论课程与实践课程、通识教育课程与专业教育课程这四对概念关系的处理可以说是任何大学都会面临的问题，而学科专业课程（学术性）与教育专业课程（师范性）这一对概念之间的关系处理则是教师教育课程设计独特的矛盾冲突。我国大学本科教师教育从诞生之日起，在设计教师教育课程体系时，两者之间的争论就从未停止过。争论的焦点就在于教师教育（师范教育）是否有独特性、特殊性，有没有必要单独举办教师教育（师范教育）。直到21世纪的今天，学术性与师范性之争这个"真实的假问题"依然困扰着众多教师教育工作者、教师教育课程工作者。两者论争的历史轨迹见表3-1。

表3-1 我国大学本科教师教育课程史上学术性与师范性论争轨迹[①]

历史时期	学术性与师范性之论争
清末 （1896—1911）	第一次论争：1904年前后。师范学堂有无单设之必要。师范学堂是隶属于京师大学堂，还是单独设置
五四后 （1919—1928）	第二次论争：1922年前后。是单独设置高师，还是附设于普通大学？《壬戌学制》颁布，除北平高等师范学校改成师范大学外，高等师范学校都先后改为普通大学或并入综合大学
南京国民 政府时期 （1929—1948）	第三次论争：1932年前后。1932年10月16日天津《大公报》发表教育部拟的《改革我国教育之倾向及其办法》提出：将现行师范教育一律取消 第四次论争：1947年前后。师范学院是单独设立，还是于大学内设置
中华人民共和 国成立后 （1949—1976）	第五次论争：1960年前后。焦点是坚持还是取消高师教育的独立体制
改革开放初 （1977—1999）	第六次论争：1980年前后。是否将"定向型"师范教育变为"非定向型"师范教育
进入21世纪后 （小康社会2000 年至今）	第七次论争：1999年前后。1999年6月中共中央、国务院颁布《关于深化教育改革全面推进素质教育的决定》，鼓励综合性高等学校和非师范类高校参与培养、培训中小学教师。师范院校姓"师"还是姓"综"

---

① 刘婕，谢维和. 栅栏内外：中国高等师范教育百年省思[M]. 北京：北京师范大学出版社，2002:177-190.

因此，厘清学科专业课程（学术性）与教育专业课程（师范性）之间的关系，对教师教育课程体系调整来说具有直接的现实指导意义。

（一）学科专业课程（学术性）与教育专业课程（师范性）的内涵

学科专业课程是指为学生毕业后所从事的专门学科教学应具备的专业知识而开设，如中文、数学、物理等；教育专业课程是指为今后从事教师职业者掌握必需的教育理论和技能，一般是教育学、心理学、学科教学法等。[①]

与它们相对应的学术性与师范性的内涵，不同学者有不同的界定，其中，叶澜教授的界定最具代表性。叶澜教授认为，学术性大多指师范院校内各系教师在科研中所表现出的、可与综合性大学同类系科相比的学术水平；同类学科教学内容上专门化水平和反映学术前沿的程度；学生从事学科研究的能力等。师范性则大多是指培养教师的一些特殊课程，如教育学、心理学、教学法、见习、实习等，道德品质的要求；教师必须具备的基本技能技巧，如普通话、板书等；组织管理能力和特长培养等。[②]

（二）学科专业课程（学术性）与教育专业课程（师范性）的关系

就教师教育课程体系的实质结构而言，学科专业课程与教育专业课程两者之间的矛盾其实是学科中心取向内部的矛盾，关乎"什么知识最有价值"这一问题，是学科知识更有价值，还是教育教法知识更有价值？一些人认为"学者必良师"，故而重视学科专业知识，强调教师教育课程体系的学术性；一些人认为"一个好教师能教会学生任何东西"，故而重视教育教法知识，强调教师教育课程体系的师范性。但这两者只能是非此即彼的对立关系吗？

我们将从历史上学者们认为教师应该具备的知识着手分析。历史上关于教师应具备哪些知识，学者们做了大量的研究，主要如表3-2所示。

表3-2　不同研究者关于教师应具备的知识表[③]

学者	教师应具备的知识
伯利纳	学科内容知识、学科教学法知识、一般教学法知识

[①] 朱旭东，胡艳. 中国教育改革30年：教师教育卷 [M]. 北京：北京师范大学出版社，2009:128.
[②] 叶澜. 一个真实的假问题："师范性"和"学术性"之争的辨析 [J]. 高等师范教育研究，1999(2):13.
[③] 赵炳辉. 教师学 [M]. 北京：中国科学技术出版社，2007:95.

续表

学者	教师应具备的知识
斯滕伯格	内容知识、教学法知识（具体的、非具体的）、实践的知识（外显的、缄默的）
舒尔曼	学科内容知识、一般教学法知识、课程知识、学科教学法知识、有关学生的知识、有关教育情境的知识、其他课程知识
格罗斯曼	学科内容知识、学习者和学习的知识、一般教学法知识、课程知识、情境知识、自我的知识
考尔德·黑德	学科知识、行业知识、个人实践知识、个案知识、理论性知识、隐喻和映象
艾尔贝兹	学科知识（学科内容知识、与学习相关的理论）、课程知识（如何组织学习经验和课程内容等的知识）、教学法知识（课堂组织和管理的知识）、关于自我的知识、关于学校背景的知识
申继亮	本体性知识、条件性知识、一般文化知识、实践性知识
傅道春	原理知识（学科原理、一般教学法知识）、案例知识（学科教学的特殊案例、个别经验）、策略知识（将原理运用于案例的策略）
钟祖荣	本体性知识、条件性知识、实践性知识、文化知识

从表 3-2 可以看到，学者们都将学科专业知识和教育教法知识作为教师必备的知识。这就意味着教师教育作为一种培养教师的教育，它不仅需要教师掌握所教的学科知识，还需要教师掌握教育教法知识。学科专业课程涉及的问题其实是"教什么"的问题，而教育专业课程涉及的实质是"怎么教"的问题，两者缺一不可，也不存在哪种课程类型更有用、哪种课程类型地位更高的问题。而在这些学者的观点中，最具影响的当属舒尔曼提出的学科教学法知识。舒尔曼认为，教师必须知道如何把他所掌握的知识转换为学生能理解的表征形式才能使教学取得成功。[1] 学科教学法知识体现了学科知识与教育教学知识的整合，是最能区分学科专家与一般学科教师不同之处的知识领域。

因为，任何关于教师需要什么样的知识的讨论，其首先就应探讨的问题是教师的作用是什么？教师能够做什么？然后再选择与之相应的课程（课程类型）。如果教师被看作是知识的传递者，那么教师可能就只需要基本的学科知识和把这些知识讲授给学生的能力。对于这种教学，很容易理解，理性交往技

---

[1] 教育部师范教育司. 教师专业化的理论与实践: 2 版 [M]. 北京: 人民教育出版社, 2003:55.

能和自由艺术教育就足够了。但是如果教师必须保证学生的成功学习,而学生的学习方式各异、会遇到各种困难,那么,教师就需要成为知道大量关于学习过程知识与掌握大量工具的诊断者和计划者。这样看来,教学需要职业知识基础以保证根据学习者情况来做出教学决策。[①]

研究证明,教育学知识对教学有效性具有重要影响,而且教师专业技能与种族、家庭收入作用相当或更重要。例如,罗恩·弗格森(Ron Ferguson)对得克萨斯州学区的分析发现,教师专业技能(包括州许可证的基本技能和教学知识考试成绩、硕士学位、经验)对各区1至11年级学生阅读和数学成绩的影响大于社会经济地位的影响。公平地解读这些研究,可以得出这样的结论,教师的学科知识和教育学知识交互影响,共同决定了教师的有效性。[②]"物理学家、化学家、数学家未必能成为最好的教师,唯有掌握学科教学法和教育基本理论的物理学家、化学家、数学家才能成为最优秀的教师。"[③]

美国卡内基基金会前主席波依尔在《学术反思水平》报告中曾说:"知识并不都是以线性方式发展的……,最好的教学可以改造研究和实践工作者。"因此,学术水平应扩展为"发现的学术水平、综合的学术水平、运用的学术水平和教学的学术水平",在波依尔看来,教学不仅仅是传授知识,更应该通过各种活动,把学生与自己都推向新的创造性的方向。教学应该是一个创造的过程,因此教学本身就具有学术性。[④]

举办本科教师教育的高校首先是一所大学,研究高深学问、培养高级专门人才是大学的本职所在,大学天然有学术性的要求。大学本科教师教育具有学术性是应有之义,提高教师教育的学术水平是高质量教师教育的充分体现。因此,不存在离开师范性的学术性,也不存在离开学术性的师范性,它们相辅相成,高度融合统一于教师教育课程体系中。

因此,学术性和师范性是教师教育的应有之义,学科专业课程与教育专业课程都是教师教育课程形式结构的重要组成部分,虽然它们在形式上是单独设置的两类课程,但在实质上两者应是互相包含的关系,具体见图3-3。

[①] 哈蒙(Hammond L.D.).有力的教师教育:来自杰出项目的经验[M].鞠玉翠,等,译.上海:华东师范大学出版社,2009:65.

[②] 哈蒙(Hammond L.D.).有力的教师教育:来自杰出项目的经验[M].鞠玉翠,等,译.上海:华东师范大学出版社,2009:17-24.

[③] 王斌华.师范教育的昨天、今天和明天[J].外国教育资料,1997(4):62.

[④] 靳希斌.教师教育模式研究[M].北京:北京师范大学出版社,2009:86.

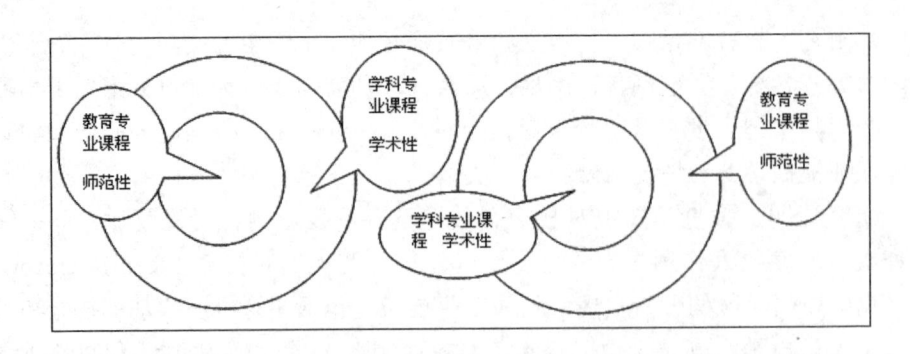

图 3-3　学科专业课程（学术性）与教育专业课程（师范性）关系图

　　故而，我国大学本科教师教育课程设计既要重视学科专业课程，也要重视教育专业课程，不能厚此薄彼。但理想的教师教育课程体系绝对不是学科专业课程与教育专业课程的简单叠加，而应是两者不断融合的知识建构。只有这样，我国大学本科教师教育课程改革才能取得成功，才能培养出适应新时代要求的优秀教师。

　　综上所述，我国大学本科教师教育课程体系中不同的课程类型有不同的作用，体现不同的价值，谁也不能替代谁。每一种课程都有其存在的理由，缺一不可。课程体系内处在同一逻辑范畴中的一对课程类型虽然在形式结构上呈现对立关系，但在实质结构的价值层面上属于价值互补关系，具有内在的统一性，统一于学生发展的需要。而且，课程体系中的几种课程类型都不是突然出现的，而是在互相影响、帮助中更好地实现其他课程类型功能的基础上产生的。它们之间的关系是你中有我、我中有你的关系。比如，显性课程、必修课程、选修课程、通识教育课程、学科专业课程和教育专业课程等可分为理论课程和实践课程两大类；而显性课程、通识教育课程、学科专业课程和教育专业课程还可以分为必修和选修课程。因此，我国大学本科教师教育课程设计必须注意处理好课程体系中这几种课程类型之间的关系，平衡好这几种课程类型的比重。

第四章　专业认证背景下教师教育课程设计趋向

课程是学校教育的基础，是专业建设的核心要素。我国《普通高等学校师范类专业认证工作指南》指出："课程与教学部分体现国家对专业人才培养体系和运行过程的质量要求，是整个认证的基础，对毕业要求具有重要支撑作用。"那么，在师范类专业认证后，我国本科教师教育课程的设计现状如何？其相对师范类专业认证前有变化吗？变化表现在哪些方面？这些变化趋势与专业认证的要求一致吗？这些是本章要探究的问题。

课程设计是在一定的教育目标（理论基础）的指引下，厘清课程各个组成部分（课程类型）之间的关系，选择课程内容，并将其组织成一定课程结构体系的过程。要研究专业认证背景下教师教育课程设计的变化所在，就必须对教师教育课程结构体系及其课程内容的变化所在进行研究。

20世纪90年代后，随着我国社会经济和基础教育的快速发展，人们对高质量教育的诉求逐步提升。"广大人民'有学上'的目标基本实现，'上好学'的希望愈发凸显；'有老师'的目标基本达成，'好老师'的需求愈发强烈。"[①] 我国教师培养从原来的中师、专科和本科三级逐步向本科和硕士二级转变。我国小学教师的培养重心逐步上移，因而产生了一个全新的本科专业——小学教育。1998年，南京师范大学、杭州师范学院及南京晓庄学院等高师院校正式设置小学教育本科专业，至今已有二十多年的专业建设实践和研究。自2017年10月教育部印发《普通高等学校师范类专业认证实施办法（暂行）》以来，全国各地师范类专业积极行动起来，按照认证要求进行自查自评，不断优化改

---

① 教育部教师工作司司长王定华. 启动实施师范类专业认证 夯实新时代高素质教师培养基石[Z]// 教育部教师工作司, 教育部高等教育教学评估中心. 普通高等学校师范类专业认证工作指南（试行）. 武汉：[出版者不详],2018: 序1.

进师范类专业的建设。本科小学教育专业亦不例外。

一、专业认证后本科小学教育专业培养目标定位趋向

"培养目标是专业建设的灵魂和核心，是专业人才培养的依据，对其余各部分起到引领作用。"[①] "培养目标是教育目的在各级各类学校的具体化，是对各级各类学校人才培养的特殊要求。它是由特定社会领域（如农业生产领域、工业生产领域、服务业领域、教科文卫领域等）和不同的技术水平（如初级、中级、高级等）的要求决定的，也随着教育对象所处学校的年级和类别而变化，是为了满足各行各业、各个层次的人才需求和不同年龄层次受教育者的学习需求而制定的。培养目标必须通过课程来实现。课程是实现培养目标的载体。"[②]

师范类专业认证的出台，对师范类专业提出了新要求，我国举办本科小学教育专业的培养目标亦会随之发生变化。因此，在研究案例高校本科小学教育专业课程体系的变化之前，首先必须关注案例高校各校本科小学教育培养目标的变化情况。

（一）师范类专业认证前后本科小学教育专业培养目标调查

当前，我国《普通高等学校师范类专业认证实施办法（暂行）》实行三级监测认证，第一级认证主要是针对师范类专业办学基本要求的监测，第三级认证主要是针对师范类专业教学质量卓越标准认证，而本研究涉及的湖北省公立高校本科小学教育专业暂时只参加了（或只符合）第二级认证，因此，本研究主要以师范类专业认证第二级认证标准为标准。

案例高校各校本科小学教育专业培养目标在专业认证前后表述具体如表4-1所示。

---

① 教育部教师工作司,教育部高等教育教学评估中心.普通高等学校师范类专业认证工作指南（试行）[EB/OL].https://sls.nxu.edu.cn/info/1185/5943.htm.

② 《教育学原理》编写组.教育学原理[M].北京：高等教育出版社,2019:122-123.

表4-1 案例高校本科小学教育专业培养目标变化情况表①

序号	案例学校	建设情况	学校办学定位/专业培养目标
1	大学A	学校办学定位	致力于将湖北第二师范学院建设成为一所国家需要、社会认可、人民满意的教师教育特色鲜明的高水平师范大学，为基础教育和区域经济社会发展提供更强大的人才和技术支撑。（2021年11月）
		2020年获批国家一流本科专业建设点（2005年开始招本科生）	2017版：本专业旨在培养具有宽广、扎实的文化科学知识和艺术修养，适应基础教育改革与发展需要，系统掌握现代教育基础理论和小学教育专业知识和技能，能够胜任小学多学科教育教学需要的全科型卓越小学教师
			2021版：本专业立足武汉，面向湖北，辐射全国，服务基础教育，培养德、智、体、美、劳全面发展，具有高尚师德和教育情怀，掌握扎实的小学教育基础知识，具备较强的小学课堂教学、班级管理能力，爱国爱党，敬业爱生，知行合一，协同创新，善于反思和自主发展的小学教育应用型人才。 并按认证要求"一践行三学会"对培养目标进行了进一步解读
2	大学B	学校办学定位	站在新的历史起点上，学校牢固树立新发展理念，全面深化教育教学改革，不断加快内涵建设，大力推进转型发展，努力创建特色鲜明、国内一流、高水平的师范大学，为我国师范教育事业和地方经济建设社会发展作出更大贡献。（2021年12月）
		2021年获批国家一流本科专业建设点（2007年开始招本科生）	2017版：本专业致力于培养具有良好的职业道德、系统的专业知识与专业技能，能够胜任小学教育教学、主动适应教育改革及现代社会发展需要的小学教育工作者
			2021版：本专业立足湖北，辐射全国，培养热爱小学教育事业，德、智、体、美、劳全面发展，具有高尚的师德修养、浓厚的教育情怀、全面的专业素养、扎实的专业技能和持续的发展潜力，胜任小学教育教学、科研与管理工作，具有卓越教师潜质的小学教师。 并对毕业5年左右的学生提出了师德情怀、教学素养、育人能力和专业发展等方面的要求

---

① 依收集到的资料制表。

续表

序号	案例学校	建设情况	学校办学定位/专业培养目标
3	大学C	学校办学定位	新的历史时期,学校以习近平新时代中国特色社会主义思想为指引,紧紧围绕转型发展和"双一流"建设,全面深化改革,依法依规治校,不断提升发展水平和服务地方能力,为把学校建设成为特色鲜明的高水平应用型大学而不懈奋斗。(2021年8月)
		2019年获批湖北省一流本科专业建设点(2003年开始招收本科生)	2015版:培养政治思想好、科学文化素质高、服务基层意识浓,具有先进的教育理念、扎实的教育理论知识与较强的教育实践能力,能够胜任小学多学科教学、有较强的教育研究能力和良好的艺术素养的优秀小学教师
			2019版:本专业主动适应基础教育改革发展需要与新时代教师队伍建设需求,立足鄂东南、面向湖北、辐射生源地,培养德、智、体、美、劳全面发展,热爱教育事业,具有高尚的师德修养和人文情怀、扎实的学科专业素养和教学能力、较强的班级管理和综合育人能力,具备良好的发展视野、反思意识、创新精神和研究能力,胜任小学教育教学与管理工作的"四有"好老师。 并对学生毕业后5年左右预期发展目标做了进一步说明
4	大学D	学校办学定位	学校坚持地方性、应用型办学定位,坚持人才培养中心地位,立足荆门,面向湖北,辐射全国,服务地方经济社会发展,围绕培养具有良好的思想政治素质和人文素养、扎实的学科专业基础、较强的创新创业精神和实践能力的应用型高级专门人才。(2021年)
		2019年获批湖北省一流本科专业建设点(2004年开始与湖北师范学院联办)	2017版:培养具有良好的思想政治素质和人文素养、扎实的学科专业基础、较强的创新创业精神和实践能力,热爱小学教育事业,能胜任小学多学科教学、教育管理和教育研究的小学教育工作者
			2021版:主要培养德、智、体、美、劳全面发展,具有坚定的政治立场、深厚的教育情怀、知识广博、能力全面、技能扎实,能够熟练驾驭小学1~2门主干学科教学,胜任其他学科教学、基础教育研究和育人工作,主要面向农村学校或各类教育培训机构,具有卓越潜质的小学全科教师。 并按认证要求,对毕业5年左右的学生提出了师德情怀、教学素养、育人能力和专业发展等方面的要求

续表

序号	案例学校	建设情况	学校办学定位/专业培养目标
5	大学E	学校办学定位	学校将坚持以习近平新时代中国特色社会主义思想为指导，全面贯彻党的教育方针，牢记为党育人、为国育才使命，秉承"严以治学、诚以立身"的校训，按照学校第二次党代会确定的"申硕""更大""创一流"的"三步走"发展战略，抢抓机遇、只争朝夕、克难奋进、开拓进取，朝着全面建设工程教育卓越、办学特色鲜明的国内应用型一流大学目标阔步前进（2021年11月）
		2020年获批湖北省一流本科专业建设点（2004开始招本科生）	2018版：培养德、智、体、美、劳全面发展，具有良好职业道德、较高教育理论素养和较强实践工作能力的，可从事现代小学教育教学、教育科研与管理和其他相关工作的高素质应用型专门人才，并为学生在相关学科领域继续深造奠定良好的学术基础
			2021版：培养具有良好的思想道德品质与师德修养[目标1]、较高的人文和科学素养[目标2]，教育理念先进[目标3]、学科知识扎实[目标4]、教学技能娴熟[目标5]的全科型教师或从事小学教育研究与管理工作的应用型人才
6	大学F	学校办学定位	学校高举习近平新时代中国特色社会主义思想伟大旗帜，全面落实立德树人根本任务，确立了"建设特色鲜明的现代化应用型大学"的发展目标。（2021年6月）
		2019年获批湖北省一流本科专业建设点（2006年开始招收本科生）	2017版：本专业培养具备现代教育理念和良好道德情操、具备小学教育专业知识和专业技能、胜任小学全科教学和教育教学研究、小学教育行政管理和其他教育机构的教学与研究的高级应用技术人才
			2021版：本专业适应国家基础教育改革发展与教师队伍建设重大战略需求，顺应本校应用型人才培养的要求，立足黄石、面向全省、辐射全国，培养富有高尚的师德和教育情怀、深厚的人文与科学素养、扎实的教育科学知识与突出的教育教学能力以及创新精神与自我发展能力，能够在小学及其他教育机构从事小学全科教育教学、管理及研究工作的高素质小学教师 并对学生在毕业后5年左右预期能够实现的师德为先、教学为主、育人为本、学习为重等目标进行了具体解读

续表

序号	案例学校	建设情况	学校办学定位/专业培养目标
7	大学 G	学校办学定位	学校坚持与时俱进、开拓创新，围绕建成应用型本科院校总体目标，持续推进治理能力现代化建设，大力发展学前教育、基础教育等师范类专业，建设区域性师资培养、培训基地，进一步加强职业技能专业的培养力度（2021年9月）
		2019年获批湖北省一流本科专业建设点（2016年开始招收本科生）	2016版：本专业培养适应社会主义现代化建设和基础教育改革需要的德、智、体、美等方面全面发展，具有良好的职业道德素养，掌握小学教育教学基本理论及各科基本知识，具有教育教学、终身学习能力，能够吃苦耐劳、愿意扎根农村地区的多科型小学教师
			2020版：本专业立足十堰，面向湖北，辐射全国，培养适应新时代基础教育改革、湖北及周边地区区域经济社会发展需要，德、智、体、美、劳全面发展，具有良好的职业道德修养、人文科学素养和乡村教育情怀，掌握小学教育教学掌握小学教育教学基本理念及多科基础知识，具备小学教育教学、合作交流和终身学习能力，能在城乡小学等教育机构从事多学科教学和管理工作的优秀教师。
			并按认证要求，对学生需达到的目标内涵，如职业道德（教育信念、师德规范）、职业能力（执教能力、育人能力）、职业成就（职业成就、专业发展）等方面进行了具体的要求
8	大学 H	学校办学定位	奋进新时代，启航新征程。当前，全校师生正以习近平新时代中国特色社会主义思想为指引，坚持立德树人，坚持内涵发展，为把学校建设成为"全省一流、全国知名"的高水平黄冈师范大学而努力奋斗！（2021年11月）
		2017年开始招本科生	2016版：主要面向湖北农村小学培养德、智、体、美全面发展，热爱教育事业，具有现代教育观念、良好的职业道德素养，比较广博的小学教育专业知识好而扎实的教育教学技能，较强的自主学习与发展的意识和信息技术应用能力，适应基础教育改革和发展需要的"下得去、教得好"的农村全科小学教师
			2019版：依托黄冈师范学院百年师范教育优势，培养德、智、体、美、劳全面发展，热爱教育事业，具有现代教育理念、良好的职业道德素养，广博的小学教育专业知识和扎实的教育教学技能，较强的自主学习与发展能力和信息技术应用能力，适应基础教育改革和发展需要，能在小学以及其他基础教育机构从事教育教学、教育科研或教育管理等工作的全科性应用型高级专门人才
			并按照认证要求，对学生在师德素养、教学素养、育人能力和发展能力等方面进行了解读

说明：案例高校排序主要参照各校本科小学教育专业获批国家一流、省级一流或举办的时间。

从上表可知，师范类专业认证政策出台后，国家、社会对师范类专业提出了新的要求，我国举办本科小学教育的高校面临新的挑战与压力，它们均在不同程度上对照认证要求，调整了自己的培养目标。

（二）师范类专业认证后本科小学教育专业培养目标趋向

对照分析案例高校各校本科小学教育专业师范类专业认证前后的培养目标，可以发现师范类专业认证后，本科小学教育专业培养目标制定有以下几个变化趋向。

第一，师范类专业认证后，案例高校本科小学教育专业的培养目标大多依据学校办学定位强调培养"应用型人才"。这与案例高校都为湖北省省属地方本科院校，积极响应《国务院关于加快发展现代职业教育的决定》（国发〔2014〕19号）、《教育部 国家发展改革委 财政部关于引导部分地方普通本科高校向应用型转变的指导意见》（教发〔2015〕7号）等文件精神、落实湖北省教育厅相关政策文件、调整办学定位为"应用型"密切相关。

8所案例高校，有5所学校办学定位均表示建设"应用型大学"。例如，C大学"建设特色鲜明的高水平应用型大学"；D大学"坚持地方性、应用型办学定位，培养应用型高级专门人才"；E大学"建设工程教育卓越、办学特色鲜明的国内应用型一流大学"；F大学"建设特色鲜明的现代化应用型大学"；H大学"建成应用型本科院校总体目标"。

另外，需指出的是，在8所案例高校中，有4所高校校名带有"师范"一词，其他4所高校单从校名看不出它拥有师范专业。4所学校名称带有"师范"一词的高校中，有3所在办学定位中明确表示建设教师教育特色鲜明的师范大学。例如，A大学指出"建设教师教育特色鲜明的高水平师范大学"；B大学"努力创建特色鲜明、国内一流、高水平的师范大学"；H大学指出要把学校建设成为"全省一流、全国知名"的高水平师范大学。这一方面说明我国举办大学本科教师教育的高校大多在朝着综合性"应用型大学"的目标迈进，另一方面说明我国关于"'十三五'期间，我国181所师范院校一律不更名、不脱帽，聚焦教师培养主业"[①]的教师教育政策发挥了作用。

第二，师范类专业认证后，各校本科小学教育专业新版人培方案的培养目标都明确指出了专业服务面向。比如，为什么区域、什么类型的学校培养什

---

① 新华社.教育部："十三五"期间我国师范院校一律不更名[EB/OL]. http://news.cnnb.com.cn/system/2017/01/16/008591296.shtml,2021-11-16.

么层次、什么类型的教师做了明确说明。例如，A大学"立足武汉，面向湖北，辐射全国，服务基础教育"；B大学"立足湖北、辐射全国"；C大学"立足鄂东南、面向湖北、辐射生源地"；D大学"立足荆门，面向湖北，辐射全国，服务地方经济社会发展"；F大学"立足黄石、面向全省、辐射全国"；G大学"立足十堰，面向湖北，辐射全国"等。

另外，这几所高校的一个共性特点是，各校小学教育专业培养目标都表明培养的是能够胜任小学的"多学科教学"（大学C、G）或"全科"（大学A、B、D、E、F、H）教师。

第三，师范类专业认证后，各校本科小学教育专业新版人培方案都增加了对学生毕业后5年左右在社会和专业发展领域的发展目标预期。例如，A大学对学生提出了"践行师德，笃定情怀；学会教学，专业发展；学会育人，实践育人；学会反思，与时俱进"四方面的目标预期；B大学对学生提出了"师德情怀、教学素养、育人能力和专业发展"四方面的目标预期。

另外，师范类专业认证后，各校在新版人培方案中都依照二级认证的标准确定了"毕业要求"。毕业要求的具体内容包括践行师德、学会教学、学会育人和学会发展4个维度，对应师德规范、教育情怀、学科素养、教学能力、班级指导、综合育人、学会反思和沟通合作8个二级指标，而且都将课程体系中具体课程对毕业要求8个指标的支撑情况明确展示出来，一目了然。人们可以清晰看到本科小学教育专业毕业要求的8个指标点都有课程或相应的教学环节支撑，显示本科小学教育专业课程体系能很好地支撑毕业要求。

综上可知，在师范类专业认证后，我国本科小学教育专业在制定培养目标时，都秉持的是"学生全面发展"的教育理念，并结合大学所在区域和大学办学定位，明确了本专业的目标定位，系统设计了立足小学教育实际，符合国家和地区小学教育改革发展、学校办学定位和人才培养定位的培养目标。专业培养目标与学校办学定位具有较好的吻合度。同时，培养目标内容清晰明确，学生、教师和其他利益相关者能明确知晓本科小学教育专业的学生在毕业后5年左右"作为一个小学合格教师应具备的职业素养和能力要求，以及所能达到的专业发展成就"，体现了小学教育专业的特色。

二、专业认证后本科小学教育专业课程体系设计趋向

课程是专业建设的核心要素，专业的培养目标和毕业要求都必须通过课程来实现。因此，当专业的人才培养目标调整之后，专业的课程体系必将随之调整。

（一）师范类专业认证前后本科小学教育专业课程体系调查

为清晰各校本科小学教育专业课程体系随各校培养目标和师范类专业认证要求变化的情况，本节将对师范类专业认证前后案例高校各校本科小学教育专业课程体系变化的情况进行调查分析。案例高校各校本科小教专业课程体系形式结构具体见表4-2。

表4-2　案例高校小学教育专业课程体系形式结构体系表①

序号	案例学校	人培方案版本	总学分	形式结构中课程类型	课程模块	学分或比例
1	大学A	2017版	166	通识教育模块 55学分	必修	45
					选修	10
				专业教育模块 29学分	学科基础课	15
					专业核心课	14
				个性发展模块 49学分	专业方向课	15
					专业选修课	30
					创新创业课	4
				专业综合实践23学分	必修	23
				Ⅱ类学分10学分		10
		2021版	165	核心素养模块 59学分（35.8%）	必修	53（32.1%）
					选修	6（3.6%）
				专业理论教育 55学分（34.0%）	学科基础课	29(15.2%)
					专业核心课	26(18.8%)
				个性发展教育 51学分(30.9%)	专业方向课	12（7.3%）
					专业选修课	20（12.1%）
					创新创业课	4（2.4%）
					专业综合实践	15（9.1%）

---

① 以各校人才培养方案中课程体系结构及教学计划进程表为依据制表。

续表

序号	案例学校	人培方案版本	总学分	形式结构中课程类型	课程模块		学分或比例
2	大学B	2017版	156	通识教育课程群 45学分（29%）	通识必修		35
					通识选修		10
				教育专业课程群 6学分	必修		6
				学科专业课程群 72.5学分（45%）	学科知识与能力课程	基础课程必修	21
						核心课程必修	30.5
						个性课程选修	12
					学科课程与教学论	必修	5
						选修	4
				教育实践课程群 28学分（18.0%）	必修		28
				创新创业课程群 4.5学分（3%）	必修		3
					选修		1.5
		2021版	151	通识教育课程群 50学分（33.1%）	通识必修		42
					通识选修		8
				专业教育课程群 53.5学分（35.4%）	专业平台课程		25
					专业主干课程		21
					专业拓展课程		7.5
				教师教育课程群 23.5学分（15.6%）	教育学科理论课程		5
					学科课程与教学论		3.5
					教师技能训练课程		7
					小学综合育人课程		8
				集中实践性环节 24学分（15.9%）	综合育人实践		6
					专业综合实践		18

续表

序号	案例学校	人培方案版本	总学分	形式结构中课程类型	课程模块	学分或比例
3	大学C	2015版	187.5	通识教育平台46.5学分	必修课	36.5
					选修课	10
				学科专业教育平台98学分	学科基础课（必修）	30
					学科基础课（选修）	15
					专业（方向）课	30
					专业选修课	23
				集中实践教学43学分	专业实习	20
					专业见习	12
					毕业论文	8
					军事训练与新生入学教育	3
				素质拓展	5学分（未计入总学分）	
		2019版	160	通识教育课程49学分（30.63%）	必修	41
					选修	8
				学科基础课程	必修	25（15.63%）
				专业课程56学分（35%）	必修	34
					选修	22
				实践课程30学分（18.75%）	师范技能课程	6
					军事理论与训练（入学教育）	4（未计入总学分）
					教育见习（5周）	5
					教育实习（18周）	9
					毕业论文（8周）	8
					师范技能达标考核	1
					教育调查与观察	1
				素质拓展课程	6学分（未计入总学分）	

续表

序号	案例学校	人培方案版本	总学分	形式结构中课程类型	课程模块	学分或比例
4	大学D	2017版	175	通识教育课程 55学分	必修课	42
					核心课	6
					选修课	7
				专业主干课程	必修	60
				个性培养课程 25学分	专业学术型选修课	25
					专业应用型选修课	25
					交叉复合型选修课	25
					创新创业型选修课	25
				集中实践教学环节 35学分	必修	35
					选修6学分（未计入总学分。可抵其他学分）	
		2021版	170	通识教育课程 52学分	必修课	40
					核心选修课	6
					普通选修课	6
				专业大类基础课 16学分	必修课	16
				专业主干课程 47学分	专业基础课	12
					学科专业课	35
				个性培养课程 25学分	专业学术型选修课	25
					专业应用型选修课	25
					交叉复合型选修课	25
					创新创业型选修课	25
				集中实践教学环节 24学分	必修	24
				课外科技文化创新 6学分	选修	6

续表

序号	案例学校	人培方案版本	总学分	形式结构中课程类型	课程模块		学分或比例
5	大学E	2018版	160	通识教育课程46学分		必修	38
						选修	8
				专业教育课程108学分（最低选修要求43学分）	必修课	基础课	22
						主干课	21
						集中综合实践课	22
					选修课	小学学科教学模块	28
						小学教育管理模块	23
						小学艺术技能教育模块	22
				创新创业实践活动6学分			6
		2021版	160	通识教育课程47学分		必修	38
						选修	9
				专业教育课程108学分（最低选修要求36学分）	必修课	学科基础课	24
						专业主干课	23
						集中综合实践课	24
					选修课	小学学科教学选修模块	34
						小学教育管理与研究选修模块	28
						小学艺术与技术教育选修模块	24
				创新创业实践活动6学分			6

续表

序号	案例学校	人培方案版本	总学分	形式结构中课程类型	课程模块	学分或比例
6	大学F	2018版	180	理论课程 125学分	通识教育必修课程	36
					通识教育选修课程	7
					学科基础课程	29
					专业必修课程	33
					专业选修课程	20
				实践课程 45学分	课堂实践教学	8
					集中性实践教学	34
					小学期实践教学	3
				课外综合技能10学分		10
		2021版	168	必修127学分	通识教育平台	37
					专业教育平台	12.5
					教师教育平台	74.5
					创新创业教育平台	3
				选修33学分	通识教育平台	8
					专业教育平台	14
					教师教育平台	6
					创新创业教育平台	5
				素质拓展平台		8
7	大学G	2016版	167	通识教育课程必修		38（22.8%）
				通识教育课程选修		10（6.0%）
				学科专业基础课程必修		14（8.3%）
				专业课程必修		37（22.2%）
				专业课程选修		10（6.0%）
				教师教育课程必修		22（13.2%）
				教师教育课程选修		6（3.6%）
				独立实践环节必修		30（17.9%）
				素质教育活动设计		4学分（未计入总学分）

续表

序号	案例学校	人培方案版本	总学分	形式结构中课程类型	课程模块	学分或比例
7	大学G	2020版	170	通识课程 55.5 学分	通识教育课程必修	45.5（26.76%）
					通识教育课程选修	10（5.88%）
				专业课程 92.5 学分	学科基础课程（必修）	12（7.06%）
					专业必修课程	36.5（21.47%）
					专业选修课程	12（7.06%）
					教师教育课程必修	24（14.12%）
					教师教育课程选修	8（4.71%）
				集中实践环节		22（12.94%）
				创新创业训练活动		3 学分（未计入总学分）
8	大学H	2016版	174.5	通识教育课程 39.5 学分	必修课程	31.5
					选修课程	8
				专业基础课程	必修课程	63
				专业核心课程	必修课程	38
				专业方向课程	选修课程	14
				实践环节	必修课程	20
		2019版	160	通识教育课程 41 学分	必修课程	24
					选修课程	17
				学科专业课程 62 学分	必修课程	48
					必修课程	14
				教师教育课程 35 学分	必修课程	26
					选修课程	9
				综合实践课程		22

从表 4-2 可知，师范类专业认证政策出台后，我国本科小学教育专业的课程体系都随培养目标的改变而做了调整。这一方面说明课程是学校教育的载

体，是学校教育的基础，任何的教育改革最终都会落实到对课程的改革上，课程改革是任何教育改革都绕不开、回避不了的问题；另一方面说明课程是学校为了实现一定的培养目标而构建各种教育、教学活动的系统，通过对课程的分析可以知道学校的培养目标是否真正落到了实处。

（二）师范类专业认证后本科小学教育专业课程设计趋向

对照分析案例高校各校本科小学教育专业师范类专业认证前后的课程体系，可以发现师范类专业认证后，本科小学教育专业课程体系设计呈现以下变化趋向。

第一，师范类专业认证后，我国本科小学教育专业课程体系设计呈现更加简洁、灵活和多样化的趋向。

首先，案例高校本科小学教育专业大多简化了课程模块，使课程形式结构更加清晰明了。简化了课程模块的高校有 A、B、G、H 四所大学，最典型的是 G 大学。师范类专业认证前，G 大学有九个课程模块，师范类专业认证后，调整为三个课程模块。A 大学将课程模块从四个调整为三个；B 大学和 H 大学将课程模块从五个调整为四个；E、F 两所大学虽然没有减少课程模块个数，但可以发现这两所大学课程的形式结构都很简洁，均只有三个课程模块。

其次，案例高校本科小学教育课程形式结构是按模块设计课程，实行学分制，显示出课程安排的灵活性，而且没有一所学校的课程体系的形式结构是相同的，课程设计呈现多样化的特征。分析各校师范类专业认证后的人培方案中的课程体系，可以总结出以下内容。

各校课程模块名称各不相同，即使是有同样课程模块个数的学校。比如，A 大学的三个课程模块分别是核心素养、专业理论教育和个性发展教育模块；E 大学分为通识教育课程、专业教育课程和创新创业实践活动三个模块；F 大学则将其分为必修、选修和素质拓展平台三个课程模块；B 大学四个课程模块分别为通识教育课程群、专业教育课程群、教师教育课程群和集中实践性环节；G 大学分为通识课程、专业课程、集中实践环节和素质教育活动设计四个模块等。

各校对课程体系中课程模块或课程类型的归属、划分处理各不相同。比如，有的学校将学科基础课程归入专业教育课程中（A、E 大学），有的学校将其单列（C、G 大学），而有的学校则没有此类课程类型提法（B、D、F、H 大学）。有的学校将实践课程单独列出（B、C、D、G、H），有的学校将实践课程融入其他课程模块中（A、E、F 大学，其中 F 大学的实践课程放到了教师教育课程中）。有的学校单独设置了不计入总学分的素质拓展学分（C、G 大学）或实践学分（D 大学）等。

各校对教师教育（类）课程的设计处理各不相同。由于小学教育专业属于教育学类专业，其专业属性本身具有教育性，因此可以发现各校在设计本科小学教育专业的教师教育课程时一个比较特别的现象：有的学校（如A、D、E大学）在课程设置与教学计划安排表中并未单独设计教师教育课程，但是从其专业教育课程中列出的具体课程名称可以发现它们属于教师教育课程，表明这几所学校是将教师教育课程融入了专业教育课程中；还有的学校设计了教师教育课程，但是将其放到了专业教育课程中（如G大学）；有的学校单独设计师范技能课程，将其放入实践课程中（C大学）；只有三所高校将教师教育课程单列（B、F、H大学）。再对照各校师范类专业认证前的旧版人培方案，可以发现：只有2所大学（B、G大学）单独列出了教师教育课程，其他学校均未单独列出，而是将其融入专业教育课程中。

当然，各校在人培方案中均有说明其课程体系中教师教育课程比重是多少。因为我国师范类专业认证标准解读中有明确的教师教育课程必修课学分和总学分的要求。

由此可见，我国本科小学教育专业在设计课程体系时充分体现了小学教育专业的专业性和科学性，没有固化、死板地遵照师范类专业认证要求设置课程类型，而是进行了灵活变通。

最后，各校本科小学教育专业课程形式结构体系中，通识教育课程、专业教育课程、教师教育类课程、选修课程和实践课程等占总学分的比例各不相同，反映了各校在结合自身实际的基础上，对师范生通识教育、学科专业教育与教育专业教育等课程类型的个性化安排。具体如表4-3所示。

表4-3 案例高校小学教育专业课程形式结构中课程类型比较表

学校	人培方案版本	总学分	通识教育课程学分及占总学分的比例	专业教育课程学分及占总学分的比例	教师教育类课程学分及占总学分的比例	教育实践课程学分及占总学分的比例	必修课程学分及占总学分的比例	选修课程学分及占总学分的比例	理论课程学分及占总学分的比例	实践课程学分及占总学分的比例
A大学	2017	166	55 33.1%	74 44.6%	—	23 13.9%	116 69.9%	50 30.1%	116 69.9%	50 30.1%
	2021	165	59 35.8%	87 52.7%	—	15 9.1%	139 84.2%	26 15.8%	120 72.7%	45 27.3%

续表

学校	人培方案版本	总学分	通识教育课程学分及占总学分的比例	专业教育课程学分及占总学分的比例	教师教育类课程学分及占总学分的比例	教育实践课程学分及占总学分的比例	必修课程学分及占总学分的比例	选修课程学分及占总学分的比例	理论课程学分及占总学分的比例	实践课程学分及占总学分的比例
2 大学 B	2017	156	45 29.0%	72.5 45.0%	6 5.0%	28 18.0%	128.5 82.4%	27.5 17.6%	98 62.9%	58 37.1%
	2021	151	50 33.1%	53.5 35.4%	23.5 15.6%	24 15.9%	123 81.5%	28 18.5%	108 71.5%	43 28.5%
3 大学 C	2015	187.5	46.5 24.8%	98 52.3%	—	43 22.9%	139.5 74.4%	48 25.6%	128.75 68.7%	58.75 31.3%
	2019	160	49 30.6%	81 50.6%	—	24 15.0%	130 81.2%	30 18.8%	112.87 70.5%	47.13 29.5%
4 大学 D	2017	175	55 31.4%	85 48.6%	—	35 20.0%	137 72.9%	38 27.1%	126 72%	49 28%
	2021	170	52 30.6%	88 51.8%	—	30 17.6%	127 74.7%	43 25.3%	123 72.4%	47 27.6%
5 大学 E	2018	160	46 28.8%	108 67.5%	—	22 13.8%	103 64.7%	57 35.3%	109 68.1%	51 31.9%
	2021	160	47 29.4%	107 66.9%	—	24 15%	116 72.5%	44 27.5%	102 63.8%	58 36.2%
6 大学 F	2018	180	43 23.9%	82 45.6%	—	45 25%	143 79.4%	37 20.6%	125 69.4%	55 30.6%
	2021	168	45 26.8%	107 63.7%	42.5 25.3%	38 22.6%	127 75.6%	41 24.4%	115.5 68.75%	52.5 31.25%
7 大学 G	2016	167	48 28.8%	61 35.5%	28 16.8%	30 17.9%	141 84.4%	26 15.6%	126 75.4%	41 24.6%
	2020	170	55.5 32.6%	60.5 35.6%	32 18.8%	22 12.9%	140 82.4%	30 17.6%	125 73.5%	45 26.5%
8 大学 H	2016	174.5	39.5 22.6%	115 65.9%	—	20 11.5%	152.5 87.4%	22 12.6%	123.5 70.8%	51 29.2%
	2019	160	41 25.6%	62 38.75%	35 21.9%	22 13.75%	120 75%	40 25%	108 67.5%	52 32.5%

说明：①如果某学校小学教育专业未单独设置教师教育类课程（如湖北第二师范学院），

则用"—"表示该学校未单独设置此项;如单独设置了教师教育类课程,则按该校此模块学分数统计。②专业教育课程学分统计一般包含了学科基础课程。③教育实践课程学分统计的是每所学校小教专业集中性实践环节,如实习、见习、毕业论文等的学分。实践课程的学分则包括通识教育、专业教育、教师教育类、教育实践等所有课程类型中的实践学分。④总学分统计,以各校人才培养方案中要求学生拿到毕业证书必须达到的学分为准。通识教育课程、专业教育课程、必修课程、理论课程等的比重均是占总学分比重。

综上可知,师范类专业认证后,我国本科小学教育专业课程形式结构呈现更加简洁、灵活、多样化的趋势,显示我国本科小学教育专业在师范类专业认证的引领下个性化、特色化发展的特点。这一切亦表明我国本科小学教育专业为提高教师教育质量、增强教师教育课程的适切性,在调整教师教育课程体系上不断地创新尝试。

第二,师范类专业认证后,我国本科小学教育专业课程体系在简洁、灵活、多样化的基础上,也存在一定的统一性。

首先,我国本科小学教育专业除了有四个相对固定的课程类型即通识教育课程、专业教育课程、教师教育(类)课程和集中(综合)实践课程外,还有相对统一的通识必修课程。各校通识必修课程中均设计有思想政治类课程(思想道德修养与法律基础、马克思主义基本原理、毛泽东思想和中国特色社会主义理论体系概论、中国近现代史纲要等)、形式与政策、军训与军事理论、体育与心理健康、计算机基础、大学外语等课程。这一方面表明,在将教师教育课程的设计权交给高校后,党和国家仍然高度重视教师教育,为了保障教师教育正确的价值取向,保障教师教育培养的人才符合我国社会主义现代化建设的基本要求,国家对教师教育通识必修课程做了相对具体的统一规定;另一方面也说明,我国本科小学教育专业在设计课程体系时,将国家教育方针落到了实处,确保了培养的师范生在基本知识素养、科学与人文素养、道德品质和身心素质等方面达到国家要求的基本质量。

同时,仔细分析各校通识必修课程,我们还可以发现A、E、F三所大学在2021版人培方案通识教育必修课程中增加了劳动教育必修学分,这与我国2020年3月26日中共中央国务院颁发《关于全面加强新时代大中小学劳动教育的意见》息息相关。由此可见,我国本科小学教育专业在设计课程体系时始终紧密跟随国家教育方针,紧跟时代步伐,不断随着国家、社会对人才的需要而调整。

其次,不论是师范类专业认证前还是认证后,各校专业教育课程设计的学科（专业）基础课程或专业（学科）核心课程大多相同，体现本科小学教育专业课程体系在个性化基础上的专业性和科学性。

在学科（专业）基础课程中，各校大多选择了教育学原理（各校课程名称不一，但内容一致，大致有教育原理、教育概论、教育学基础）、普通心理学（基础心理学）、课程与教学论、教育研究方法、中国教育史、外国教育史这几门课程。

在专业（学科）核心课程中，师范类专业认证前，各校大多选择了音乐基础（B、C、D、F、G、H 6所高校）、美术基础（B、C、D、F、G、H 6所高校）、小学语文教学研究（各校名称不一，但内容相同）（A、B、E、F、H 5所高校）、小学数学教学研究（各校名称不一，但内容相同）（A、B、E、F、H 5所高校）、小学综合实践活动设计（A、B、E、H 4所高校）、小学教育学（B、E、H 3所高校）等课程。

专业认证后，各校大多选择了小学语文教学研究（A、B、C、D、E、F、G、H 8所高校，各校名称不一，但内容相同；其中B大学将其放到了教师教育课程中）、小学数学教学研究（A、B、C、D、E、F、G、H 8所高校，各校名称不一，但内容相同；其中B大学将其放到了教师教育课程中）、小学综合实践活动设计（A、B、D、E、F 5所高校）、现代汉语（B、C、D、G 4所高校）、教师职业道德（B、C、D、F 4所高校）、班级管理与实践（A、C、D、F 4所高校）、初等数论（C、D、G 3所高校）、儿童文学（B、C、H 3所高校）、教育测量与评价（A、C、D 3所高校）。

可见，无论是在师范类专业认证前还是认证后，小学语文教学研究、小学数学教学研究和小学综合实践活动设计这三门课程都是本科小学教育专业设计学科（专业）核心课程的必选课程，反映本科小学教育专业在设计课程体系时，将培养学生具备小学语文、数学学科教学基本知识和能力作为了基本要求。

再次，我国本科小学教育专业课程形式结构均体现了"多学科"或"全科"的小学教师培养目标。对照各校课程体系，可以发现：除了在专业（学科）核心课程中有小学语文和数学教学研究课程外，在专业方向（语文、数学等方向）课程中均还包含其他多学科的设计。课程体系显示的具体学科方向见表4-4。

表4-4 案例高校小学教育专业学科教育方向课程表

课程类型	案例高校	A	B	C	D	E	F	G	H
学科方向必修课	认证前	语文、数学	理科、文科	语文、数学、艺术	学术型、应用型（语文、数学）	语文、数学、英语、科学	语文、数学	语文、数学	语文、数学、英语、科学、品德、艺术
学科方向选修课		艺术、信息	科学	英语	综合实践	学科教学、教育管理、艺术技能	英语、综合实践	音乐、体育、美术、科学、英语	—
学科方向必修课	认证后	语文、数学、信息、艺术、科学	语文、数学	语文、数学、综合实践	语文、数学、英语、科学	语文、数学、英语、科学	语文、数学	语文、数学、英语	语文、数学、英语、体育
学科方向选修课		艺术、综合实践	德育、科学	音乐、英语、STEM、综合实践	学术型、应用型	学科教学、教育管理、艺术技能	科学、体育、特教、英语	音乐、美术、体育、科学	科学、道法、艺术、综合实践

最后，我国本科小学教育专业在教师教育类课程或实践课程模块大多设计了教师口语、书写技能、简笔画、音乐基础、美术基础、舞蹈基础、课件制作、微格教学等课程，反映我国本科小学教育专业特别重视学生作为未来小学教师应具备的综合素养。在前面讨论专业（学科）核心课程时，提到旧版人培方案专业（学科）核心课程中都设计的音乐基础、美术基础课程，在新版人培方案中大多调整到了教师教育课程或实践课程（艺术模块、教师技能模块）中。这也表明在师范类专业认证后，我国本科小学教育专业在教师教育类课程方面不断的改革创新，不仅突破了传统的老三门（教育学、心理学、学科教学法）课程，还开设了丰富多样且实用性较强的教师职业技能修炼课程，为学生打下扎实的教师职业基础，体现本科小学教育专业在设计课程体系时注重了课程内容的基础性和实践性。

综上可知，我国本科小学教育专业课程形式结构体系在简洁、灵活、多样化的基础上也存在一定的统一性，既重视学生作为大学生应具备的社会要求的基本知识、基本能力和基本素养,也重视学生作为未来小学教师应具备的基本知识、基本理论和基本能力的养成。

第三,师范类专业认证后,我国本科小学教育本科专业课程体系体现了"以学生为中心"主导下的"学生中心、学科中心、社会中心"三者融合的课程设计价值导向。

首先,师范类专业认证后,我国本科小学教育专业本科课程体系的设计体现了"以学生为中心"的价值导向。

对比案例高校师范类专业认证前后本科小学教育专业课程形式结构中各种课程类型的学分及比重(表4-3),可以发现有一些相同的变化或趋势。

一是大多数高校存在减少课程体系总学分的趋势。8所案例高校,有6所(A、B、C、D、F、H)学校调减了总学分,而且有3所学校减少的总学分超过10学分。比如,C大学减少了27.5学分,H大学减少了14.5学分,F大学减少了12学分。另外2所大学,1所高校(E大学)的总学分不变;另外1所高校(G大学)的总学分略有增加。具体如表4-5所示。

表4-5 案例高校小学教育专业总学分变化表

案例高校	A	B	C	D	E	F	G	H
专业认证前人培总学分	166	156	187.5	175	160	180	167	174.5
专业认证后人培总学分	165	151	160	170	160	168	170	160
学分变动	−1	−5	−27.5	−5	0	−12	+3	−14.5

二是大多数高校存在减少必修课程学分、增加选修课程学分的趋势。8所案例高校,有6所(B、C、D、F、G、H)学校调减了必修课程学分,最高的(H大学)减少了32.5学分,F大学减少了16学分,D大学减少了10学分,C大学减少了9.5学分等。具体如表4-6所示。

表4-6 案例高校小学教育专业必修课程学分变化表

案例高校	A	B	C	D	E	F	G	H
专业认证前必修课程学分	116	128.5	139.5	137	103	143	141	152.5

续表

案例高校	A	B	C	D	E	F	G	H
专业认证后必修课程学分	139	123	130	127	116	127	140	120
学分变动	+23	-5.5	-9.5	-10	+13	-16	-1	-32.5

在设计选修课程时，各校不仅增加了不同的学科方向供学生选择，即除语文、数学外，还设计了英语、科学等学科方向，同时丰富了专业选修课程的内容，关注了学生作为小学准教师应具备的书写、绘画、音乐、舞蹈、阅读、写作等基本知识和能力等方面。另外，还有的学校设计了学术型、应用型、交叉复合型、创新创业型模块（D大学）或小学教育管理、小学艺术技能教育模块（E大学）等供学生选择，兼顾了不同学生个性化发展的需求。

三是大多数高校存在减少理论课程学分，增加实践课程学分的趋势。8所案例高校，有6所（C、D、E、F、G、H）学校调减了理论课程学分，最高的（C大学）减少了15.88学分，H大学减少了15.5学分，F大学减少了9.5学分等。具体如表4-7所示。

表4-7 案例高校小学教育专业理论课程学分变化表

案例高校	A	B	C	D	E	F	G	H
专业认证前理论课程学分	116	98	128.75	126	109	125	126	123.5
专业认证后理论课程学分	120	108	112.87	123	102	115.5	125	108
学分（比重）变动	+4	+10	-15.88	-3	-7	-9.5	-1	-15.5

四是大多数高校都有增加通识教育课程比重的趋势。具体如表4-8所示。

表4-8 案例高校小学教育专业通识课程学分变化表

案例高校	A	B	C	D	E	F	G	H
专业认证前版通识课程学分及占总学分比重	55 33.1%	45 29.0%	46.5 24.8%	55 31.4%	46 28.8%	43 23.9%	48 28.8%	39.5 22.6%

续表

案例高校	A	B	C	D	E	F	G	H
专业认证后版通识课程学分及占总学分比重	59 35.8%	50 33.1%	49 30.6%	52 30.6%	47 29.4%	45 26.8%	55.5 32.6%	41 25.6%
学分变动及学分占比变化	+4 +2.7%	+5 +4.1%	+2.5 +5.8%	−3 −0.8%	+1 +0.6%	+2 +2.9%	+7.5 +3.8%	+1.5 +3%

各校通识教育模块中选修课程的课程类型越来越多样化，有的学校包括人文社会科学、自然科学、教育、文体艺术、创新创业五大系列，有的学校包括科学与生命、历史与文化、公民与社会、艺术与审美、哲学与道德、教育与人生六大模块，有的学校还与时俱进设计了四史类（党史、新中国史、改革开放史、社会主义发展史）课程等。此外，在通识选修课程中亦强调通识教育核心课程的选择学习，体现了各校对学生核心素质、综合素养的重视。

从第三章对各种课程类型之间关系的分析可知：师范类专业认证后，各校本科小学教育课程体系设计时存在"总学分减少；必修课程学分减少，选修课程学分增加；理论课程学分减少，实践课程学分增加；通识教育课程学分增加，专业教育课程学分减少"的趋向，表明师范类专业认证后，我国本科小学教育专业课程体系设计秉持的是"以学生为中心"的价值导向。课程体系的设计体现出高度关注学生、尊重学生个性化发展的需要，努力为学生实践能力的培养、自主学习、自主思考留出一些时间而做出的变革。这些变革与我国师范类专业认证所倡导的"学生中心"理念、《普通高等学校师范类专业认证工作指南》小学教育专业认证标准解读（第二级）3.2[课程结构]要求的"增加课程的选择性，着重培养学生教育教学实践能力和自主学习的意识"的导向一致。

其次，我国本科小学教育专业的课程体系在师范类专业认证前后都是围绕"学科（知识）中心"来组织课程的。

各校本科小学教育专业在课程体系修订时做的增增减减的工作，反映的就是对小学教育专业框架下各类知识的筛选问题。知识是"全人类认识的结晶"[1]，是学校一切课程内容来源的基础。"事实上，学校的课程就是由于人类传递和传播文化科学知识及信息的需要而产生的"[2]，传承知识是学校教育的基

---

[1] 中国大百科全书《哲学》编委会. 中国大百科全书·哲学[M]. 北京：中国大百科全书出版社，1987：1169.

[2] 顾书明. 课程设计与评价[M]. 南京：南京大学出版社，2015：118.

本功能之一。随着科学的进步，人类社会日新月异，新知识不断涌现，知识从来没有任何一个时候像现在这样复杂多样，人们穷其一生也难学习穷尽，因此，学校（课程组织者）只能尽力将他们认为最重要或最有价值的知识选入学校课程体系中。

从各校培养目标提出的培养"掌握扎实的小学教育基础知识，具备较强的小学课堂教学、班级管理能力""全面的专业素养、扎实的专业技能和持续的发展潜力，胜任小学教育教学、科研与管理工作""扎实的学科专业素养和教学能力、较强的班级管理和综合育人能力""知识广博、能力全面"的"卓越的"或"优秀的"教师这些语句，亦可证明：学科（知识）中心也是我国本科小学教育专业课程设计重要的价值取向。

最后，我国本科小学教育专业的课程体系在师范类专业认证前后都秉持了"社会中心"的价值导向。

追溯历史可知，我国本科小学教育专业课程体系的设计始终与社会的发展需求紧密联系。世纪之交，我国本科小学教育专业增设的初衷就是回应社会对高质量小学教师的需求。我国本科小学教育专业课程体系的变革不仅是服务学生、紧跟学科知识更新和完善的过程，更是课程体系主动适应社会变革、发展的过程。任何一次本科小学教育专业课程体系的调整都是以"为社会培养合格的、卓越的、优秀的小学教师"为导向来选择安排课程的，师范类专业认证"产出导向"理念强调的也正是这一点。

从各校办学定位和培养目标中提出的建成"国家需要、社会认可、人民满意""为基础教育和区域经济社会发展提供更强大的人才和技术支撑""为我国师范教育事业和地方经济建设社会发展作出更大贡献""提升发展水平和服务地方能力""主动适应基础教育改革发展需要与新时代教师队伍建设需求"等语句，都可证明我国本科小学教育专业在课程设计之初就充分考虑了课程的社会服务功能，紧紧围绕社会的需求来设置课程。

综上可知，师范类专业认证后，我国本科小学教育专业课程体系从实质结构而言，体现的是"以学生为中心"为主导下的"学生中心、学科中心、社会中心"三位一体的课程设计价值取向。通过对师范类专业认证前后本科小学教育专业课程体系文本的比较分析可知，我国大学本科教师教育课程体系形式结构的改变，其实是受我国大学本科教师教育课程体系实质结构价值取向的指引。当前，我国大学教师教育课程设计密切关注学生发展的需求、社会发展的需要和学科发展的新动态，力求兼顾学生中心、社会中心和学科（知识）中心，在三者间取得平衡，以期充分发挥教师教育课程体系的整体功能。

第五章　专业认证背景下教师教育课程评价

剖析现代大学的基本"产品"不外乎两个，即"课程"和"学生"。从大学的社会功能来看，学生是终极"产品"，课程是实现学生"产品"生产的手段；从大学内部来看，学生所"消费"的产品都是以课程为载体所构成的资源要素组合。[①]课程的质量决定了学校培养的人才的质量。

从1998年我国第一批本科小学教育专业建立到现在，本科小学教育专业在我国已经经历了二十多年的发展历程，为我国基础教育培养了一大批具有本科学历的小学教师。我国本科小学教育专业亦在此过程中形成了自己独特的课程体系，呈现灵活、弹性、多样化的特征。但我国本科小学教育专业培养的人才质量究竟如何？在师范类专业认证的背景下，其课程体系中有哪些值得肯定或保留的地方？还存在哪些问题需要解决或改进？值得我们进一步探究。

本章将依据师范类专业认证"产出导向"理念所倡导的"以师范生的学习效果为导向"来检验教师教育课程体系的成效。因此，本章将通过问卷调查和访谈来获知用人单位对本科小学教育专业毕业生、本科小学教育专业毕业生对自己学习效果的评价，最终得知本科小学教育专业课程体系实施的成效。

一、本科小学教育专业课程体系获得普遍认可

通过基础教育小学段部分管理层对本科小学教育专业毕业生、本科小学教育专业毕业生对自己学习效果的评价和麦可思公司对A校本科小学教育专业毕业生的调查可知，我国本科小学教育专业较好地达成了师范类专业认证标准中的毕业要求，培养的学生获得了基础教育小学管理层的高度认可，其课程体系也受到了本科小学教育专业学生的一致好评，经受住了实践的检验。

---

① 徐同文.大学课程设计[M].北京:教育科学出版社,2011:3-4.

（一）本科小学教育专业较好地达成了师范类专业认证的毕业要求

"毕业要求部分集中体现产出导向的基本理念，符合国家对师范类专业人才培养的质量要求，是整个认证的核心，具有承上启下的作用。"①《普通高等学校师范类专业认证实施办法（暂行）》小学教育专业认证标准（第二级）在"毕业要求"下提出了"践行师德、学会教学、学会育人和学会发展"4个维度，对应"师德规范、教育情怀、学科素养、教学能力、班级指导、综合育人、学会反思和沟通合作"8个二级指标。从麦可思公司对 A 校 2019 届、2020 届两届本科小学教育专业毕业生的调查来看，本科小学教育专业毕业生对本科小学教育专业的培养目标和毕业要求清晰明了（具体见表 5-1），因此学生也较好地达成了师范类专业认证中的毕业要求（具体见表 5-2）。

表5-1　本科小学教育专业毕业生对培养目标各方面及毕业要求了解度

序号	调查项目	调查具体内容	2019 届毕业生总体了解度	2020 届毕业生总体了解度
1	毕业生对培养目标各方面的了解度	就业的行业和职业	93%	94%
		毕业时应具备的能力	94%	94%
		培养定位	91%	89%
		毕业 3～5 年后的职业成就和定位	81%	85%
2	培养目标总体了解度	毕业生对培养目标的总体了解度	94%	97%
3	毕业要求了解度	本科小学教育专业毕业生对毕业要求了解度	93%	98%

从表 5-1 可知，2019 届、2020 届这两届本科小学教育专业毕业生对培养目标的总体了解度在 94% 以上，对毕业要求了解度在 93% 以上，且毕业生对培养目标各方面的了解度呈上升趋势。由此可见，本科小学教育专业在培养学生时，不仅努力做到及时让每一届学生知晓专业的培养目标和毕业时应达到的要求，还不断改进工作，让更多学生能清楚地知道大学四年自己究竟该做什么、怎么做，方能达到毕业要求，导向性、指引性清晰明了，故而学生各项毕

---

① 教育部教师工作司,教育部高等教育教学评估中心.普通高等学校师范类专业认证工作指南（试行）[EB/OL].https://sls.nxu.edu.cn/info/1185/5943.htm.

业要求达成度很高。

表5-2 本科小学教育专业毕业生各项毕业要求达成度

序号	本科小学教育专业毕业要求	具体内容	2019届毕业生总体达成度（%）	2020届毕业生总体达成度（%）
1	师德规范	我熟悉社会主义核心价值观的内容并能外化为行动	100	100
		我遵守职业规范，能够严于律己、以身作则	100	100
		我关爱学生，不会区别对待	100	100
		我理解"四个自信"的核心内涵并将其作为职业理念	98	99
		我树立了成为"四有"好老师的职业理想	97	100
2	教育情怀	我尊重学生人格，能够因材施教	100	100
		我认同教师是学生学习的促进者和引导者	98	100
		我会保持耐心、细心和责任心，尽量把工作做到更好	98	100
		如果重新选择，我仍会从事教师工作	97	100
		我经常参加各类人文科学、艺术主题的活动或讲座	98	100
	2020届增加内容	我会通过阅读、参加文化艺术活动等方式来提高自身人文素养	—	94
		我会用科学的方法分析和解释观察到的现象，形成科学思维	—	94
3	学科素养	我掌握了人文与科学等通识知识	96	99
		我能够运用专业知识分析和解决实际教学问题	93	98
		我掌握了主教学科的基本知识、基本技能和思想	93	99
		我掌握了兼教学科的基本知识、基本原理和技能	91	100
		我能够整合主教学科与其他学科的知识进行教学	89	97

续表

序号	本科小学教育专业毕业要求	具体内容	2019届毕业生总体达成度（%）	2020届毕业生总体达成度（%）
4	教学能力	我能够运用信息技术手段实施课堂教学	96	100
		我能够为学生创造良好的学习环境	95	97
		我能够进行教学设计、实施和评价	95	97
		我掌握了教育研究的基本方法	91	97
		我了解任教学科的课程标准和最新政策	90	97
	2020届增加内容	我能够熟练使用信息技术优化教学方法	—	96
		我能够根据学生的特点确定教学方法与策略	—	94
		我能够进行教育研究和创新	—	92
5	班级指导	我能够在教育工作中应用德育的基本方法	93	98
		我能够通过建立秩序与规则来建设和管理班集体	93	98
		我了解小学生身心发展和教育规律	93	98
		我能够组织与指导德育和心理健康等相关活动	89	99
		我能够胜任小学班主任工作	89	94
	2020届增加内容	我能够营造和谐的班级环境	—	100
		我掌握了班级组织与建设的工作规律和基本方法	—	98
		我掌握了班级管理的原理与要点	—	96
6	综合育人	我能够在教学设计中融入德育元素	98	100
		我能够通过学科教学引导学生树立正确的人生价值观	98	100
		我了解综合育人的规律和方法	94	100
		我能够通过主题教育、少先队活动等进行综合育人	93	98
	2020届增加内容	我能够整合学科知识、德育主题活动和社团活动进行综合育人	—	98
		我能够设计多样化的学习活动来培育学生的品德和行为习惯	—	96
		我掌握了综合育人的规律和方法	—	96

续表

序号	本科小学教育专业毕业要求	具体内容	2019届毕业生总体达成度（%）	2020届毕业生总体达成度（%）
7	学会反思	我能够在课后回顾、反思自己的教学行为，不断改进教学方法	98	98
		我掌握了教师专业发展的基本知识	98	100
		我能够运用批判性思维分析与解决实际教学问题	96	96
		我能够对自己的职业学习和生涯进行初步规划	96	95
		我了解国内外基础教育改革发展动态	89	93
	2020届增加内容	我能够持续深入学习任教学科相关知识与技能	—	96
		我能够进一步探索新奇的事物和观点，创新教学方法	—	96
		我能主动了解任教学科在国内外发展前沿并服务于教学	—	87
		我能够明确制定学习计划和职业发展规划	—	86
8	沟通合作	我能够经常与学生沟通，帮助解决生活和学习中的问题	97	—
		我掌握了与家长有效沟通的技能，能够了解和反馈学生成长状况	95	99
		我能够适时与学校领导和同事沟通工作情况	94	—
		我参加过小组互助和协作学习活动，并有所收获	92	99
		我掌握了与社区有效沟通的技能，能够结合社区文化扩展教育内容	79	—
	2020届增加内容	我在团队中会发表自己的观点，具有团队协作能力	—	94

说明："—"表示麦可思调查没有此项数据。由于我国《普通高等学校师范类专业认证实施办法（暂行）》于2017年10月26日颁发，因此麦可思对A校2018届毕业生的调查没有关于毕业要求达成度这一项；且由于麦可思对A校2021届的调查要等到2022年9月才出来，故本研究选取了麦可思对A校2019届、2020届两届本科小学教育专业毕业生调查的数据。

从表 5-2 可知，A 校 2019 届、2020 届本科小学教育专业毕业生较好达成了毕业要求中各项指标；相较而言，2020 届比 2019 届达成情况更好。两届学生在师德规范和教育情怀方面达成情况最好，都在 97% 以上；其他六个方面达成度稍低，但基本上也都在 89% 以上。可见本科小学教育专业在设计课程时，较好地将师德理论、师德认识等内容转化到了课程中，在帮助"师范生成长为思想政治信念坚定、职业发展目标明确、具有立德树人理念、理解依法执教内涵，认同师德规范并能在专业实践中积极践行的新时代好教师"①方面发挥了应有的作用。

（二）本科小学教育专业毕业生获得小学管理层普遍认可

通过对基础教育小学管理层的访谈可以发现：我国本科小学教育专业培养的教师得到了用人单位的一致认可。访谈的 23 位管理人员普遍认为小学教育专业毕业的教师相比非师范类教师，具有更扎实的专业基础和业务能力，在个人基本功、专业能力、班级管理等方面上手更快，通过校本培训后进步更明显；但与别的师范生区别不大，都能较好地完成工作任务。代表性调查结果具体如下。

小学 2 副校长 B：①由于我校近三年招录应届毕业生数额较少，每年至多 1 个，比例数大约不到 20%，今年就没有。②我校 A 校毕业的新教师有几位，但小学教育专业的不多，与非师范生比较起来，他们在个人基本功、专业能力、班级管理等方面上手更快，通过校本培训的进步更明显。

小学 1 副校长 A：学校近五年招进小学教育专业的教师一共有 3 名，目前来看，与别的师范生区别并不太大，都能较好地完成工作任务。

小学 3 主任 B：近三年招聘的新教师多，但不局限于小学教育专业毕业的学生，小学教育专业的学生会有两三个，占 10% 左右。小学教育专业的新教师教学能力比较优秀，与非师范生的相比，优势在于备课和上课的方面，上手快。

小学 4 副校长 C：今天我统计了 2019、2020、2021 年我校新进应往届毕业生情况。三年合计进来 32 人，其中小学教学教育专业 3 人；教育学专业 4 人；体育教学专业 3 人；其余为非教育教学类专业。从这些年轻教师日常表现与成长效度看，小学教育、教育学和体育教学毕业教师的教学上手较快，能在

---

① 教育部教师工作司,教育部高等教育教学评估中心.普通高等学校师范类专业认证工作指南（试行）[EB/OL].https://sls.nxu.edu.cn/info/1185/5943.htm.

短时间内适应工作，管理班级和组织学生方法较多，其中教育学专业的几位教师科研能力较强（都是研究生）。非师范生在组织学生和班级管理方面能力稍弱。

小学 5 校长 C：小学教育的毕业生在教育理念上是明显有优势的，从课堂上看，亲和力会很好，气氛也会比较好。

小学 8 副校长 E：我们学校近四年招录小学教育专业比例的新教师 30 人，占比 33.3%。小学教育专业的新教师在教育教学方面能够更快适应教师角色，更快适应课堂教学，他们在教学和班级管理方面也能更快适应。

小学 9 副校长 F：我校现有 210 名教师，A 校毕业的有 25 名，占比相对较高。其中小学教育专业的 3 名；其他学校毕业、小学教育专业的有 4 名。小学教育专业的新教师与其他师范教师相比，综合素质高，教育教学能力较强，班级管理方面比较突出。与非师范类教师相比，小学教育专业的教师具有更扎实的专业基础和业务能力。

小学 7 校长 E：小学教育专业的新教师有一定的职前教育教学经验，入职后能较快胜任教学工作，一年后能站稳讲台，比起非师范生，具有较大的优势。

小学 13 校长 H：我校近三年未招小学教育专业的新教师，前五年招的师范生与非师范生教师相比，在课堂组织教学、与学生沟通方面比较强。

小学 12 校长 G：这几年我们招收的新教师中小学教育专业的并不多，没有具体统计，估计十分之一。教育专业与非教育专业的教师刚入职的时候是有一定的差距的，时间长了以后，非教育专业的教师如果努力且能力强，是可以做得很好的。

通过上述我国部分小学管理层对小学教育专业毕业的教师与其他类师范生教师、非师范生教师的对比可以看到，我国基础教育小学管理层对本科小教专业毕业的教师持肯定态度，认为他们同非师范生教师相比，在教育理念、班级管理和教学上上手更快，能更快站稳讲台，具有先天优势。特别是小学 8，近四年招收的新教师几乎有三分之一毕业于本科小学教育专业。这表明我国本科小学教育专业培养的教师是合格的，其课程体系的调整是有成效的。

从调查中也可发现，小学管理层认为小学教育专业毕业的教师与其他类师范生教师相比，差别不大。这也表明我国教师教育培养的教师获得了小学管理层的认可（如小学 1 副校长 A 的评价）。

另外，从小学 14 副校长 I（省示范小学）"我们因大学对附小招聘教师的学历要求，近三年未招录小学教育专业的毕业生"；小学 17 副校长 K（省示范小学)"本科师范生不多,聘请的研究生、985学校的多一些,对学历要求高一些"二位副校长的回答,我们亦可看到,在一些好的城市、好的小学,对高学历教师的需求。

(三)本科小学教育专业课程体系获得毕业生普遍认可

学生是课程的使用者,工作后,学生会根据工作实际情况评判自己所学的专业知识是否有用。根据麦可思对A校2018届、2019届、2020届三届毕业生的相关调查和本研究对A校2020届、2021届两届毕业生的调查可知,本科小学教育专业课程体系获得了毕业生较高程度的认可。

首先,从事工作与所学专业相关的比例可以反映毕业生"学有所用"的情况,是反映专业就业质量与专业培养目标达成效果的重要指标。根据麦可思对A校本科小学教育专业2018届、2019届和2020届三届毕业生从事工作与专业相关度的调查显示,本科小学教育专业学生毕业后大多从事小学教师工作,比例高达95%以上,表明本科小学教育专业培养目标达成效果不错。

其次,就业岗位适应性可以反映毕业生在工作能力、知识储备和职场素养等方面的准备情况。麦可思公司的调查显示A校2019届、2020届两届毕业生反馈就业岗位适应性均在94%以上,这一方面说明本科小学教育专业毕业生的工作能力、知识储备和职场素养等方面与就业市场的契合度较高,另一方面也表明本科小学教育专业毕业生对本科小学教育专业课程体系的认可,毕业生认为大学期间所学的专业知识发挥了作用。具体数据见表5-3。

表5-3 本科小学教育专业毕业生工作相关度、岗位适应性调查

序号	本科小学教育专业毕业生调查项目	毕业生2018届	毕业生2019届	毕业生2020届
1	毕业生的工作与专业相关度(从事教师工作)	96%	97%	95%
2	就业岗位适应性	—	95%	94%

说明:"—"表示麦可思调查没有此项数据。

最后,根据本科小学教育专业毕业生在实际工作中体验到的与非小学教育专业的师范类新教师的差别可知,毕业生对本科小学教育专业课程体系的认可度较高。本研究问卷调查了A校2020届(41人)、2021届(50人)本科小学教育专业共91位新教师,有85人认为小学教育专业新教师与非小学教育

专业新教师在教育教学上有差别,比例为92.3%。其中2020届第38位被调查者表示"没有多大差别",但在填写"具体说明差别在哪"一栏时,表示"差别在于教学经验,小学教育专业的学生还是有一些专业的教学知识";2021届第13位被调查者表示"差别较小",但在填写"具体说明差别在哪"一栏时,表示"小学教育专业对入职后的各项工作更为熟悉和得心应手,因为与大学四年的课程和实践类学习息息相关。小学教育专业教师在课堂上的肢体表现更自然"。故将这二位被调查者都纳入了"认为有差别人数"中。具体数据见表5-4。

表5-4 本科小学教育专业新教师与非小教专业新教师是否有差别统计表

序号	专业	毕业年份	调查人数	认为有差别人数（小学教育优一些）	认为有差别人数（非小学教育优一些）	认为无差别人数（差别不大）	不了解
1	本科小学教育	2020届	41	37+1	0	3	0
2	本科小学教育	2021届	50	44+1	2	2	1
合计			91	83	2	5	1

对于小学教育专业毕业的新教师与非小学教育专业的新教师两者的差别,2020届和2021届两届毕业生普遍(92.3%)认为,小学教育专业毕业的新教师与非小学教育专业的新教师的差别主要体现在教育信念、教育教学等专业知识与能力上。主要观点归纳如表5-5、表5-6所示。

通过表5-5、表5-6可知,本科小学教育专业毕业的新教师对自己所接受的小学教育专业满意的地方主要集中在教育教学理论素养更高、教学更有方法上。2020届分别有22和19人次强调了小学教育专业新教师在教学和教育教学素养方面的优势;2021届分别有15和22人次强调了这两个方面的优势。还有一个值得关注的现象,那就是2021届学生对自己班级管理的满意度上升,这表明A校2017版人才培养方案的调整取得了一定的成效(2021届使用的是

2017版人才培养方案，2020届使用的是2016版人才培养方案）。两届本科小学教育专业毕业生受访者代表性观点如下。

表5-5　本科小学教育专业新教师与非小学教育专业新教师差别具体体现表（2020届38人）

序号	差别具体体现	人次	序号	差别具体体现	人次
1	更容易上手（进入工作状态的速度）	3	5	班级管理更有办法	2
2	与学生沟通（更了解学生）	6	6	基本功上，如三笔字	2
3	教学（较多的教育教学方法、教姿教态、授课语言、组织教学等）	22	7	教育教学信仰、对教育教学热情高，埋怨更少	2
4	较好的教育教学素养（教学理念、对教材、课标更熟悉）、教学专业理论知识与能力（课程设计）等	19			

表5-6　本科小学教育专业新教师与非小学教育专业新教师差别具体体现表（2021届45人）

序号	差别具体体现	人次	序号	差别具体体现	人次
1	更容易上手（进入工作状态的速度）	8	5	班级管理更有办法	12
2	与学生沟通（更了解小学生）	9	6	基本功上，如三笔字	3
3	教学（较多的教育教学方法、教姿教态、授课语言、组织教学等）	15	7	教育教学信仰、对教育教学热情高，埋怨更少	2
4	较好的教育教学素养（教学理念，对教材、课标更熟悉）、教学专业理论知识与能力（课程设计）等	22			2

2020届第3位受访者：小学教育专业的教师和非小学教育专业的教师的差别体现在教学上，小学教育专业的教师大多能够运用较多的教育教学方法，在教学中能够体现学生的主体性，有着较好的教育教学素养。

2020届第11位受访者：班级管理方法上，小学教育专业的教师会更有办法；对教育教学的热情更高；教学上对教材、课标更熟悉。

2020届第14位受访者：小学的工作很琐碎，但小学教育专业的毕业生会比其他专业的毕业生更能捕捉到儿童的闪光点，能用发展的眼光看待每一个孩子，更易获得职业幸福感。小学教育专业的毕业生与学生的相处是建立在尊重、民主的基础上，遇到矛盾和冲突时能蹲下来和学生平等对话。

2020届第19位受访者：课堂组织方面。如非教育专业的很多人并不知道组织学生的一些小口令，缺乏对学生的心理特征和年龄段特点的把握。

2021届第1位受访者：教姿教态、解读文本的能力、家校沟通的能力。第9位：在专业知识、教姿教态方面，小学教育专业的同学知识更丰富，教姿教态更标准。第13位：小学教育专业的学生对入职后的各项工作更为熟悉和得心应手，因为与大学四年的课程和实践类学习息息相关。小学教育专业的教师在课堂上的肢体表现更自然。

2021届第4位受访者：小学教育专业的教师在课堂教学及班级管理方面更有技巧，适应能力更强。第5位受访者：小学教育专业的教师班级管理上会更占优势，综合能力较强，不"偏科"，能更快适应工作。第20位：小学教育专业的教师是经过了专业的系统的学习，所以对小学生的生理和心理都是非常了解的，相较于一些非小学教育专业教师会专业许多，如在对学生的管理方式上，对课堂的整体把控，对课堂学习效率的追求，对各种活动的组织能力等方面都有一定差别。第21位：小学教育专业教师会更多地关爱学生、关心学生心理。第27位：小学教育专业的教师对小学学生的身心规律会更熟悉些，会运用一些方法进行妥善处理。第37位：小学教育专业的学生接手新班后能很快适应教学和班级管理的节奏。

2021届第17位受访者：在教育上，非小学教育专业的教师在班级管理与学生引导方面不能得心应手，面对一些情况如学生纪律散漫、行为习惯培养等，由于缺少相关实习经验，常常表现为不知所措。虽然小学教育专业的新教师经验也相对缺乏，但面对突发问题时，解决思路更清晰，更有条理。在教学上，非小学教育专业的教师教学重难点把握不够准确，不能够很好地关注学生的心理特点，做到以生为本，而小学教育专业的教师更善于把握教学环节，调动学生的学习积极性。

2021届第29位受访者：同样是新入职教师，非小学教育专业的教师在教学方法及课堂掌控上能力较弱，小学教育专业的教师能更快速地适应教师工作，在授课、说课、评课过程中会更有的放矢。

2021届第44位受访者：我认为差别体现在小学教育专业的教师更清楚课标、教材、学生对于教学的重要性，对教育教学持有更高的敬畏感，从而保持更谦逊的学习态度，在经验方面更愿意去听取意见、吸收学习。

可见，我国本科小学教育专业课程体系获得了本科小学教育专业毕业生的高度认可，表明我国本科小学教育专业的课程体系基本上是适切的，其课程体系的调整是有成效的。

另外，在2017年我国师范类专业认证开始后，湖北省新增了2所举办本科小学教育的高校。一所是湖北民族大学，2019年9月其本科小学教育开始招生；一所是湖北大学，2021年9月举办小学教育专业。这在一定程度上表明国家、社会、家长和学生对本科小学教育专业的认可。

综上可知，我国本科小学教育专业能够按照小学教师专业标准、教师教育课程标准和师范类专业认证课程要求设计课程，课程内容体现了小学教育的专业性，注重了课程内容的实用性和科学性，从而得到了用人单位和小学教育专业学生的高度认可。

二、本科小学教育专业课程体系评价窥见的问题

二十多年来，我国本科小学教育为我国基础教育培养了一大批高学历的小学教师，成绩不言自明，其课程体系的效果有目共睹。但是，从小学管理层和毕业生的评价亦可发现我国本科小学教育在课程文本、课程实施效果上还有改进空间。

（一）课程文本评价：在厘清几对课程类型之间的关系上还需努力

通过基础教育小学管理层和A校毕业生对本科小学教育专业的评价可以发现，本科小学教育专业并未厘清其课程体系间几对课程类型之间的关系，在此方面还有努力空间。

1. 未厘清显性课程与隐性课程之间的关系

师范类专业认证后，我国本科小学教育专业课程体系存在总学分（显性课程）减少的趋势。但值得课程设计者思考的问题是：总学分（显性课程）的减少是否能达到改革者预期的目标——学生有更多自主学习、自我体验、自我生长的时间？

通过对A校2020届和2021届两届学生的调查发现，一定范围内显性课程学分的多少对学生的影响并不明显。

A校2020届本科小学教育专业学生使用的是2014版的人才培养方案，要求修满151个Ⅰ类学分、15个Ⅱ类学分，总计166个学分，方能毕业。2021届使用的是2017版的人才培养方案，要求修满156个Ⅰ类学分、10个Ⅱ类学分，总计166个学分，方能毕业。Ⅱ类学分主要是学生参加各类职业资格证书

考试、学科竞赛、文体竞赛、社会实践与创新创业活动、发表学术成果等被学校认可认定的学分。对照显性课程与隐性课程的定义可知，A校Ⅰ类学分属于显性课程学分，Ⅱ类学分属隐性课程学分。具体调查结果见表5-7。

表5-7　A校2020届2021届本科小教专业学生对总课程体系评价

序号	专业	毕业年份	人培版本	总学分		调查人数	总课程多	总课程合适	总课程少	课外时间多	课外时间少	课外时间合适
1	本科小学教育	2020届	2014版	166	Ⅰ类学分 151	41	3人 7.3%	36人 87.8%	2人 4.9%	12人 29.3%	4人 10%	25人 60.7%
					Ⅱ类学分 15							
2	本科小学教育	2021届	2017版	166	Ⅰ类学分 156	50	3人 6%	44人 88%	3人 6%	10人 20%	2人 4%	38人 76%
					Ⅱ类学分 10							
合计						91						

从表5-7可知，2021届相较2020届来说，课程体系显性课程学分增加了5个学分，隐性课程减少了5个学分。但是，调查中，无论是显性课程学分相对少一点的2020届学生，还是显性课程学分相对多一点的2021届学生，学生大多认为总课程合适，课外时间合适，且每届认为"课外时间多"比"课外时间少"的学生多，每届都有学生回答"课外时间多""课外时间少"这两个矛盾的评价。代表性观点具体如下。

2020届第8位受访者：总体上合适，大一大二课程少，课外教学活动不多。第28位受访者：合适，课外接触社会实践较少。

2020届第32位受访者：合适，课外可以多练一些板书，语音语调，注重教师基本能力的培养。第33位受访者：课程合适，课外时间也比较充裕，能够去学习更多的技能。

2021届第2位受访者：总课时合适，课程丰富，完善面高。课外时间可以举行类似结构化面试的问答竞赛。第12位受访者：个人觉得课程量适中，总体课外时间较充足，但考验学生的个人素养。

2021届第22位受访者：比较合适，课外时间应多实践、多研究。课外时间建议可以有更多去学校的经验，因为当了班主任之后发现，只有真正进入课堂走近学生，才能让理论知识具体化。

2021届第23位受访者：课时安排较合理，课外时间可以多一些专业性活动。第31位受访者：合适，课外时间多，没有安排一些拓展性的课程。

可见，我国本科小学教育课程体系在符合国家相关专业课程体系总学分区间的情况下，适当增加或减少总学分（显性课程学分）的意义不大。

各校在设计课程时减少显性课程总学分的初衷，是基于认为大学生能够或有能力安排、处理好学习和生活之间的矛盾，能合理安排自己的业余（隐性课程）时间。但是，一些缺乏自制力、自我管理不严或自我放松要求的学生沉迷于网络游戏、电视剧等的现象在各大学都存在。所以，隐性课程并非都产生积极的作用，有时也会带来消极的影响，甚至与学校及社会的期望不一致。另外，一些高校课程工作者认为，占用学生的课外时间是吃力不讨好之事。殊不知，学生对大把的课外时间不知如何处置伤透脑筋，甚至有些学生认为"学校不负责"。其实，课外时间的体验对大学生来说是很重要的一种学习方式，学生希望除了课堂学习，还希望大学能在课外为学生营造更加多元、更多体验的学习环境。因此，各校并没有厘清显性课程与隐性课程之间的关系，存在盲目重视隐性课程的作用，没有加强对隐性课程的建设的问题。

2. 未厘清必修课程与选修课程之间的关系

师范类专业认证实施后，我国本科小学教育专业课程体系存在必修课程学分减少、选修课程学分增加的趋势。但值得课程设计者思考的问题是：增加了课程的选择性，是否就能达到师范类专业认证要求的目标——学生个性化发展、自主学习需求能得到较大程度的满足？

在展开本研究的调查及平时的教学中，笔者发现许多学生或多或少存在选修课程没有必修课程重要的想法。比如，如果有专业课程与选修课程冲突，学生一般会选择去上专业课程，选修课程要么请假，要么直接缺课，这种冲突在通识选修课程中表现得更明显。一般情况下课程冲突较少发生，有时因补课或调课会发生冲突。如果选修课程（有时甚至包括专业选修课程）任课教师作业布置得稍微多一点，学生就会抱怨或发牢骚"不就是个选修课嘛"。这一方面说明学生并没有正确对待选修课程，另一方面说明选修课程并没有真正发挥应有的作用，没有引起学生足够的重视。

选修课程出现的初衷，是为赋予学生自由选择专业、课程的权利，满足学生个性化发展的需要。其前提是学生知道所学专业的学习目标，知道自己该选择什么课程。但现实的情况是，一些学生对自己的发展、定位不明确，一些学生在选课过程中存在趋利避害的非理性行为等。比如，"有的学生选课零散杂乱，不成体系；有的学生过度集中在某个领域，视野狭窄；课程体系支离破碎，大学更像集贸市场而不是培育英才的摇篮"[1]，学生的"浅学现象"严重，甚至出现社会共同价值观的丧失。另外，还有些本科小学教育专业不考虑学校课程特色、不顾学校资源的有限性而盲目开设选修课程，忽视社会对小学教师培养的基本要求，忽视教师对学生必要的引导，开出的选修课程没有实际价值。

针对学生不知道如何选择适合自己的课程，或选择的课程太浅，或选择的课程造成共同价值观的丧失等现象，许多举办本科小学教育专业的高校并没有很好的应对措施或是没有较好的解决办法，配套制度跟不上或形同虚设。比如，当前我国绝大多数本科小学教育专业的导师制流于形式，没有发挥实质性作用；有的小学教育专业甚至没有实行导师制。同时，我国绝大多数本科小学教育专业在课程管理上实行的是学分制管理，但是在学生管理上又实行的是学年制管理（基于专业班级按学年管理学生），这与不受学年、院系、专业限制的学分制存在冲突，导致选修课程制度不能真正发挥其应有的功效。

同时，仔细分析记录各校必修课程学分变化的表4-6，还可发现：虽然师范类专业认证后，我国本科小学教育专业课程体系存在必修课程学分减少、选修课程学分增加的趋势，但在实际操作中有些学校的课程体系并非如此，具体见表5-8、表5-9。

表5-8 案例高校小学教育专业必修课程学分、比重变化表

案例高校	A	B	C	D	E	F	G	H
专业认证前必修课程学分及比重	116 69.9%	128.5 82.4%	139.5 74.4%	137 72.9%	103 64.7%	143 79.4%	141 84.4%	152.5 87.4%
专业认证后必修课程学分及比重	139 84.2%	123 81.5%	130 81.2%	127 74.7%	116 72.5%	127 75.6%	140 82.4%	120 75%
学分及比重变动	+23 +14.3%	-5.5 -0.9%	-9.5 +6.8%	-10 +1.8%	+13 +7.8%	-16 -3.8%	-1 -2%	-32.5 -12.4%

---

[1] 季诚钧. 大学课程论 [M]. 上海：上海教育出版社，2007:61.

表5-9　案例高校小学教育专业选修课程学分、比重变化表

案例高校	A	B	C	D	E	F	G	H
专业认证前选修课程学分及比重	50 30.1%	27.5 17.6%	48 25.6%	38 27.1%	57 35.3%	37 20.6%	26 15.6%	22 12.6%
专业认证后选修课程学分及比重	26 15.8%	28 18.5%	30 18.8%	43 25.3%	44 27.5%	41 24.4%	30 17.6%	40 25%
学分及比重变动	−24 −14.3%	+0.5 +0.9%	−18 −6.8%	+5 −1.8%	−13 −7.8%	+4 +3.8%	+4 +2%	+18 +12.4%

从表5-8和表5-9可知以下内容。

第一，有两所高校（大学A、E）是必修课程学分在增加，选修课程学分在减少。

第二，有的学校是必修课程学分和选修课程学分同时减少了，如大学C。从课程比重的角度分析，显示必修课程比重增加，而选修课程比重减少，因为总学分减少了。

第三，还有些学校虽然是必修课程学分减少，选修课程学分增加，但从课程比重的角度分析，显示必修课程比重有所增加，选修课程比重有所减少，如大学D，因为总学分减少了。

造成这些问题的原因，关键在于我国本科小学教育专业并没有厘清必修课程与选修课程之间的关系，选修课程还未能真正引起小学教育专业的重视。

3. 未厘清理论课程与实践课程之间的关系

师范类专业认证实施后，我国本科小学教育专业课程体系存在理论课程学分减少、实践课程学分增加的趋势。但值得注意的是，是否只有增加实践课程学分这一举措才能说明课程体系调整关注了学生，给予了学生更多直接体验的机会？

现实的情况是，在本研究对A校2020届（实践学分比重30.7%）、2021届（实践学分比重30.1%）两届毕业生（两届实践课程比重均超过国家《教育学类教学质量国家标准》实践课程比重不低于25%的要求）的调查中，学生均反映"实践较少"。在"回过头来看，你最希望大学开设什么课程，以有助于现在的教育教学工作"这一问题的调查中，几乎所有的毕业生建议（增加）开设的课程是实践类课程。代表性观点具体如下。

2020届第39位受访者：需要更多的实践课程。理论远多于实践课程，教学技能课程少。

2020届第9位受访者：实践类课程像是模拟上课，还有实习见习这样的活动，能够让我们提前熟悉适应教师的工作，也为之后进入这个行业打基础。

2020届第10位受访者：多开设对教材的研读课程。第11位受访者：课标、教材分析；班级管理方法及实践。第13位受访者：一线的教师多回来交流，或者在课堂上多放一些优秀的教学视频，实操的课程安排得多一些。第14位：多邀请一线优秀教师来校分享经验。第15位：多一些下校实践的机会，多接触学生，请一线教师多指点。

2020届第12位受访者：我觉得学校可以增加面试课程，提高学生的自信心，可以增加相应的教案创新课程，教案是教师授课的基础课程，可以提升教师的基本技能和创新培养。大三、大四可增加团建课外课程，大学后半段大家较为繁忙，增加趣味性课程，可以增加同学之间的交流。同时，在必要时候可以增加对教学电子设备的学习，更加基础和实用。比如，excel、PPT基础性软件，以及翻转课堂使用新媒体设备等。对教师的培养不仅仅是专业技能和基础性知识，对教师自身知识储备和综合能力培养也是必不可缺的。如今学生的个人特长也越来越丰富，不再是简简单单的绘画和舞蹈等，但对于教师的个人特长培养暂较为缺失，就我个人而言，综合性特长很缺失，缺少个人才艺。

2021届第1位受访者：多一些实践模拟。第7位受访者：增加讲课类课程，让学生多练，增加见习、实习时间，以便于入职衔接。第10位受访者：课堂的教学实践，比如，如何应对突发状况，如何能将课堂完整、高效地进行下去。第16位受访者：开设教学实践课，在大二下学期或者大三的时候可以加一些实操课，刚好可以与见习课配合起来。第19位受访者：增加课堂教学演练，教学片段展示。第4位受访者：纸上得来终觉浅，我觉得实习的时候的收获是最多的，为走上工作岗位的我提供了很多帮助。因此我最希望大学可以增加实习实践、一线课堂观摩的活动。

2021届第13位受访者：关于如何当好班主任的课程，虽然有这类课程，但那时的体会不深，只是从书本上看到，应该可以有班主任模拟实践类课程，怎样建立班级秩序，怎样处理突发事件等，放到实际情境中模拟。第17位受访者：班主任工作是入职后首先要面对的重点工作，也是协调好家校、各任课老师及学生与学校沟通工作的桥梁。在入职第一年，对于班主任工作这一块还不够得心应手。因此希望大学能开设班主任工作指导相关课程，并能够细化到学生日常行为规范培养、如何有效进行家校沟通等不同板块，同时希望课程能将理论与实践结合起来，结合具体案例或是进行观摩研究，共同探讨班主任工作艺术。第22位受访者：课外时间应多实践、多研究。课外时间建议可以有更多下校的经验，因为当了班主任之后发现，只有真正进入课堂走近学生，才能让理论知识具体化。

但仔细研究各校本科小学教育专业的课程体系可以发现，学生建议开设的课程，其实在各校课程体系中均有涉及，有的课程学分也不低。但为什么学生仍不满意？觉得实践能力发展不足？这就涉及课程的实施问题。教师在上课过程中，照本宣科较多，理论讲得过多，实践活动较少，给学生的体验感不强。根据麦可思公司对A校2018届、2019届和2020届三届学生教学改进需求的调查，正好可以印证这一观点。

在麦可思公司对A校2018届、2019届和2020届三届学生教学改进需求的调查结果中可以发现，学生除了反映实习和实践环节不够外，还反映教师课堂上无法调动学生学习兴趣、让学生参与不够等问题。具体见表5-10。

表5-10 A校2018、2019、2020届三届本科小学教育专业学生教学改进需求表

序号	本科小学教育专业毕业生教学改进需求调查项目	各届毕业生中认可该项需求的人数占比（%）		
		2018届	2019届	2020届
1	实习和实践环节不够	63%	65%	77%
2	无法调动学生学习兴趣	43%	37.5%	36%
3	课堂上让学生参与不够	29%	37.5%	30%

由此可见，本科小学教育专业在课程设计中只拘泥于增加实践课程的学分不太妥当，还应注意改革课程知识传授的方式和形式。

同时，仔细分析记录各校理论课程学分变化的表4-7还可发现：虽然在师范类专业认证后，我国本科小学教育专业课程体系存在理论课程学分减少、实践课程学分增加的趋势，但有些学校在实际操作中并不尽然，具体见表5-11、表5-12。

表5-11 案例高校小学教育专业理论课程学分、比重变化表

案例高校	A	B	C	D	E	F	G	H
专业认证前理论课程学分及比重	116 69.9%	98 62.9%	128.75 68.7%	126 72%	109 68.1%	125 69.4%	126 75.4%	123.5 70.8%
专业认证后理论课程学分及比重	120 72.7%	108 71.5%	112.87 70.5%	123 72.4%	102 63.8%	115.5 68.75%	125 73.5%	108 67.5%
学分及比重变动	+4 +2.8%	+10 +8.6%	-15.88 +1.8%	-3 +0.4%	-7 -4.3%	-9.5 -0.65%	-1 -1.9%	-15.5 -3.3%

表5-12 案例高校小学教育专业实践课程学分、比重变化表

案例高校	A	B	C	D	E	F	G	H
专业认证前实践课程学分及比重	50 30.1%	58 37.1%	58.75 31.3%	49 28%	51 31.9%	55 30.6%	41 24.6%	51 29.2%
专业认证后实践课程学分及比重	45 27.3%	43 28.5%	47.13 29.5%	47 27.6%	58 36.2%	52.5 31.25%	45 26.5%	52 32.5%
学分及比重变动	−5 −2.8%	−13 −8.6%	−11.62 −1.8%	−2 −0.4%	+7 +4.3%	−2.5 +0.65%	+4 +1.9%	+1 +3.3%

从表5-11和表5-12可知以下内容。

第一，有两所高校（大学A、B）是理论课程学分在增加，实践课程学分在减少。

第二，有两所高校（大学C、D）是理论课程学分和实践课程学分同时减少了，因为总学分减少了，且两校实践课程比重在整个课程体系中的比例亦有所降低。

综上所述，我国本科小学教育专业还未厘清理论课程与实践课程之间的关系，其在设计和实施中还有改进空间。

4.未厘清通识教育课程与专业教育课程之间的关系

师范类专业认证实施后，我国本科小学教育专业课程体系存在通识教育课程比重日益增加的趋势，但从各校课程体系还可发现以下情况。

第一，通识教育必修课程几乎都是思政、英语和计算机类的课程，鲜少有才艺和人际交往这类提升学生综合素质修养的课程。

第二，我国许多大学本科小学教育专业通识教育与专业教育课程实施的是"二二式"分段教学，即学生在大一、大二时修读通识教育课程，大三、大四时修读专业教育课程，人为割裂了通识教育与专业教育之间的联系。国外许多大学实行的是"四年一贯制"的课程设计制度，即通识教育、专业教育课程从大一就整体设计，以较早实现通识教育促进专业理解，专业教育促进通识教育学习的良性循环局面。

可见，我国本科小学教育课程设计也未厘清通识教育课程与专业教育课程两者之间的关系。

5.未厘清学科专业课程与教育专业课程之间的关系

相较其他师范类专业大多存在学科专业课程比重高于教育专业课程的情况，作为教育学类专业的小学教育专业，则存在教育专业课程高于学科专业课

程这种独特的情况。造成这种现象的原因，一方面是因为小学教育专业本身就是教育学类专业，其专业属性具有教育性，从而导致其专业教育课程大多具有教育专业课程的性质，以致其学科专业课程偏少；另一方面是因为本科小学教育专业的培养目标定位于培养"全科"或"多学科"的小学教师，这相较专门培养语文或数学教师的汉语言文学专业或数学专业等师范类专业而言，其学科方向课程的设置势必会相对偏少。

在调查中，有少数毕业生和小学管理层谈到了小学教育专业学科知识稍显不足的问题。比如，在对毕业生调查"小学教育专业与其他专业教师的差别"时，2020届第1位受访者提到：对于课程的设计、学生的沟通，小学教育专业毕业的教师在教育能力方面比较突出，但对于相关专业的基础还是稍显不足。第28位受访者：汉语言文学的老师更注重语文专业知识，对教学教法了解较少。第31位受访者：非小学教育专业教师更重知识能力；小学教育专业教师教学语言和表情更多。2021届第26位受访者提道：非小学教育专业的师范生在学科知识上比我们学得更扎实。第31位受访者提道：学科专项性不明显。

在对毕业生调查"入职第一年能力不足之处"时，2021届第3位受访者提道：学科专业性知识。第26位受访者提到：学科知识不够扎实。

在对毕业生调查"回过头来看，你最希望大学开设什么课程，以有助于现在的教育教学工作"时，2021届第5位受访者提道：开设有助于学科知识扎实推进的课程。第26位受访者提道：开设语文学科、数学学科知识类课程，语文方向的课程可以和汉语言文学专业课程相近。第31位受访者：针对学科专项方面的课程。第34位受访者：学科专业知识。第38位受访者：我希望大学开设与学科知识有关的课程，如小学语文方向更多地开设文学类的课程。

小学管理层关于学科知识的建议，代表性人物是小学5校长C，他提到：我们最近一般不招小学教育的毕业生。我们一般招的专业限制以语文为例，汉语言文学或学科教学（语文）。小学教育的毕业生在教育理念上是明显有优势的，从课堂上看，亲和力会很好，气氛也会比较好。但是明显的劣势是对本学科的专业知识掌握浅了一些，不容易把握学科本质。小学教育的毕业生学生观很好，但是学科味道差了一些。建议小学教育应该有明显的侧重方向，比如小学教育（语文）、小学教育（数学）、小学教育（科学）等。其次是在小学教育的基础上，依据方向加深学科专业知识的教育，增加教材教法的内容。

可见，如何厘清学科专业课程与教育专业课程之间的关系，适当平衡学科专业课程与教育专业课程的设置，是我国小学教育专业课程设计者仍需思考的问题。

(二) 实施效果关照：在满足基础教育小学的实际需求上还需努力

我国教师教育产生的根源就在于为基础教育培养、提供师资，那么其课程体系必然与基础教育的需求有紧密的联系。

1. 在满足小学管理层的需求上还需努力

本科小学教育专业的课程体系成效如何，其培养的学生质量怎样？最重要的一个检测手段就来自用人单位——基础教育小学管理层对小学教育毕业的新教师的评价。

本科小学教育专业诞生后，每隔几年（有的学校 2 年，有的学校 3 年，一般不会超过 4 年）其课程体系就会重新修订一次，以实现不同时期课程的作用。但通过访谈可知：我国基础教育小学管理层认为我国本科小学教育专业课程体系虽然总在调整，但好像没有什么实际效果，新教师不足的地方总是集中在三字一话、班级管理和教学能力这几点上。本科小学教育专业应在加强学生教师基本素养、教材教法研究、班级管理（与家长、学生沟通）等方面下功夫。

（1）在培养师范生的专业素养方面还需努力

小学管理层指出：首先，新教师在粉笔字、教学语言、个人才艺等方面还需加强训练。基础教育小学管理层提道，"现在许多师范生的教学语言和书写水平明显不达标。"他们认为，字，特别是粉笔字，是教师的第二张脸；普通话（吸引力）、教学语言是师范生最基本的教学才能，大学必须对师范生这些方面严格要求。而且，许多基础教育小学管理层认为现在的师范生没有以前的师范生多才多艺，之前我国的中师教育在这方面做得非常不错，非常重视师范生的个人修养，注重培养师范生阳光的仪态和自信，经常有朗诵、舞蹈、钢琴或手风琴之类的比赛，现在的大学教师教育缺失了这方面的教育，大学应加强对师范生这方面的训练。师范生只有基本功扎实，才更容易上手，成长得更快，而不能仅满足于学科基本要求。

其次，新教师对教材解读、教材的设置意图、教材之间的关联、重难点等的分析不足，大学亟待加强这方面的训练。基础教育小学管理层认为，本科小学教育专业应开设新课程标准解读、教材解读、学科教学设计等课程，加强备课、上课、说课等环节的训练，让师范生经历"读教材—个人备课—集体备课—试教—评课—反思"这样一个过程，在大学就能写出合格的甚至是优秀的教学设计方案。同时，大学应加强见习（进校教学观察）、实习等环节，以帮助学生能够尽快了解、适应职业需求，胜任本职工作。另外，还有几位小学管理者指出，大学应加强（教育）信息技术（融合）之类的课程。他们认为，现在一般（城市）学校的硬件条件非常好，教师应熟悉新型教学媒体的操作，会制作教学课件，会使用新媒体甄别教学资源等。

最后，新教师在班级管理、与家长沟通方面都有欠缺。本科小学教育专业应加强班主任基本素养、班主任管理艺术（如何与家长、学生、特殊学生沟通）、班级管理案例研究等方面的课程。基础教育小学管理层认为，一些新教师在工作上没有成就感，一方面是因为课堂上有一大半甚至全部的时间都在维持课堂纪律，另一方面就是与家长沟通不畅。

小学管理层指出，现在的家长和孩子想法特别多，有很多意想不到的情况会发生。年轻老师在面对这些问题的时候，经验很匮乏。有经验的教师通过自己实践的积累，能够有的放矢地运用一些方法。因此，大学需要将小学教育教学中诸如学生与家长的痛点、难点问题前置到大学阶段，让师范生在大学就开始学习与学生、家长沟通策略，打好基础。副校长G认为，教育学其实就是关系学，建议小学教育专业开设家校关系学、师生关系学等课程。

基础教育小学管理层还提到本科小学教育专业应加强师范生教育法、校本教研、阅读鉴赏、教师礼仪等方面的课程。

可见，我国本科小学教育专业课程设计在这些方面还可努力。

（2）在学科知识设计方面还需努力

关于小学教育专业学科专业知识课程怎么设计，小学管理层对其深度或广度提出了一些建议。

调查中，有两位校长（校长A、C）提到了小学教育应有明显的侧重方向，也就是选修分科，如小学教育（语文）、小学语文（数学），然后依据方向加强学科专业知识深度，如语文需要中外文学史等。校长C提到，他们最近一般不招小学教育的毕业生。小学教育的毕业生在教育理念上是明显有优势的，从课堂上看，亲和力会很好，气氛也会比较好。但明显的劣势也客观存在，第一是对本学科的专业知识的掌握浅了一些，不容易把握学科本质，第二是学科味道差了一些。建议小学教育首先应该有明显的侧重方向，如小学教育（语文）、小学教育（数学）、小学教育（科学）等。其次是在小学教育的基础上，依据方向加深学科专业知识的教育，增加教材教法的内容。校长E和校长G亦提到了新教师需要有学科专业知识的积累。

另有五位基础教育小学管理层从学科知识的广度提出了建议。副校长J提到小学教师知识应全面一点、广泛一点。教师掌握的知识不一定要多高深，但一定要尽可能地多掌握一些知识。她认为小学教育专业可以展开全科教育。她自己是语文专业背景，工作中既参与数学同课异构，同时也是思想品德课程的兼职教研员。她认为所有的知识都是指导生活，用于生活。主任 D 认为师范教育可以"杂"一些，小学教育专业建议开设语、数、外、科学、信息科学、劳动等学科的教材教法。副校长 K 提到新教师，特别是带低年段的新教师，对其班级管理水平的要求远远高于执教水平，即使到高年级，班级管理和个人学术至少也各占 50%。校长 F 建议开设跨学科能力培养相关课程，树立学科融合意识，致力于培养学生探究和自主学习能力，促进学生全面发展。主任 B 建议增设学科融合，与信息技术融合方面的内容，注重教师的"一专多能"。

可见，虽然基础教育小学管理层对小学教育专业学科知识侧重点不一样，有的认为应加深某一方向（语文或数学）学科知识的深度，有的认为应该注重多学科的知识背景，强调学科知识的广度，但最终都在强调小学教育专业课程体系中学科知识的比重可以高一点。

当然，基础教育管理层也提到，不管课程体系怎么调整，师范生持续学习、善于学习的能力特别重要。校长 G 指出："小学教育专业的孩子要走得远的话，最主要的还是持续学习的能力。"副校长 K 指出："新教师善于学习的能力很重要。"

2.在满足小学新教师的需求上还需努力

新教师是教师队伍的新鲜血液，是教师队伍的重要组成部分。入职后的前两年，特别是入职第一年是新教师适应教师工作、感知自身优势与不足、提高教育教学自信与教学质量的关键时期，也是新教师利用大学所学知识最频繁、对大学所接受的教育反思、感受最强烈的时期，因此，他们对大学所学课程的评价也最具有参考价值。

（1）在核心课程建设上还需努力

根据麦可思对 A 校本科小学教育专业 2018 届、2019 届和 2020 届三届毕业生关于"核心课程建设效果评价"的调查可知，本科小学教育专业核心课程中的有些课程，毕业生对其重要度和满足度的评价并不高，表明本科小学教育专业的核心课程在满足新教师需求上还有努力空间。具体调查结果如表 5-13、表 5-14 所示。

表5-13　本科小学教育专业核心课程有效性综合评价表

序号	毕业生	本科小学教育专业毕业生调查项目	重要度（%）	满足度（%）
1	2018 届	专业核心课程有效性综合评价	84	81

续表

序号	毕业生	本科小学教育专业毕业生调查项目	重要度（%）	满足度（%）
2	2019届	专业核心课程有效性综合评价	95	81
3	2020届	专业核心课程有效性综合评价	98	93

表5-14 本科小学教育专业核心课程重要程度和培养效果评价表

序号	毕业生	本科小学教育专业核心课程	重要度（%）	满足度（%）	毕业生	本科小学教育专业核心课程	重要度（%）	满足度（%）
1	2018届	初等教育学	93	79	2020届	初等教育学	94	87
		小学综合实践活动设计	89	73		小学综合实践活动设计	94	90
		小学语文教育学	81	88		—	—	—
		现代教育技术	81	75		—	—	—
		小学数学教育学	80	90		小学数学教育学	97	94
2	2019届	德育原理	94	87	2020届	德育原理	94	94
		小学语文教材分析	94	81		小学语文教材分析	94	81
		教育心理学	94	81		教育心理学	98	90
		教育原理	94	75		教育原理	97	87
		课程与教学论	94	73		课程与教学论	96	84
		普通心理学	89	88		普通心理学	97	88
		教育科研方法	89	75		教育科研方法	93	82
		—	—	—		发展心理学	95	91

说明："—"表示麦可思调查没有此项数据。

课程是学校人才培养的重要支撑，课程重要度反映了课程内容的设置是否与学生实际工作或学习需求相匹配，课程满足度反映了课程教学效果是否满足学生实际工作的需求。从表5-14和表5-15可以看到，本科小学教育专业毕业生对专业核心课程的重要度评价呈上升趋势，表明本科小学教育专业的核心课程设置获得了学生的逐步认可，但有些课程的满足度仍然不高，如"小学语文教材分析""教育科研方法""课程与教学论"等课程，表明小学教育专业在设计这些课程时，还需注意选择实用的课程内容和适当的教学方法，以使得这些课程满足学生的需求。

（2）在课程的实践性上还需努力

根据对A校小学教育专业2020届41位毕业生、2021届50位毕业生共

91位新教师在入职后第一年工作情况的调查可知，受访毕业生谈到入职教师第一年做得较好和不足的地方具体如表5-15所示。

表5-15　小教毕业生入职教师第一年反馈表（91人）

序号	入职第一年的正向反馈	反馈人数	入职第一年的负向反馈	反馈人数
1	能较好完成教学工作/评价语丰富/教学基本功还比较扎实/教姿教态好	2020届16人 2021届22人	教学目标的把握/课堂教学质量待提高/教材钻研能力/教学基本功不够扎实	2020届21人 2021届24人
2	和家长沟通较好，家校共育做得不错/逐渐赢得了家长的信任/与学校领导、同事、学生关系融洽	2020届8人 2021届15人	班级管理问题/管理学生纪律有问题/调皮学生特殊学生管理/课堂掌控能力有欠缺	2020届18人 2021届19人
3	管理班集体/班级管理比较顺手	2020届6人 2021届10人	和家长的沟通上/人际交往缺乏技巧	2020届6人 2021届8人
4	努力、有责任心、有耐心、热爱这份事业、每节课都很有热情、认真	2020届6人 2021届6人	后进生转化问题/学困生管理	2020届3人 2021届4人
5	教学前准备充足/认真备课上课	2020届2人 2021届2人	精力不够，不能关注到每个学生/和学生沟通较少/有些迷茫	2020届3人
6	积极参加教研活动/积极好学/虚心求教，多问多学/积极进取参加比赛/工作积极	2020届1人 2021届5人	感觉每天很忙碌，没有太多时间充电，教科研方面还很缺乏/自我思考较少	2020届2人 2021届1人
7	学生作业练习落实较好	2020届2人		
8	三笔字	2021届1人	板书不是很好看	2020届1人 2021届2人
9	愿意倾听学生想法/处理问题方式得当	2020届1人 2021届1人	专业性知识/学科知识不够扎实	2020届2人
10	具备新时代小学教师各方面能力及素质，抗压力强/适应新环境/尽快进入角色/迅速调整心态	2020届1人 2021届9人	制作课件、教学视频等能力	2021届1人
11	活动开展比较顺畅	2021届1人	活动组织能力较弱	2020届1人

从表5-12可以看到一个有趣的现象，入职第一年，小学教育毕业的新教

师认为自己做得较好和不足的地方几乎都集中在教学、班级管理和家校沟通上，感觉不足的人次略高一点。在入职第一年觉得做得较好和不足的地方调查中，教学均排第一，班级管理和家校沟通顺序在第二和第三上略有区别。入职第一年觉得教学完成得较好的毕业生有38人，占比41.8%；认为自己教学方面还需提升的有45人，占比49.5%。入职第一年觉得班级管理比较顺手的有16人，占比17.6%；觉得班级管理能力还需提升的有37人，占比40.7%。入职第一年觉得与家长沟通较好的有23人，占比25.3%；觉得与家长沟通上还需提升的有14人，占比15.4%。

在课标和教材方面，小学教育专业的毕业生反映"对教材不熟悉，对教学目标的把握不够准确""教材钻研能力不足，教学重难点了解不透彻""对课本的理解不够深入，有些知识点讲得不够细致""课堂节奏把握不准确""对学生的学情分析也很有难度""对教学进度感到仓促""课堂纪律管理不是很好；上课过程活动较少，很难激发学生兴趣""课堂缺少活力""教学经验不足，教学机智不够""对教材的分析理解不够深入，教学中对课堂生成无法完全机智化解""对教材把握不够""课堂组织能力有待加强，处理问题能力还不够有力迅速，要向老教师多请教指导""课堂教学质量有待提高""上课还需继续改进"等。

在班级管理方面，小学教育专业的毕业生反映"班级管理是个大难关""对学生的复杂性预估不足，管理学生方面存在问题""班级管理具体知识匮乏，应变及协调能力差""平时与学生走得太近，课堂管理方面不太行，没有威严""学生纪律有时难掌控""面对学困生难以做到顾及所有，抓了这个那个又冒出来捣乱""课堂掌控能力有所欠缺""面对学困生和课间调皮的学生比较难控制好自己的情绪""不能用更加恰当的方式管理班级，容易发脾气""对班级个别学困生感到无能为力，联系家长后也无明显改变""对于特殊学生了解较少，管理有难度""班级管理方法不够新颖；班级管理方法比较有限""全身心都投入于班级管理"等，不一而足。

在与家长沟通方面，小学教育专业的毕业生反映"学生家长各种各样""在家校沟通方面缺乏一定的沟通艺术""和家长沟通欠佳""与家长沟通交流能力有限""面对比我年长的家长，我显得有些青涩""与个别家长之间的沟通存在困难，需要加强家校之间融洽关系的建立"，等等。

总之，小学教育专业的毕业生大多反映大学期间关于教学、班级管理实践经验过少；在人际交往方面，缺乏技巧；没有充分发挥学生和家长的自主能动性；感觉每天很忙碌，没有太多时间提升自己。他们希望在大学期间能开设具有直接指导意义和实际训练的课程，如模拟授课、小学教材教法分析、班级（课堂）管理案例及实践、见习、实习等。还有一些学生希望大学开设"三笔字"、普通话、才艺等课程。

调查中，小学教育专业的毕业生反映"希望多一些实践课程""增加讲课类课程，让学生多练""开设教学实践课，在大二下或者大三的时候可以加一些说课讲课实操课，刚好可以与见习课配合起来""课堂教学实践，学习如何应对突发状况，如何能将课堂完整、高效地进行下去""希望可以开设一些针对'问题'学生的管理技巧相关的课程""关于如何当好班主任的课程，大学虽然有这类课程，但那时的体会不深，只是从书本上看到，应该可以有班主任模拟实践类课程，怎样建立班级秩序，怎样处理突发事件等，放到实际情境中模拟""有用的班级管理方面的课程，上班之后课堂管理才是最让人头疼的，没有好的课堂纪律，其他一切都是浮云""对教材教参的深入解析""专业教学方面的（以小学数学方向为例，可以请一线教师梳理小学数学方面的课程体系，知识点，重难点，带领大学生研究教材教参、观看名师案例、专业讲座等等）""我觉得实习时候的收获是最多的，为走上工作岗位提供了很多帮助，因此我最希望大学可以增加实习实践、一线课堂观摩的活动""增加见习、实习时间，以便于入职衔接"，等等。

由此可见，本科小学教育专业的课程体系在满足毕业生工作的实际需求上还有努力空间，在课程的实践性上还可努力。

另外，值得指出的是，入职第一年，本科小学教育专业毕业生的工作热情、激情都比较高。有10位新教师表示"能够迅速调整心态，适应新环境，尽快进入教师角色，抗压力强"等；有12位新教师表示"热爱这份事业，每节课都很有热情，有责任心，有耐心，认真努力"等；有6位新教师表示"工作积极，虚心求教，多问多学，积极参加各种教研活动、比赛"；有4位新教师表示"认真备课上课，教学前准备充足"。

有的小学教育专业的毕业生一入职就成长得很快，认为自己"能从学生角度出发，去思考知识点的讲解，帮助学生理解""能转换为学生能接受的语言""与学生建立了良好的师生关系""教学基本功还比较扎实""通过研读教材、教参，以及请教经验丰富的教师，能较好地完成自己的教学工作""能够有序处理好每天的工作，能够上好一节公开课""公开课比较自信熟练""和家长沟通较好，家校共育做得不错""班级管理比较顺手，班级的成绩和学生平时的各方面表现相对较好。作为年轻人能够积极主动地参与学校的各项活动，并取得了一定的成绩。与学校的领导、同事及班里的孩子们关系融洽，能够较好地融入新环境中去""逐渐赢得了家长们的信任,上学期孩子们期末取得佳绩,得到了第一个教学质量优秀奖"等。

综上可知,我国本科小学教育专业从 1998 年试点招生之日起,就形成了自己独特的课程体系。二十多年来,本科小学教育专业为我国基础教育培养了大批本科学历的小学教师,为新时期我国人才强国战略目标做出了卓越的贡献,获得了社会、基础教育小学和新入职教师的高度认可。在实施师范类专业认证后,本科小学教育专业高质量达成了师范类专业认证提出的"师德规范、教育情怀、学科素养、教学能力、班级指导、综合育人、学会反思和沟通合作"八个二级指标的毕业要求。这些都说明,我国本科小学教育专业课程体系随着时代变迁不断做出调整是成功的、有效的。但通过对部分本科小学教育专业课程体系的文本分析和对基础教育小学部分管理层、新入职教师的调查与访谈亦可发现,我国本科小学教育专业课程体系在满足基础教育小学领导层和新教师的需求上还有努力空间,在处理课程体系中几对课程类型及其关系、师范生的综合素养、学科知识比重、核心课程建设和课程的实践性等方面还需努力。

第六章 专业认证背景下教师教育课程再设计

课程实施效果是检验学校教育质量的有效手段。依据师范类专业认证"持续改进"的理念、课程评价"评价—反馈—调整"的实质，在经历基础教育小学管理层和小学教育专业毕业生对小学教育专业课程体系实施效果的评价、反馈后，必须对本科小学教育专业课程体系进行再设计，以推动本科小学教育专业人才培养质量不断提升。

学校课程体系的再设计是一个复杂的系统工程。因为，课程再设计过程中所调整的任何一种课程类型、任何一门课程科目都会涉及学校甚至教师个人教育教学的方方面面，从硬件设施到软件建设，从教学方式到管理制度，从教师思想到教师行动等，真正是牵一发而动全身。因此，课程工作者一定要培育、践行整体课程观，从课程设计前理念的深入，到课程设计中的贯彻执行，再到课程设计后的组织制度保障、师生行动落实等，都要通盘整体考虑，以避免课程设计实践中的片面理解和简单机械操作，从而切实保障我国大学本科教师教育课程设计的成效。

一、设计前：秉持"学生中心"理念，厘清课程体系设计思路

课程设计是在一定的教育目标（理论基础）的指引下，厘清课程各个组成部分（课程类型）之间的关系，选择课程内容，并将其组织成一定课程结构体系的过程。优化设计教师教育课程体系，首先就需优化其结构。优化结构一般有两种情况：第一，结构间各成分（要素）自身素质改善或提升；第二，使结构各成分（要素）关联具有更好的特性。第二种情形更为重要，因为在成分（及其素质）不变的情况下，优化关联即可优化结构，而且关联的优化为成分自身素质的优化提供了条件。又或者，成分在关联性质起变化的过程中，自身的性质也起了某种变化。

近年来，在师范类专业认证后，我国本科小学教育专业课程体系设计普遍存在"减少总学分；减少必修课程、增加选修课程学分；减少理论课程、增加实践课程学分；减少专业课程、增加通识课程学分"等趋势，表明其是"以学生为中心"为价值导向的。但是，在实践操作过程中，有些课程设计工作者对教师教育课程系统中成对出现的课程类型之间的关系理解有偏差，以致过多关注同一课程范畴中某一种课程类型的设计，而忽略与之相对的另一种课程类型的设计，未真正将"以学生为中心"落到实处。

因此，在再设计我国本科小学教育专业课程体系时，首先要参照评价反馈的不同课程类型的实施效果，厘清设计思路，然后再整体设计课程，以避免实践中"以学生为中心"理念未落实的情况。

（一）整体设计显性、隐性课程

师范类专业认证后，我国大学本科教师教育在调整课程体系时有减少总学分的趋势，说明大学意识到了隐性课程的作用。但是，大学在进行教师教育课程设计时，还应注意到学生课余时间增多并非都产生积极的作用，有时也可能带来消极的影响。因此，大学在调整教师教育课程体系时，应注意调整课程体系（显性课程）的总学分不是根本，还应加强对隐性课程的设计，即大学应整体设计显性课程与隐性课程，以促进学生自主学习、自我体验和自我发展。

大学生的发展是综合而全面的，学生学习深受环境影响，除了课堂教学外，非正式的、偶然的交往和活动，以及不确定的复杂情境等都可能引发学习。各种各样的课内、课外和校内、校外的经历，都有助于学习和个性发展。因此，必须充分利用校园的各种资源来促进学生的学习和发展，要建立一种基于大学生体验的全校教育模式。[①] 大学应充分认识到由学校层面来统一设计隐性课程是必需的，主动将隐性课程纳入教师教育课程设计之中，将隐性课程上升到与显性课程同等重要的地位，整体设计显性、隐性课程。

美国学者库恩（George D. Kuh）认为，判断一所大学的质量高低就看其学生的学习投入高低、看学校吸引学生投入学习所做的努力，看学校提供的学术环境、资源是否为学生的学习活动提供了有力的支持。[②] 高校和教师应真正关注学生的学习结果和学习增值，集中学校所有的教学和学习资源为学生成

[①] Keeling R. P. *Learning Reconsidered: A Campus-wide Focus on the Student Experience*[M]. Washington DC: National Association of Student Personnel Administrator, 2004:21-22.

[②] Kuh G. D. Assessing What Really Matters to Student Learning Inside the National Survey of Student Engagement[J]. *Change*, 2001, 33(3):10-17.

长成才提供优质、高效的服务。[①] 故而，大学本科教师教育在显性课程总学分确定之后，不仅应有意识地加强校园文化、教师文化、课程文化等的建设，还应有计划地多开展一些社团活动、竞赛活动、读书活动、职业体验活动、学术讲座等活动，引导学生合理安排时间，丰富学生的体验，为学生的终身发展奠基。因为"知识的获得不是靠机械记忆，而是学生在一定情境中建构起来的，学生学习知识的过程也是创造生成新知识的过程"[②]。

（二）重视选修课程及配套制度建设

师范类专业认证后，我国本科教师教育课程体系在调整时有增加选修课程学分的趋势，说明我国大学意识到了选修课程对学生个性化发展的作用。但是，大学还应注意到，如果只是盲目跟随趋势增加选修课程，而忽视学校的基本情况，忽视教师对学生必要的引导，忽视对学分制、导师制等相关配套制度的建设，选修课程的效果实则堪忧。大学要更加重视选修课程制度及其相关配套制度的建设。

课程负载价值，大学作为为社会培养高级专门人才的机构，其课程理应成为社会共同认可的价值观念和知识的载体。现在，英国、法国、韩国、日本、新加坡、新西兰等许多国家都在不同程度上将国家价值观纳入其教育内容及目标中。[③] 因此，一方面，大学设计适度的必修课程是必需的；另一方面，由于资源的有限性、学生能力的局限性和大学管理的矛盾性等原因，我国大学在增加选修课程比重的同时，还应加强对选修课程制度、学分制、导师制及学生管理制度等配套制度和学生学习支持服务机构的建设，以真正发挥选修课程为学生个性化发展服务的功能。

因为，"一般而言，制度容纳冲突的能力越强，就越能面对复杂变化的社会环境。"[④] 当前，英国各大学普遍实施课程模块制、学分积累与转移制，形成了一整套以学生为中心的支持体系。[⑤] 而且，"几乎所有的世界著名研究型大学都建立了类似强有力的学习与教学的支持及推进中心，如斯坦

[①] 杨彩霞，邹晓东. 以学生为中心的高校教学质量保障：理念建构与改革策略 [J]. 教育发展研究，2015(3):32.

[②] 帕尔费曼，D. 高等教育何以为"高"：牛津导师制教学反思 [M]. 冯青来，译. 北京：北京大学出版社，2011:110.

[③] 陶西平. 21世纪课程议程：背景、内涵与策略 [J]. 比较教育研究，2016(2):3.

[④] 朱旭东. 中国现代教师教育体系构建研究 [M]. 北京：北京师范大学出版社，2014:38.

[⑤] 李子容. 英国高校的"教"与"学"的新发展 [J]. 全球教育展望，2002(5):77-80.

福大学（Stanford University）的学习与教学中心、密歇根大学（University of Michigan）的学习与教学研究中心、英国南安普敦大学（University of Southampton）的学习与教学促进处、澳大利亚悉尼大学（The University of Sydney）的教学卓越中心等。"[1]2012年，我国也启动了该项建设，如厦门大学、重庆大学、清华大学等均成立了国家级教师教学发展示范中心，为教师与学生的发展提供支持与服务，以推动我国大学课程体系调整目标的实现，但其范围和实施效果还可进一步扩大和增强。

（三）关注实践课程，但更重视课程体系实施的方式方法

师范类专业认证后，我国大学本科教师教育在调整课程体系时有增加实践课程学分的趋势，说明大学意识到了实践课程的作用，希望给予学生更多的实际体验。但是，现实的情况是，小学管理层和小学教育专业的毕业生反馈实践课程效果不理想，因此，大学除了更加关注实践课程外，还需关注所有课程的实施过程，注意调整课程教学的方式方法。

鉴于我国教师教育课程体系一直存在重理论轻实践的实情，我国本科教师教育在课程体系调整时及时修正、适当增加实践课程比重值得肯定。但理论课程与实践课程天然彼此包含，不可分割。因为，理论是过去实践经验的总结，理论课程注定渗透着前人实践的经验；而实践又离不开理论的指导，实践课程必定包含理论的成分。因此，大学在调整课程体系时，仅注重增加实践课程比重的做法不太妥当。一方面，课程产生、存在的根本原因就是传承人类已有知识。"个体的认识只是在少数情况下依然要根据直接经验，多数是间接经验。学生这种个体更具特殊性，他们也还需要直接经验，但是，其可能性和必要性更小，更多的是借助人类已有的认识成果，这就是一种特殊精神——科学知识体系。所以说，课程本质上就是教学认识的客体，也就是人类认识成果，也就是知识。"[2]另一方面，人们对理论课程与实践课程的区分只是从教学的组织形式，如是否在教室教学、是否用到了书本媒介等方面进行了区分，在教学方式方法上没有区分。而理论课程的教学完全可以采用以学生体验为主，以学生的学习为主，关注学生学习结果的教学方式来进行。我们不能把知识传授的弊端归罪于知识本身，这是传授知识的方式、形式的问题，而不是知识（课程）类型的问题。

即使是在通识教育课程中，依然如此。有研究者指出，"由于学生在具体

---

[1] 孙二军．"以学习为中心"的高等教育质量观及其路径分析 [J]．高教探索，2015(2):17.
[2] 王本陆．中国教育改革30年：课程与教学 [M]．北京：北京师范大学出版社，2009:114-115.

实践当中能更好地记住他们所学的内容，所以通识教育课程应该努力将所教授的基本概念和原则运用到具体问题的解决、某一特定任务的完成、客观存在的对象和课外实践等方面。"① 也就是说，通识教育课程也应更多地采取让学生加深体验的教学方式。

因此，大学在调整教师教育课程体系时，不应过分拘泥于实践课程的比重，还应从改革课程教学的方式方法上着手，让"学生始终处于主动实践、积极思考的探索状态"，主动"获取感性材料作为思维活动的基础，去认识抽象的概念和理论方法"②。

（四）通识教育更重师范生的通才练识，并与专业教育课程融通设计

师范类专业认证后，我国大学本科教师教育在调整课程体系时有增加通识教育课程学分的趋势，说明大学意识到了通识教育课程的作用。但是，大学还应注意到如果只是根据师范类专业认证要求盲目增加"人文社会与科学素养课程学分"，而不注重基础教育对师范生艺术类、人际交往类综合素养的需求、不注重发挥通识教育促进专业理解、专业教育促进通识教育学习的良性循环作用、"二二式"分段设计课程体系，通识教育课程实施效果难以尽如人意。

从教师培养的角度来讲，通识教育旨在充实未来教师的一般教养，奠定其为人师表的基本学识基础，保证未来的教师能成为一个受过博雅教育且具有通才练识的"有教养的人"（an educated person）；专业教育则重在教育专业素养的陶冶，使未来的教师能通晓教育的对象，把握教育的目标，熟悉教育的内容，并且能运用妥切的教育方法，达成培育"人师"的理想，以便使其胜任教学的工作。③ 因此，我国教师教育要能在通识教育与专业教育中寻找最佳的结合点，使之既能有助于师范生自觉努力地增长理性，又能满足师范生为职业做准备的渴望。

当前，英美等国的高校为了培养创新型人才，努力建立内容广泛的课程体系，克服大学教育过于专业化的倾向，反对实行过早的、范围狭窄的专门化训练，开设跨学科课程，成立跨学科教学中心以保障教学，并追踪学科前沿，及时更新教学内容。④

---

① 李进. 教师教育概论 [M]. 北京：北京大学出版社,2009:213.
② 邢以群,鲁柏祥,施杰,等. 以学生为主体的体验式教学模式探索：从知识到智慧 [J]. 高等工程教育研究,2016(5):124.
③ 李进. 教师教育概论 [M]. 北京：北京大学出版社,2009:211-212.
④ 张旺,杜亚丽,丁薇. 人才培养模式的现实反思与当代创新 [J]. 教育研究,2015(1):33.

因此，我国本科教师教育在调整课程体系时，除应结合教师教育的特点，丰富师范生的综合素养外，还应将通识教育与专业教育课程按"四年一贯制"来设计，以实现通识教育促进专业理解，专业教育促进通识教育学习的良性循环；并尽力多开设跨学科课程、交叉课程，以实现我国本科教师教育为培养"全面发展的教师"而做的调整这一目标。

（五）注意平衡学科专业课程与教育专业课程比重

师范类专业认证后，我国本科小学教育专业存在学科专业课程相对较少的情况，但其他师范类专业（非教育学类）则刚好存在相反的情况。梳理历史可知，我国大学本科教师教育大多根据专业来设置课程体系，具有很强的学科中心情结，课程体系中学科专业课程所占比重一直很高（小学教育专业除外）；教育专业课程则经历了从不太受重视，到设置多样化的变化。我国各历史时期教育专业课程设计具体见表6-1。

表6-1 我国各历史时期本科教师教育课程体系中教育专业课程表

历史时期	教育专业课程
清末（1896—1911）	各部在专业课程中必修教育学、心理学
民国初（1911—1918）	各部在公共课程中必修心理学、教育学
五四后（1919—1928）	各学系教育学科20学分：教育学、心理学、各科教学法等
南京国民政府时期（1929—1948）	各学系通识必修教育基本科目22学分：教育概论、教育心理、中等教育、普通教育法 专业必修8学分：教材选择、教科书批评、课程标准研究、课程组织、教学研究、教具设置及应用
中华人民共和国成立后（1949—1976）	占总学分的5%～6%
改革开放初（1977—1999）	占总学分的5%
进入21世纪后（2000年至今）	课程门数增多。部属师范大学占学分15%左右（北师大仅为选修），师范大学（学院）和综合性大学22%左右；小学教育专业占50%及以上

从表6-1可知，从1896年到1999年近一个世纪的时间里，我国大学本科教师教育课程体系中教育专业课程比例都很低（南京国民政府时期除外），只占总学分的5%～6%。课程体系中学科专业课程所占比重极大，整个大学本科教师教育课程体系与一般普通大学课程体系的区别仅仅在于设置了教育学、

心理学和学科教学法这三门教育专业课程。到 2000 年后，这种情况才有所改观。但随着 1998 年后新增的小学教育专业的出现，又有了新的情况。因为，作为属于教育学类专业的小学教育专业，其课程体系是从一开始就存在教育专业课程比重高于学科专业课程的情况。

因此，在师范类专业认证后，我国本科教师教育在设计课程体系时应注意"学科专业课程应该成为教育专业课程的坚实基础，教育专业课程要在学科专业课程的基础上特色发展"①，而努力平衡学科专业课程与教育专业课程的设置不能顾此失彼。

经由上述讨论之后，结合本科小学教育专业的特点，其专业教育课程不仅包括学科专业课程，还包括教育专业课程，初步拟定本科小学教育专业课程体系结构如表 6-2 所示（因为理论课程与实践课程是你中有我、我中有你的关系，不宜单独列出这两类课程。如要有所体现，则将教育专业课程中的见习、实习等集中实践教学环节列出）。

表6-2 本科小学教育专业课程体系结构初步设计

序号	课程类型			设计思路
1	显性课程	必修课程 选修课程	通识教育课程	四年一贯制设计
			专业教育课程 — 学科专业课程	
			专业教育课程 — 教育专业课程（集中实践教学环节）	
2	隐性课程	第二课堂、素质拓展课程等		

二、设计中：对标国家、基础教育需求，精准设计课程体系

设计完教师教育课程体系的框架草图后，就开始进入教师教育课程设计的主体部分：选择课程内容，并将其组织成一定课程结构体系。这一环节涉及总学分的确定、各种课程类型的比例及具体课程科目的选择等问题。

（一）对标国家"底线"要求，设计总学分及各类课程比例

我国本科教师教育课程设计首先应遵从国家对本科小学教育专业课程体系的基本要求，这是本科小学教育专业培养的师范生达到国家基本质量要求的

---

① 程方平. 中国教育问题报告 [M]. 北京：中国社会科学出版社, 2002:138.

体现，也是师范类专业认证倡导的公平性、多样性和特色性的体现。

第一，根据 2018 年 1 月 30 日我国教育部颁布的《普通高等学校本科专业类教学质量国家标准》中《教育学类教学质量国家标准》的规定，教育学类专业总学分为 140～160 学分。小学教育专业属于教育学类专业，所以其总学分在 140～160 学分区间均可。

第二，必修课程：选修课程≈7：3。我国大学本科教师教育课程体系中的必修课程不仅包括国家统一要求的通识教育必修课程，还有师范类专业认证要求的人文社会与科学素养课程（指为提高师范生综合素养而开设的通识教育类课程，国家规定的公共课程不在其列），同时包括小学教育专业自身专业教育必修的课程，所以必修课程在课程体系中的比例会相对高一些。

第三，师范类专业认证《小学教育专业认证标准》要求学科专业课程学分占总学分比例≥35%。调查的案例高校本科小学教育专业课程体系中的学科基础课程，一般对应的是小学教育专业作为教育学类专业的学科基础课程。即案例高校课程体系中的学科基础课程大多属于教育专业课程，而非学科课程（即非语文、数学类学科课程），本研究将单独设计学科专业课程，以期使课程体系结构更清晰明了。

第四，根据师范类专业认证《小学教育专业认证标准》对教师教育课程（教育专业课程）必修课≥24 学分、总学分≥32 学分的要求和 2018 年 1 月 30 日我国教育部颁布的《教育学类教学质量国家标准》对教育类专业总学分 140～160 学分的要求，可知教育专业课程在课程体系中的比例在 20%～23%。但是，由于小学教育专业本身属于教育学类专业，相较汉语言和数学专业，其专业基础课程就是教师教育类课程（教育专业课程），所以比重设计稍高一点，为 30% 左右。

综上所述，再次设计本科小学教育专业课程体系框架如表 6-3 所示。

表6-3　本科小学教育专业课程体系结构再次设计

序号	课程类型			设计思路	比重
1	显性课程 140～160 学分	必修课程占 70% 左右 选修课程占 30% 左右	通识教育课程	四年一贯制设计	35% 左右
			专业教育课程 学科专业课程		35% 及以上
			教育专业课程（集中实践教学环节）		30% 左右
2	隐性课程	第二课堂、素质拓展课程等			

（二）对照基础教育需求，精准选择课程内容

任何体制下的教师教育改革都不可能脱离基础教育的实际需求。大学教师教育在设计课程体系时，必须依照基础教育教师任职的资格来选择课程，必须努力去适应基础教育对新教师素质和能力的要求。通过调查可知，小学管理层和新教师对本科小学教育专业课程体系的建议主要集中在提升师范生才艺、人际交往等综合素质、"三字一话"等教师基本素养、教育教学实践性知识和加强学科知识等方面，课程设计者在再设计通识教育课程、教育专业课程和学科专业课程时需有意识地关注这些方面的课程。

1.通识教育课程的设计

通识教育课程在再设计时，除了设计国家原来统一要求的思想政治教育类、英语类、体育类、计算机基础类课程，还应设计音乐、舞蹈、绘画等才艺类课程，以及演讲与口才、人际交往类课程（这些课程恰好又符合师范类专业认证要求的通识教育课程必修的人文社会与科学素养课程的内容），同时改革原有计算机基础（信息技术）课程的内容，以满足小学及新教师对一专多能、多才多艺、综合素养较高的教师的需求。虽然师范类专业认证后，本科小学教育课程体系在专业教育课程中大多设计有音乐、美术和舞蹈等基础课程，但其他师范类专业如汉语言和数学等没有设计此类课程。本研究认为，我国师范类专业应将艺术和人际交往类的基础课程放到通识教育课程中，小学教育专业针对其特殊性，在专业教育课程中还可深度设计艺术类某一特色特长课程，让学生真正有一技傍身。在国家统一的课程中，本研究认为可适当减少英语类课程的学分，因为一方面高考时选择外语考英语的学生本身有一定英语基础，另一方面是大学有英语四、六级考试，且四级大多和学士学位证挂钩，学生有主动（或被动）学习的动机，大学、学业导师注重加强引导是可行的，这也可以作为大学隐性课程建设的一部分内容。

首先，增设音乐、舞蹈、绘画等才艺类课程。根据基础教育小学管理层和新教师的反馈：一般来说，性格活泼开朗、兴趣广泛、多才多艺的班主任，与学生有较多的共同语言，易于打成一片，便于开展工作；反之，沉默寡言、不爱活动的班主任则容易脱离学生，难以深入了解和教育学生。[①] 因为，我国小学阶段开展的活动比较多，如黑板报比赛、朗诵比赛、迎国庆（校庆或大型活动）汇演、书法比赛、运动会等。新时期的教师，必须多才多艺，综合素养高，才能有更多的自信做好教育教学工作。

---

① 王道俊，王汉澜．教育学：3 版 [M]．北京：人民教育出版社，1999:518．

调查中，有小学教育专业的毕业生提到，"现在的孩子，如果自己没有绝活还真降伏不了他们，默默的哀伤，默默的努力。""看完学生的演出，我心里就一个感觉：现在的小学生太优秀了，优秀到都不知道要怎么样去完善自己才能教得了他们，如何才能当他们的老师。""站在舞台旁边看学生们表演节目的时候，觉得他们多才多艺，器乐表演、英语情景剧、唱歌跳舞、诗歌朗诵、毛笔书法样样都会，真是让我惊叹！也在心里默默提醒自己，才艺也是一门重要的学问，以后有时间还是得慢慢弥补这方面的缺陷。"

还有一个小学教育专业的毕业生分享了一个自己亲身经历的案例：有一天下午开完会，我准备走的时候，一年级的老师突然过来，"请"我过去给他们班画黑板报。我也没什么事，就过去给他们画画了。进教室的时候我没注意，结果就听见好多声音在喊："吴老师、吴老师。"我抬头一看，原来是好多我们班的学生在这边上兴趣课，突然就觉得这个教室亲切了好多。他们在前面上课，我在后面画画，画完了放粉笔回去的时候，有一个孩子说："老师，我还以为你是美术老师呢！"我心里真是高兴坏了。实际上我画得并不是很好看，可能只是他们的意料之外而已。但是如果一个老师有很多这样的"意料之外"被学生发现，我想他们就会很喜欢这样的老师。

其实，在通识教育必修课程中加入艺术类课程，使大学生多才多艺，并不只是基础教育小学对师范生的希望。早在1996年7月，我国教育部就颁发了《关于加强全国普通高等学校艺术教育的意见》，2006年3月，教育部又颁发《全国普通高等学校公共艺术课程指导方案》，要求"教育部部属学校、'211工程'学校，以及省属重点学校应开足开齐上述课程。其他学校应该努力创造条件，通过2到3年的努力尽快予以开设"。我国师范类专业在课程体系设计时应关注这一点，把师范生培养成阳光、自信、多才多艺的未来教师。

其次，在通识教育必修课程中增设演讲与口才、人际交往类课程，使师范生与人交往能力得以提高。著名的美国人际交往大师戴尔·卡耐基曾说："一个人事业的成功，只有15%是由于他的专业技术，而85%则靠他的人际关系和处事技巧。"师范生作为大学生，无论将来从事什么工作，都离不开与人打交道，与人交往的艺术应是师范生的必修课。调查中，有校长反映，"学校有一位性格内向的教师，见谁都不打招呼。这样的教师，怎么能成为一名学生喜欢的教师呢？不说怎么教学生成长，（教师）自己的成长，我都觉得困难。当教师，不说情商要多么高，但要善于与人交往。"因此，通识教育课程中的人际交往类课程，应重在引导大学生知晓日常生活中的人际交往礼仪，如何与领导、同事和同龄人交往的技巧等内容，以帮助大学生能较好地与人交往、沟通、开朗、自信地工作、生活。

最后，改革通识教育课程中计算机基础（信息技术）类课程的相关内容。将原来的计算机基础了解与应用的相关内容调整为教学视频、音频制作与剪辑、Word、Excel 办公软件应用、PPT 课件制作，以及翻转课堂要使用的新媒体设备、应用软件 App 等。

在教育发展史上，信息技术的发展一直在推动着教育变革，从而引起学校课程体系与教学方式方法的变革。信息技术改变了人们的阅读方式、书写方式、休闲方式、获取知识的方式等，使得学校、学校课程与课堂、教师的地位与作用受到前所未有的挑战。我国教育部 2022 年工作要点指出"实施教育数字化战略行动"，积极发展"互联网＋教育"，认为在当前数字科技时代，"教育作为创新人才培养的主阵地，其数字化转型更为迫切。"2022 年 3 月 28 日，国家智慧教育公共服务平台正式发布。而且，随着时代的进步，师范生在进入大学以前，大多已掌握了一些基本的计算机知识，大学期间没必要再重复安排课程学习此类知识；而视频、音频制作与剪辑、Office 办公软件等不仅在实际教育教学中使用更多，应用价值更大，而且学生在学习这类课程摸索的过程中，也能更主动掌握计算机的一些基本知识。因此，我国师范类专业在设计课程体系时，应积极回应时代对教师信息技术能力的要求，改革通识教育课程中信息技术课程的内容。

2. 教育专业课程的设计

在再设计教育专业课程时，应设计班级（课堂）管理案例、儿童问题行为及案例分析、小学语文和数学课程标准与教材分析实践、试讲说课、"三笔字"等课程，增加教育见习、实习时间，以提升师范生的教师基本素养和教育教学的实际操作能力。

教育专业课程在教师教育课程体系中是否具有特殊性，在我国很长一段时间内一直存在争议。因此，其比重在一些高校的大学本科教师教育课程体系中一直不高。但是，本科小学教育专业由于属于教育学类专业，则存在相反的情况，教育专业课程比重较高。可是，据评价反馈的结果来看，小学教育专业虽然教育专业课程比重较高，但实施效果不尽如人意。基础教育小学管理层和新教师均反映课程体系中理论课程过多，实践课程过少；课堂照本宣科较多，学生参与过少；理论讲述过多，实际案例分析较少等。因此，我国本科小学教育专业在再设计课程体系时，应对此做出回应。

首先，在教育专业课程中设计班级（课堂）管理（含家长沟通）案例、儿童问题行为案例分析类课程，帮助师范生了解儿童、了解家长。同时，高校应邀请一线教师来校分享如何帮助学困生、问题学生或特殊儿童的方法，这样师范生就不至于对小学生、家长的复杂性预估不足，到小学工作后茫然失措。因为新教师与老教师相比，欠缺的是经验，他们需要直接或间接经验的积累。在本研究的调查中，许多小学管理层也谈到了这一点。美国学者考尔德黑德（Calderhead）在1983年相关研究中，也曾将有经验的教师和新手教师做了比较，他发现有经验的教师掌握着更多的学生信息，他们知道不同学生的家庭背景，他们知道什么样的知识和技能适合他们所教的学生，知道哪些学生需要帮助，能够预测他们的课堂会出现什么样的行为和纪律问题，也知道他们的学生可能通过什么方式来获得知识和技能，甚至知道他们的学生在课后都参与了哪些活动。[①] 因此，在大学期间学习班级（课堂）管理或特殊儿童案例等课程，可以让师范生提前感知小学生的心理及行为的复杂性，知晓小学生成长的特点，从而在思想或行为上有意识地关注、了解、分析不同学生的心理，积累教育教学中学生的问题或班级（课堂）突发事件处理的经验，为将来与学生、与家长打交道打下基础。

其次，在教育专业课程中，设计语文和数学课程标准与教材分析实践、教学设计、名师教学案例分析、试讲、说课等课程。因为，只有"当课程知识植根于未来教师职业准备时，教师教育才会更为有效"[②]。小学新教师大多反映对教材不熟悉，对教学目标把握不够准确，对教学重难点了解不透彻；不能灵活使用教学方法，课堂沉闷枯燥；教学机智不够；授课能力有欠缺，对知识的理解掌握没有达到自己想要的结果等问题。他们希望大学能组织师范生进行教学学习，多一些微课展示或模拟授课教学实践；或在课堂上多放一些优秀教学视频并讨论分析；或者请一线小学教师来帮忙梳理课程逻辑，或者有名师示范课；或者能多去一线课堂听课等，以积累教学经验，学会使用规范的教学语言，增强教学能力。小学教育专业的毕业生还希望在设计这类课程时，能聘请一线教师作为指导教师或者具有小学教育经验的教师作为授课教师，或者让他们在见习或研习期间就能适当上课。因为，大多小学教育专业的毕业生反映，大学的模拟授课跟在小学真实课堂的实际授课完全不同。大学模拟授课的对象都是同龄人，他们的回答都是"可控"的，与教学预设没有太大出入，但真正的小学课堂总会有一些预设之外的问题发生，极度考验新教师的教学反应能力、教学机智和规范化教学语言的运用。

---

① 朱旭东. 教师专业发展理论研究 [M]. 北京：北京师范大学出版社, 2011: 124-125.
② 谌启标. 教师教育大学化的国际比较研究 [M]. 福州：福建教育出版社, 2008: 162.

再次，在教育专业课程中，设计"三笔字"课程，并在隐性课程中加强"三笔字"制度化比赛建设，使之成为常态化的工作，形成师范生人人练字、"你追我赶"的氛围，切实提高师范生"三笔字"的水平。第一，大学必须加强粉笔字的教学。粉笔字是教师教学的必备工具，教师不仅粉笔字要写得规范工整，还要规范汉字的笔顺笔画，特别是小学低年段的教师，要帮助小学生更好地领悟中华文化的博大精深，中国文字的奥秘。第二，大学需加强钢笔字的训练引导。当前，许多教师的钢笔字也不尽如人意。教师工作与其他工作的不同，除了表现在工作对象是发展中的个体外，还体现在教师必须批改学生作业，学生及家长能清楚看到教师的字。教师想给学生做表率，想获得家长的认可，一手漂亮的钢笔字特别重要。最后，大学必须注重毛笔字的训练引导。师范院校作为培养未来教师的高校，一定要承担起传承中华文明的重责。而且，早在 2013 年 1 月 18 日，我国教育部就颁发了《中小学书法教育指导纲要》，希望培养中小学生的书写能力、审美能力和文化品质。教师，特别是小学教师，作为学生在校学习第一阶段的引路人，焉能不做出表率？

最后，在教育专业课程中，可将教育见习和实习调整为教育观察、教育见习、教育研习和教育实习四类或教育见习Ⅰ（或教育见习Ⅱ）、教育研习和教育实习三类，实行"角色介入式"的四年一贯制的教育实践制度设计，改革教育见习、实习时间过于集中的操作方式，并适当增加教育见习、实习类课程的时间。

另外，在设计课程体系时，本研究认为将教育见习和实习放到教育专业课程中比较妥当，单独设计为集中实践课程容易与其他实践类课程相混淆。因为理论课程与实践课程是相互交融的关系，试讲、说课类课程也属于实践类课程。如果课程设计者想有所区别地体现，可在教育专业课程中将教育见习、实习等单独作为集中实践模块列出。

当前，我国师范类专业在"落实师范生教育实践累计不少于 1 个学期制度"上都做得非常好，但在增强师范生的教育实践效果方面还有努力空间。国外有些国家实行不间断性的教育实践并保证教育实践时间，以确保师范生教育实践效果的做法值得参考借鉴。

美国三一大学的做法是：第一年，介绍三一大学的专业发展学校；第二年，职前教师在辅导教师帮助下在专业发展学校每周工作 3 小时，同时修习"社会中的儿童"等教育课程，教师候选人特别关注学校层面的问题，访问并观察资源库、图书馆、咨询室、管理办公室、特殊项目及课堂，完成学校案例研究；第三年，实习重点是熟悉教师，在辅导教师的帮助下，逐渐开始承担一定的教学责任；第四年，实习的重点是学生，目的是学习识别个体学生的学习风格和需求及其在课堂中的表现,并对之保持敏感,在专业发展学校接受辅导,同时学习相应理论课程,并完成一个儿童案例;第五年,教师候选人要进行一整年的实习。①

英国的教育实习不仅在每学年都有开展,而且每学年至少有 6 周以上,具体如表 6-4 所示,需要说明的是,表格中括号内百分比数字是对完成正式教师工作量的规定。

表6-4 英国四年制小学教师实习的时间安排及预期工作量②

	秋季学期	春季学期	夏季学期	总计（周）
第一学年	春秋季学期各有4周（到小学各个年级），每周2天		连续4周,在第一学段（50%）	7
第二学年		连续4周,在第二学段（50%～60%）		6
第三学年	连续5周,在主攻学段的班级（60%～70%）		连续3周,开展基础科目的教学;组织学生活动	8
第四学年		在主攻学段的班级见习及实习准备1周,连续实习8周（70%～80%）		9

因此,我国对教育见习、实习等教育实践类课程可实行"角色介入式"的四年一贯制设计,从大一到大四,通过不间断的教育实践,使师范生了解幼儿园及中小学实际情况、幼儿园及中小学学生现状、教师工作实际,以及检验自己是否适合当教师,自己如果要当教师应从哪些方面做准备,从而为师范生树立教师职业理想、扎实掌握中小学教育教学知识与能力打下坚实基础。

大一的 2 个学期的教育见习（教育观察）,大学可连续几周每一周固定安排一个上午或下午让师范生下校观察小学教学和班级管理的基本技能,也可持续观察某一个班、某一位教师或某一位学生等,以知晓小学教育教学工作的概况。也就是说,大一时,师范生主要是看小学教师怎么做。

大二的 2 个学期的教育见习,大学采取连续几周每周一次的下校活动。师范生除了持续观察某一个班、某一位教师或某一位学生等小学教学与班级管理

---

① 哈蒙.有力的教师教育:来自杰出项目的经验[M].鞠玉翠,译.上海:华东师范大学出版社,2009:80.

② 王艳玲,苟顺明.试析英国教师职前教育课程与教学的特征[J].教育科学,2007(1):80.

的基本技能外，还应逐渐了解教案撰写、课程设计及课件制作，初步具备学校行政事务处理能力，学会遵守教师职业法规与道德规范等。即在大二时，师范生主要是帮着小学教师做一些具体的事。

大三的 2 个学期的教育研习，其重点在"研"，同样是连续几周每周定期开展。师范生除了持续观察某一个班、某一位教师或某一位学生等小学教学与班级管理的基本技能外，还应通过教学设计研讨、课堂观察评议和主题班会研讨等途径，反思自己在教案编写、教学环节设计、教学语言、板书图示、资源开发、媒体运用、应变技巧等教学技能、方法策略等方面存在的不足，以提升自己教育教学的专业知识与能力。即大三时，主要是师范生试着自己做一做的过程。

大四上学期，高校可安排师范生参加为期 2～6 个月的教育实习。即大四是师范生尝试独当一面、独立做教师的过程。在集中实习期间，高校还应注意加强高校指导教师对学生的支持、引导作用，指导教师应每周组织师范生参加实习研讨、交流、讨论实习中的困惑，以及教育教学中具体问题的解决办法等，以帮助学生更好地适应小学的教育教学工作，成长更快，收获更多。

"角色介入式"教育实践的设计，旨在达成师范生不是作为局外旁观者或是走过场式的教育实践目标。新教师要想在教育教学工作中更好地、更深入地了解小学生的心理、行为情况，就必须对其进行较长时间的观察。

3. 学科专业课程的设计

本科小学教育专业在学科专业课程再设计时，可适当增加学科专业课程的比重，以满足基础教育小学对小学教育专业学科知识深度或广度的需求。

在我国，由于根深蒂固的学科专业情节，经常会出现"你的语文是体育教师教的（言外之意：语文极差）""数学老师上语文课，家长担心教学质量"[①]这样的情况。因此，本科小学教育专业经常因其全科或多科的培养目标而受到"学科素养"方面的质疑。有学者认为，"在知识爆炸的今天，'博大精深'难以企及，'全'和'精'难以兼得，最多只能是'万金油'"[②]调查中，有基础教育小学管理层认为，小学教育专业学科性差了一些，应依据学科方向加深学科专业知识的教育。有小学教育专业的毕业生认为，大学期间学习的东西过多，不能专长于某一门；学的东西广而不精。

美国有学者通过调查发现，"所有样本国家平均起来看，由主修教育而

---

① 姚传龙. 数学老师上语文课 家长担心教学质量 [N]. 武汉晚报（民生·教卫）,2017-06-11(08).
② 刘尧. "卓越教师培养计划"旨在教师教育革故鼎新：从我国高校培养小学"全科教师"谈起 [J]. 高校教育管理,2016(1):20-24.

不是数学的教师教授的学生，他们的数学成绩是最高的（501分），那些由主修数学而不是教育的教师教授的4年级学生，他们的平均成绩是最低的（457分）"，故而他们支持小学数学教师应采取以教育学为核心的泛专业化培养模式。[1] 美国教育学院协会（AACTE）专门规定了为初等教育和中等教育培养教师的教师教育专业课程的一般要求，包括入职者应该学习的教育课程门类及学分要求，具体见表6-5。

表6-5　AACTE教师教育专业课程单元一般要求[2]

课程单元	初等教育（学分）	中等教育（学分）	备注
普通教育	58	52	1～2年级
专业教育	42	16	
学术主修课	—	39	
学术副修课	20	18	
教学实习	10	10	
总学分	130	135	12～14周

由此可见，在初等教育（小学教育）阶段，美国普通教育课程和专业教育课程占了课程体系的绝大部分，而且没有学术主修课。"美国教师教育认证委员会要求小学教师要有强烈的兴趣和需要去理解'整个孩子'，而初中和高中教育则更加专注内容领域。"[3]

这又与调查中有些基础教育小学管理层的建议不谋而合。有的小学管理层认为，"小学新教师对班级管理水平的要求远远高于执教水平（学术能力），即使到高年级，个人学术和个人管理至少也各占50%""一专多能的教师会更受欢迎""可以增设着眼于全科教学的课程"等。对此，我国教育部也有相关政策文件支持。2017年7月5日，我国教育部教师工作司发布《教育部教师工作司关于中小学教师资格考试增加"心理健康教育"等学科的通知》。在中小学教师资格考试小学类别面试增设了"小学全科"学科[4]，这无疑是引导我

---

[1] 卢建川,汤志娜.美国小学数学教师职前教育的现状与分析[J].外国中小学教育,2015(7):41-45.
[2] American Association of Colleges for Teacher Education (AACTE). *Teaching Teachers: Facts & Figures*[M]. Washington DC: Author, 1987:11-15.
[3] 王凯.教师学习：专业发展的替代性概念[J].教育发展研究,2011(2):58-61.
[4] 教育部教师工作司关于中小学教师资格考试增加"心理健康教育"等学科的通知[EB/OL]. http://www.ntce.com/2017/39012.html,2017-07-15.

国小学教育专业课程改革调整的风向标。

此外，当前我国许多小学（即使是城市重点小学）大多存在语文、数学等学科教师兼职书法教师、思想品德课教师、工艺心理课教师、安全课教师、心理健康课教师、劳动技术课教师的现象。教师只有具备扎实的功底和较为广泛的知识，才能胜任学校的任务安排。

因此，综合国内外经验和我国基础教育小学对学科知识的不同需求，我国本科小学教育专业可适当增加学科专业课程的比重，让学生既专长于一门学科，又适当涉猎其他学科，真正成为"一专多能"、具有学科融合背景的新时期小学教师。

4. 本科小学教育专业课程体系整体设计

大学本科教师教育课程结构是一个包含内在实质结构（深层结构）与外在形式结构（表层结构）的整体。在坚持"以学生为中心"的价值导向下，通识教育课程、学科专业课程及教育专业课程对学生成为一名合格的、优秀的教师分别发挥不同的作用，三类课程同等重要，共同构成大学本科教师教育不可分割的表层结构图。

综合前面的分析，我国"以学生为中心"的本科小学教育课程体系设计如下。

第一，我国本科小学教育课程体系总学分（显性课程）在140～160学分。

第二，本科四年一贯制设计通识教育课程、学科专业课程、教育专业课程。在通识教育课程中可适当减少英语课程的学分，增加艺术、人际交往类课程；在教育专业课程中注重"三字一话"、班级管理案例、儿童问题行为案例、小学教材与课程标准分析、试讲、说课等实践类课程的设计；适当增加通识教育课程和学科专业课程，同时注意增强课程的实践性。

大一开设毛笔字、钢笔字、粉笔字、普通话、简笔画、音乐、大学语文、演讲与口才等课程，学习这些课程，学生即使不当教师，也会终身受益。在隐性课程中进行制度化设计，每学期开展相关比赛，促进学生自主练习。教育见习（观察）可在师范生入学2个月后展开，让学生尽早感受真实的小学课堂和小学生的行为特点。在大二、大三学年的每学期仍设计教育见习和教育研习，大四上学期则开始为期12～18周的实习，大四下学期开设教师入职考试备考辅导、教师面试礼仪、结构化面试等课程，让学生既有理论知识的储备，又有实践经验的支撑。因为我国大部分地区的教师招聘考试一般集中在每年的3月份到8月份，本科毕业论文答辩一般集中在4月底到6月。

第三，课程科目设计可以多一些，学分可以设计得少一点。按我国《教育学类教学质量国家标准》的要求，1学分等于16课时，那么可设计一些0.5

学分 8 课时的课程,如艺术类课程、"三字一话"等课程。这些课程的作用重在启发、引导师范生明白努力的方向,增强师范生自我提升、自我实现的能力等。这样,我国本科小学教育专业课程体系才会更具有针对性,更符合义务教育的要求。

我国本科小学教育专业课程体系整体设计如表 6-6 所示。

表6-6 我国本科小学教育专业整体课程体系

课程性质			课程类型及所占学分/比重	
显性课程（140～160学分）	必修课程占70%左右	通识教育国家统一要求课程	通识教育课程占35%左右	学科专业课程占35%及以上	教育专业课程占30%左右
			思想政治理论类课程（10学分左右）		（小学）教育学、（小学）心理学、发展心理学、教育心理学等
			大学英语（6学分左右）	学科基础课程：应用写作、现代汉语、古代汉语、儿童文学、初等数论、数学思想方法、概率与数理统计、小学语文（数学）教学设计小学语文（数学）教学论小学语文（数学）课程标准与教材研究等	小学班主任工作案例、课堂管理案例、家庭教育指导（家长交往）案例等
			计算机基础与应用（4学分左右）		教师职业技能,包含备课（教学设计）、微课、模拟授课（试讲）、说课等
			大学体育与心理健康（4学分左右）		粉笔字、钢笔字和毛笔字
			军事理论与军训		
				主教学科	学科教学法、学生行为案例分析、特殊教育概论等
			形式与政策（讲座、暑期实践、志愿者服务等）	语文方向：中国古代文学、中国现代文学、中国当代文学、外国文学、中国古典诗词、小学汉语常识	课程与教学论、教师职业道德修养等
			就业创业指导(规划)		小学综合实践活动

161

续表

课程性质				课程类型及所占学分/比重	
显性课程（140~160学分）	必修课程占70%左右	通识教育人文社会与科学素养课程	普通话、人际交往或演讲与口才	语文方向：中国古代文学、中国现代文学、中国当代文学、外国文学、中国古典诗词、小学汉语常识、小学道法课程标准与教材研究等	教育研究方法、中外（小学）教育史等
			音乐、美术、舞蹈、形体类		教师礼仪、教师面试礼仪、结构化面试等
			大学语文（中华传统经典文学）	数学方向：线性代数、微积分、数学分析、空间解析几何、小学数学解题与竞赛指导、小学数学课例研究、小学科学课程标准与教材研究等	教育见习（大一大二）、研习（大三）和实习（大四上学期）（18周及以上）
			其他		毕业论文（设计）
					其他
	选修课程占30%左右		文理互选	人文科学	语文方向：汉语文化、汉语语法修辞研究、小学作文教学与研究、文学概论、美学概论、论语精读、中国思想史概要等	教育哲学、教育社会学
				社会科学		教师专业发展、家庭教育学
				自然科学		校本课程开发、学校卫生学
				艺术		教育名著选读、学校管理学
			体育	数学方向：数学实验、运筹学、信息技术与数学教学、数学教育史与数学文化、运筹学、自然科学基础、地球与空间科学、生命科学等	SPSS、教育统计、教师礼仪、小学生学习评估
			其他		板报、手抄报设计
					教育测量与评价
					比较教育学
				音乐模块	教学改革问题与案例分析
				美术模块	小学生健康与安全教育
				信息技术模块	其他
				科学模块	
				道德与法治模块	
				心理辅导模块	
				英语模块等	
隐性课程	校园物质、文化环境等的建设；每学期每月1~2次讲座、劳动教育；各种社团活动、竞赛活动等				

三、设计后：确保课程实施效果，加强相关配套制度建设

师范类专业认证后，我国本科小学教育专业课程体系再设计如想实现预期目标功能，就必须加强相关配套制度的建设。制度是一系列被制定出来的规则、守法程序和行为的道德伦理规范，其目的是对个体交易行为进行引导与规范，增加对交易结果的预期，减少个体的机会主义行为，最终达到节约交易成本、获得主体福利或效用最大化的利益①。各种制度是规范、制约政府、学校、社会、教师和学生行为的保障。

（一）国家应加强相关政策引导，保障师范生"出口"

师范生的学习成效是检验师范类专业质量的有效手段，用人单位的反馈是检验师范生学习成效的有力"证据"。因此，要检验师范类专业的质量，关键是师范生能顺利入职用人单位，不然，师范类专业认证"产出导向"反向设计教师教育课程的初衷难以得到实现。从当前我国很多省市和地区事业单位招聘公告来看，小学语文教师岗位"专业"一栏要求"汉语言文学专业"或"汉语言文学及相近专业"；小学数学教师岗位"专业"一栏要求"数学教育及相关专业"等，大多没有教育学类的"小学教育专业""教育学专业"，本科小学教育专业或教育学专业的师范生在事业单位招聘中，资格审查都通不过。有的省市或地区在师范生就读高校开出证明小学教育/教育学（语文方向）或小学教育/教育学（数学方向）可以通过资格审查，但有的地方不行。也正如调查中有位校长所言，他们学校就没有招小学教育方向的师范生。针对这一现象，国家需要出台相关政策加以引导，以保障作为师范类专业的小学教育、教育学毕业生能顺利报考事业单位教师招聘岗位，进而促进小学教育专业、教育学专业的发展。

教师强则教育强，教育强则国家强。教育是国家的事业，国家的法律法规、政策文件是教师教育课程改革的基本依据。以法律法规、政策文件规范、引导、推动教师教育改革、教师教育课程改革亦是各国的重要手段。比如，美国在20世纪80—90年代发布了《国家处在危险之中：教育改革势在必行》（1983年）、《为国家做准备：21世纪的教师》（1986年）、《明日之教师》（1986年）、《明日之学校》（1990年）、《美国2000年教育战略》（1991年）、《2000年目标：美国教育法》（1993年）等一系列报告和法律文件。美国"从1996

---

① 陈时见.教师教育课程论：历史透视与国际比较[M].北京：人民教育出版社,2010:107.

年到2000年，短短5年间就有23份关于教师教育改革的重要文件问世"[①]。英国在20世纪80—90年代末亦连续发布十多个具有法律效力的有关教师教育的文件等。

从20世纪80年代中后期起，我国开始对师范教育制度进行改革，尝试打破我国师范院校定向培养教师的制度。到世纪之交，我国在教师教育领域又进行了一系列改革，逐渐打破由师范院校独立培养师范生的局面，我国教师教育逐步走向开放。此后，我国又连续颁布一系列法律法规、政策文件保障开放后的教师教育质量。

我国教师教育走向开放是扩大教师入口、择优选拔教师、促进教育公平、提升教育质量的伟大壮举。有媒体报道，我国"每年新入职的教师中，有四分之一来自非师范类院校的综合性大学"[②]。但是，针对现在新教师有四分之一是非师范生的现象，有些基础教育管理层并不十分认同。他们认为：教师是一种专业性很强的职业，非师范生如果没有经过教育专业的理论学习，没有经历过教育实习实践，仅通过拿到教师资格证就能应聘当教师，是极为不妥的。一是，在我国填报高考志愿是一个很重要的职业选择倾向，非师范生在填报高考志愿时并没有选择师范类专业，而在毕业后选择当教师，他们是否真的热爱教育、乐意教书值得斟酌。二是，非师范生没有经过相应的教育理论、教育见习实习等的学习、训练，仅凭学历合格，通过教师资格考试拥有相应学段的教师资格证就能应聘当教师，他们是否适合教书、善于教书，亦值得商榷。

对比之下，师范类专业的本科小学教育专业的学生在高考选报志愿时就能明确知道将来是要当小学教师的，且经过了大学四年的本科教师教育培训，就仅仅因为毕业证上没有明显的小学学科方向而丧失或鲜少有报考事业单位语文或数学等方向教师岗位招聘的机会，实属不公平。而且，在当前的社会背景下，事业单位竞争日趋激烈，许多非师范生都能报考教师招聘岗位，但作为师范生的小学教育专业毕业生却不能或鲜少有报名的资格，实在让学生伤心。从"产出导向"的出口来看，也不利于促进本科小学教育专业的发展。作为师范类专业的教育学专业也存在同样的问题。

因此，在我国基础教育新教师来源入口逐渐多样化的前提下，国家除了引导社会尊师重教，提高教师地位和待遇，在教师教育、教师专业化等方面进

[①] 陈时见. 教师教育课程论：历史透视与国际比较 [M]. 北京：人民教育出版社, 2010:111.

[②] 朱旭东. 别小看师范类教育调整的复杂性 [EB/OL]. http://edu.people.com.cn/n/2015/1015/c1053-27700657.html, 2015-10-15.

行法规和政策引导外，还应加强"非师范生必须拥有相应教师教育类课程学习和教育见习实习经历""小学教师招聘师范类专业小学教育、教育学专业均可报名"等方面的法律法规、政策的建设，引导招聘小学教师的部门、学校或机构关注师范类的小学教育、教育学专业，这样，本科小学教育、教育学专业的学生才有与汉语言专业、数学专业等毕业生同台竞聘教师岗位的机会。

（二）加强分配制度、财务制度等建设，保障课程体系调整所需的经费

由于教师教育主要是为基础教育培养师资，其所设置的专业也几乎是面向基础教育学科教学的专业，使其较难成为国家一流学科建设的重点学科，较难获得国家、地方政府的重点扶持。同时，在举办教师教育的大学内部，由于师范院校综合化、教师教育大学化等趋势，教师教育在大学处于一个较尴尬的位置：综合大学办教师教育不会投入过多的精力，高师院校又把较多的精力投入大学综合化发展上。即在我国高师院校在综合化的过程中，"有不少学校不是借用综合学科的优势来加强师范专业，而是抽调师范专业的教师去充实其他新建学科，将有限的教育经费、教育资源优先用于发展非师范专业，从而弱化了师范院校的特色与优势"①。以致大学本科教师教育课程改革难以获得大学较多经费的支持。因此，相对而言，高师院校的办学条件、校园环境、实验室、图书资料等硬件相对较差，在师资队伍建设上也存在难以引进优秀人才的困境。为此，2017年我国专门出台关于"'十三五'期间，我国181所师范院校一律不更名、不脱帽，聚焦教师培养主业"的政策。

教师教育课程体系调整是一个复杂的系统工程，仅仅依靠国家在法律法规、政策方面的引领和支持还远远不够，还需要国家、举办本科教师教育的大学提供一定的经费支持，才能确保教师教育课程体系改革能顺利推进。

一方面，从20世纪后期开始，我国各级政府部门就已意识到教师教育课程体系改革的重要性，通过实施"项目制"的形式给大学本科教师教育课程体系改革提供经费支持。1997年，原国家教委组织实施了"高等师范教育面向21世纪教学内容和课程体系改革计划"，批准立项210个项目，鼓励举办教师教育的高校根据新的专业目录制订主要专业的人才培养方案，调整教师教育课程体系的结构，取得了丰硕的成果。2003年，我国开始筹建全国教师教育网络联盟，并提供经费，不断推动、鼓励各省建立省级教师教育联盟（截

---

① 顾明远. 我国教师教育改革的反思[J]. 教师教育研究, 2006(11):3-6.

至 2017 年，我国各省几乎都已经建成省级教师教育联盟）。2012 年，教育部出台《关于深化教师教育改革的意见》，强调"深化教师教育课程改革"，实施"教师教育国家级精品资源共享课程建设计划"。2018 年，教育部出台《关于实施卓越教师培养计划 2.0 的意见》，提出"经过五年左右的努力，……课程体系和教学内容显著更新"等。这些举措对我国大学教师教育课程改革起到了极大的推动作用。但这些项目经费的支持，相比国家对工程教育，对 985、211 院校非师范专业的投入就显得非常单薄。

另一方面，在当前国家高度重视教师教育、教师队伍建设的今天，举办本科教师教育的高校也应对教师教育课程体系改革予以更多的经费支持。根据本研究的调查可知，我国小学管理层和新教师大多希望大学教师教育能培养一专多能的教师，希望大学教师教育能增设综合性强的才艺类课程、微课和视频剪辑等信息技术课程、模拟授课和说课等教师职业技能训练课程，而这些课程的实施效果离不开学校的硬件支持（如音乐类乐器、计算机等），离不开学校财务制度对各院系聘请的一线中小学教师课时经费、交通费的支付等。

我们在本研究的调查中发现，在有些高校本科教师教育课程体系调整的过程中，经常存在院系教师不愿费心费力组织一线中小学教师来校（举办教师教育的高校）上课、一线中小学教师不愿意到高师院校上课的现象。比如，在教师职业技能训练类课程中，涉及教学设计、模拟授课、说课等课程，具有中小学教学经验的一线教师对学生的指导帮助是最大的。但在大学，一门课程单独聘请一线中小学教师来教学，就必然需要他来独立承担撰写大学该门课程的教学计划、教案等，而不仅仅是课堂上的指导，这无疑增加了一线中小学教师的工作量。而由大学教师来承担相应的工作，则存在同一门课程，大学不仅要支付院系教学法教师的课时费用，还要支付一线中小学教师的课时费用，大学教学成本增加。如若没有相关的经费支持保障，实践操作中经常会出现落实困难的问题。而且，一线中小学教师本身教学任务比较重，到高校来上课，时间上比较紧，且距离比较远，如果高校的课时经费不足以匹配一线中小学教师的付出，能坚持到师范专业授课的一线中小学教师则寥寥无几，最终导致改革后的大学本科教师教育课程体系依然难见成效。

在这方面，笔者所在的 A 大学行知实验班的经验值得借鉴。自 2009 年起，A 大学每年投入专项经费 50 万元建设教师教育特色师范班级"行知实验班"（每学年 100 人左右）。行知实验班的课程设计、教学、管理等有专人负责，经费单独开支；校外教师来上课，交通费、餐费、课时费用等单独核算；教育见习实习保证专门经费，有效保障了行知实验班每年课程体系调整后课程的顺利实施。开班 12 年来，行知实验班培养出来的学生在 W 市和 A 大学所在区域取得良好反响。可见，学校经费支持对大学教师教育课程体系改革具有直接的保障作用，能有效保障大学本科教师教育课程体系改革的推进。

（三）加强教师专业发展学校的建设，保障师范生理论能密切联系实践

改革者认为，教育是实践的艺术，教师只有将学到的理论知识与具体的教育场景结合起来，才能将学习到的理论知识转化为自身个性化的知识。成功的教师教育应该强调不同层面的合作，教师教育课程的一致性、大学与中小学的合作是教师教育成功的关键因素。[1] 教师专业发展学校应势而生。

教师专业发展学校是由大学教育学院与一所或多所中小学合作，融教师职前培养、在职培训和学校改革为一体的学校形式，是经过重新设计和调整，具有多重功能的合作伙伴关系。其主要目的是提供临床性的实践训练，提高教师职前培养水平，促进教师在职专业发展，提高中小学生学业成绩，促进中小学和大学双方的改革与发展。[2]

在推动建立教师专业发展学校方面，美国教育界发挥了重要作用。针对美国 20 世纪 80 年代面临的教育危机，霍姆斯小组发表了三份报告，分别为《明日的教师》《明日的学校——建立专业发展学校的原则》和《明日的教育学院》，直接推动了美国"教师专业发展学校（Professional Development School, PDS）"的建立。霍姆斯小组于 1986 年发表《明日的教师》，明确指出教师的专业地位是改进教学的中心问题；1990 年发表《明日的学校——建立专业发展学校的原则》，明确提出美国应建立旨在促进大学与中小学合作的教师专业发展学校。根据霍姆斯小组的设计，教师专业发展学校应具有以下几个特征[3]。

（1）专业发展学校提供师资培育机构的准教师临床实习机会，以增加教学经验。

（2）专业发展学校融合教育学者、学科专家及中小学教师的力量，为改进教学效果而努力。

（3）专业发展学校是师资培育机构与中小学共同研究的场所，通过双方的合作，可以发现教育新知并激发中小学教师的研究兴趣。

（4）专业发展学校不断进行创新的教学实验。

---

[1] 谌启标. 教师教育改革政策的国际比较研究 [M]. 北京：法律出版社，2014:157.

[2] 李进. 教师教育概论 [M]. 北京：北京大学出版社，2009:521.

[3] 单中惠. 教师专业发展的国际比较 [M]. 北京：教育科学出版社，2010:27-28.

（5）专业发展学校是教师专业发展的地方，不论实习教师、合格教师、教育行政人员或大学教授，都在专业发展学校的良性互动环境中不断成长。

因此，教师专业发展学校在某种程度上也被视为"教学医院"，它不仅给准教师提供"临床"观摩、体验中小学实际教育教学的机会，也给中小学教师提供一个从职场新手到成熟教师转变的舞台，还给大学和中小学提供共同研究教师专业发展的平台，最终实现教师专业知识与能力的提升。其他国家，如英国于1989年后在教师教育课程鉴定委员会的推动下开始建立"教师伙伴学校"；加拿大在20世纪80年代后开始建立"教师实践学校"等。虽然名称不同，但实质内容差不多。

对比我国教师专业发展学校的建设，可以发现：一方面，我国教师专业发展学校建立较晚，直到2001年才在首都师范大学教育科学学院带领下，建立首批教师发展学校，到2012年，国务院印发《关于加强教师队伍建设的意见》，提出要"创新教师培养模式，建立高等学校与地方政府、中小学（幼儿园、职业学校）联合培养教师的新机制"，教师专业发展学校在我国才逐渐兴盛；另一方面，我国教师专业发展学校大多还不具备霍姆斯小组所设计的教师专业发展学校的五个特征。在实践操作中，我国的教师专业发展学校几乎都是在大学原有的实习基地的基础上建立的，它们绝大多数处于较低层次的、给大学教师教育的师范生提供临床实习机会阶段，教师专业发展学校几乎等同于或仍然是大学的教育实习基地，只不过是重新换了一种称呼。教师专业发展学校在我国尚未能真正发挥"培育高效能教师，实现大学与中小学共同发展"的作用。

因此，在世界各国都重视教师质量、重视大学与中小学合作，在我国教师教育走向开放、国家高度重视教师队伍建设的今天，我国举办教师教育的大学应高度重视教师专业发展学校的作用，可单独在教务处设立教师专业发展学校管理办公室，由具体人员负责预算、日常管理、沟通联络等事务，在经费、人力和物力上予以支持，而不仅仅是将其当成实习基地，只在学生实习前后联系，只是拨付实习经费。大学教师教育者也应转变观念，明确自身职责所在，积极加强与中小学的沟通联系，常带师范生到中小学一线课堂听课，参与教研，并组织师范生讨论，倾听中小学管理层、教师的声音，让师范生朝着中小学需要的教师的方向努力。中小学教师同样要转变观念，积极参与教师专业发展活动，将自己教育教学中的困惑与大学教师教育者交流、探讨，将做研究型教师、反思型教师落实到行动中。只有这样，教师教育与中小学的合作才有可能深入有效，大学也才能获知中小学究竟需要什么样的教师，师范生也才能真正将理论应用于实践，大学本科教师教育课程调整才具有针对性。

（四）加强学分制、导师制等的建设，保障师范生学习机会与学习成效

教师教育课程体系改革是一项系统工程，不仅关涉教师教育课程文件或文本上的变化，还牵涉高校课程管理、学生管理等各方面制度的变革。大学在设计保障教师教育课程体系改革能顺利推进的管理制度时，须充分考虑大学制度容纳冲突的能力。"一般而言，制度容纳冲突的能力越强，就越能面对复杂变化的社会环境。"[1]

第一，完善选修课程制度与学分管理制度等。选修课程制度的推行是学分制产生的根源，可以说，学分制是伴随着选修课程制度的产生和发展而形成的。在美国大学推行选修课程制度的过程中，出现了如何计算学生毕业取得学位所必须完成的学习量这一问题，于是在选课制基础上的学分制在美国大学应运而生。[2]可见，学分制是以学分为计算学生学习量的单位，对大学课程实施进行管理的一种制度。

当前，我国大学本科教师教育大多实行的学分制，且在课程体系调整中存在适当增加选修课程学分的趋势，以赋予学生相对多的选课机会。这一举措初衷很好，但在落实的过程中存在一些问题。一方面，这一举措使学校对师资素质、教室数量、课程资源等的要求提高，无形中会产生"理想中的课程"与"现实中的课程"的矛盾；另一方面，这一举措使学校安排课程的随机性增大（若某一课程选课人数较少，则还涉及办学成本的问题）。而且，学分制修满学分即可的制度设计与我国当前许多举办本科教师教育的大学按学年制订课程计划、按学年收取师范生学费的管理制度相冲突。因此，我国大学本科教师教育课程体系在调整时，还应结合学校自身师资情况、教室情况、课程资源等，实行符合学校实际且在某种程度上能给学生最大选课自由的限定选修课程制度，并进行与学校限定选修课程制度相适应的灵活学分制度探索。

我国许多高校教师教育的选修课程其实对学生有时间上的限定。比如，许多高校规定学生在大一、大二时，必须在通识教育课程中分别选择人文科学、社会科学、自然科学中的课程取得相应学分；规定学生在大三、大四时，必须在学科专业课程中结合个人职业发展选择学术型、就业型或创业型中的某

---

[1] 朱旭东. 中国现代教师教育体系构建研究[M]. 北京：北京师范大学出版社, 2014:38.
[2] 常思亮. 大学课程决策论[M]. 长沙：湖南大学出版社, 2010:157.

一类课程进行学习。这种按学年选择学习课程的做法，较大程度上限制了学生选课的自由。"而学分制的本质即学习自由，包括选课自由、选专业自由以及选择学习进程自由"，"说明我们的学分制还是一种'皮毛'"[①]。

因此，我国大学教师教育可实行四年一贯制的选修课程总学分计划，即选修课程不按学年制定计划，而实行选修课程总学分计划。将所有的选修课程（包括每学期增加的选修课程）按通识教育课程、学科专业课程、教育专业课程分类，规定每一种课程类型学生应该选修课程的总学分，学生可以跨年级、跨院系选择课程，大学四年内累计修满该类课程总学分即可。而对于大学本科教师教育规定的必修课程，则仍可保持之前按学年课程计划的方式推进，即学生每学年必须修习哪些课程仍可按人才培养方案中的课程计划执行。

实行四年一贯制的选修课程总学分计划，一方面可以让师范生了解大学四年自己应该修习的课程总学分，促进师范生思考、辨析课程对自己发展的有效性，慎重对待学分，从而不盲目选择课程；另一方面，可以让师范生有缓冲、思考的时间。大一刚进校（甚或到大二），师范生或许对选择什么课程并没有特别的思考，但通过大一（大二）的教育见习后，他们对未来自己要从事什么职业（是否成为教师）、成为教师需从哪些方面努力等都会有一定的思考，在接下来的学习生涯中，他们还有机会选择一些有利于自身发展的课程来学习，而不用担心已经修满该类课程再无机会选择。

另外，学校对选修课程的管理也应灵活。比如，对不同类型课程的开课人数、开课时间次数的限定应该不同，如钢琴、古筝、口风琴、口琴、游泳、绘画等艺术类课程，选课人数达到4～8人就应可以开课，而且可以将这些课程设计成0.5学分，一学期内可以滚动开课（包括"三字一话"、简笔画等课程），即一学期可以开设两期游泳课或多期（如果教师充足，只要有4～8人学生有需求就可开设），以满足绝大多数同学选修此类课程的需求等。

第二，大学应加强对学生管理制度、学业导师制度等的建设。当前，我国举办本科教师教育大学大多采取按录取学年、专业班级管理师范生的做法。但实行选修课程制度，增加选修课程学分，让学生有更多的时间"脱离"所在班级的纪律管理，增加了学生管理的难度。

一方面，大学需加强各院系学生管理工作的融通机制，改变以往各院系学生管理工作相对独立的局面，用制度增强不同院系教师和学生工作人员的联系，做到全员育人；另一方面，大学应加强学业导师制度建设，学业导师不仅

---

① 邬大光. 大学人才培养须走出自己的路 [N]. 光明日报教育 (思想版), 2018-06-19.

能给予学生选择课程和学习方面的指导，还能给予学生学习态度、人生观方面的积极引导，帮助学生把学业发展、人生发展与个性发展结合起来，学会自我规划、自我管理，终身受益，大学亦将实现学生管理的最高目标。

教育史上，导师制最初产生于英国的牛津大学，旨在对本科生的学习和生活进行指导和管理。导师一般是学生所在院系的教师，一个导师大约指导6～12个本科生，学生每周至少与导师见面一次。通过导师制，牛津大学把大学的集体教学与导师的个别辅导结合起来，把学生的学业发展与个性发展、生活价值观教育等结合起来。后来，哈佛大学引进了英国的导师制，旨在克服学分制带来的学生在学习和生活上的无序状况，加强对学生选课和学习的指导及学习生活管理。美国大学学生导师的主要职责：一是学业指导，包括专业选择、课程选修、学习计划安排等；二是在生活和品行方面的指导。[1] 可见，导师制是选修课程制度推行的重要支撑，是学分制顺利实施的重要保障。

当前，我国师范类专业学业导师制现状不尽如人意。有些举办本科教师教育的高校没有实施导师制，有些举办本科教师教育的高校导师制名存实亡，即大学有实施导师制的文件，但师范生从未见过自己的学业导师（有的甚至不知道自己有学业导师），不知自己学业导师的模样。我国许多高校的导师制没有起到实质性的作用，更像是一种形式上的制度。英美国家的大学有专门的导师宿舍，与学生一起在学院共同生活，可以经常指导学生。[2] 美国教育家弗莱克斯纳曾说："牛津大学、剑桥大学在本科生和导师之间建立的人际关系，是世界上最有效的教学关系。师生间每周的面谈，有时延伸至漫长假期的非正式关系，促使学生独立自主，也使他直接受到教师的影响。"[3] 可见，导师制是大学本科教师教育课程体系改革取得预期目标的重要保障。

（五）激发师生使命感和责任感，促使教师教育课程体系发挥最大功效

任何一项改革的落实都需要发挥人的作用，教师教育课程体系改革也是如此。它需要教师教育者和师范生（准教师）从内心知道自己肩负的使命和责任，从教师职业良知的角度意识到自己所从事的工作是在"塑造一个人""塑造一个孩子的未来""塑造中国的未来"，这样才能保障我国教师教育课程体

---

[1] 常思亮.大学课程决策论[M].长沙：湖南大学出版社，2010:160-161.
[2] 常思亮，大学课程决策论[M].长沙：湖南大学出版社，2010:175.
[3] 弗莱克斯纳.现代大学论：美英德大学研究[M].徐辉，陈晓菲，译.杭州：浙江教育出版社，2001:240.

系走得更高、更快、更远,发挥最大功效。

第一,大学校长的使命和责任。"所谓大学者,非有大楼之谓也,而有大师之谓也",强调了大学名师重于大楼的意义,以及教育中"人师"的重要作用。一个好的大学校长对一所大学的影响是巨大的。历史上,哈佛大学校长艾略特(Charles William Eliot)对哈佛大学的影响,北京大学校长蔡元培对北京大学的影响,就是典型例证。当前,在我国高度重视教师队伍建设的时代背景下,举办大学本科教师教育的大学校长应借此"东风",从战略高度上重新审视、规划学校的大学本科教师教育,重新设计大学本科教师教育课程体系,并从校级层面确保相关配套制度的决策通过、施行。

第二,大学行政人员、教师的使命和责任。在制度执行的过程中,大学行政人员、教师不应阳奉阴违,敷衍塞责,甚至有拖延、对抗式的不作为,以避免大学本科教师教育课程体系调整、配套制度实施过程中不必要的内耗。在课程实施的过程中,教师还应秉持自己的责任心和良知,努力改进教学方法,以提高教师教育课程实施的效果。"教育的发展在很大程度上有赖于教学人员的资质和能力,尤其是教师个人的人品、教法和技能。"[①] 因为,无论多么严谨、卓越的课程体系,如果没有好的教学质量,学生的学习在本质上都难以获得质的提升,课程体系调整所预期的学习结果也将难以达到。"有效教学被定义为最大限度地提高学生的学业成绩和社会学习能力的有效教学实践"[②],教师必须努力掌握有效的教学方法,实施有效的教学。在课程实施的过程中,教师必须用积极的、能吸引学生参与课堂的教学方式向学生传授清晰的、严谨的课程;教师必须关注学生学习的品质;教师要从照本宣科的教材执行者转变为课程的组织者和设计者,与学生充分互动交流,引导学生在学习过程中充分体验、反思,提高学习的质量。

第三,师范生的使命和责任。在我国大学本科教师教育课程体系调整的过程中,师范生的重要性亦不能低估。无论多么完美、卓越的课程结构体系,如果学生没有花时间、花精力去学习,终将是枉然。我国大学本科教师教育课程体系调整还需要师范生群体的努力。

我们在调查过程中发现,有不少新教师表达了对大学未认真学习的遗憾。"大学课程安排都是很合理有用的,只是当时有些课程学得不够认真扎实,工

[①] 熊建辉. 教师专业标准的国际经验 [M]. 北京:北京师范大学出版社,2014:2.

[②] J. 墨菲,E. 戈德林,S. 艾略特,等. 范德堡教育领导力评估:以学习为中心的评估方式 [J]. 华东师范大学学报(教育科学版),2011(3):4.

作后觉得有必要重新学习一下。""课程合适，课外时间也多，但是自己没有认真学习，惭愧。""大学总课程还比较合理。课外时间很多，感觉大学（自己）学得还不够认真。"……但也有新教师对自己充实的大学生活表示满意，认为无愧于青春。"大学课程合适，有足够的课外时间充实自己。""大学四年我过得比较充实，除了上课以外，参加了学生会，加入了院系的体育舞蹈队，参加过比赛，也做过兼职。"……这说明，不同的师范生在大学期间的付出、收获是不一样的。人"生而有涯而知无涯"，在快速发展的当前社会，广大中小学生的知识水平、能力远远超出我们的想象，师范生要去努力提高、完善自己。此外，当今社会知识更新加速，今天正确的知识，明天就有可能有人提出质疑，今天的新知明天就有可能被淘汰。作为新时期的大学生，未来的准教师，师范生不能成为被时代淘汰的人，而应认清形势，紧跟时代发展，争做新时期基础教育的引领者。因此，大学期间，师范生必须端正学习态度，直面社会的变化、时代的需求，提前做好教师职业规划，扎实学习，并逐步学会平衡课程学习、社团活动和课外自主学习的时间，努力提高自身的素质与实力，为成为卓越教师打下坚实基础。

总之，教师教育课程的再设计是一项系统工程，涉及学校教育教学的方方面面，需要举办教师教育的大学举全校师生之力才能取得预期的成效。

第七章 结 语

本研究以我国师范类专业认证为契机，探寻我国师范类专业认证产生的原因，剖析影响教师教育课程设计的理念和教师教育课程体系关涉的几种课程类型，依据师范类专业认证"学生中心、产出导向、持续改进"理念，对我国小学教育专业认证第二级标准中的一个类别——本科小学教育专业的课程体系展开研究，主要得出以下结论。

一、师范类专业认证工作的目标指向

师范类专业认证旨在严格我国师范类专业办学准入门槛，保障我国教师教育质量。

我国教师教育在走向开放的过程中，一些地区出现了不具备教师教育资质的学校或机构举办教师教育的情况。在全球都重视人才培养质量、重视教师教育地位，纷纷建立（或改进）教师教育机构认证或专业认证制度，并予以实施的大环境下，结合国内对教师教育机构不同层次、不同类型办学标准评估的急迫需求，2017年10月26日，我国教育部正式印发《普通高等学校师范类专业认证实施办法（暂行）》，颁发中学教育、小学教育和学前教育第一、第二和第三级专业认证标准。这是我国政府颁布的第一个分级分类的专业认证标准，它构建了师范类专业纵向三级递进、横向三类覆盖的分级分类认证标准体系，以规范和引导师范类专业合理定位、特色发展、追求卓越。

《普通高等学校师范类专业认证实施办法（暂行）》旨在保障我国教师教育机构的办学质量，严格师范类专业办学准入门槛，确保我国师范类专业培养人才的质量。它是我国振兴教师教育、促进新时代高素质教师培养的着力点和突破口，有利于重塑我国师范类专业的教育教学模式，推进我国教师教育质量保障体系建设，形成"持续改进"的质量保障机制和追求卓越的质量文化，对提高师范类专业的国际竞争力具有重要意义。

在操作中，我国师范类专业认证将认证的结果与教师资格证书相衔接，在某种程度上可以缓解实行教师资格证书开放化考试后对原有师范教育的冲击，可以有效纠正我国师范教育不断弱化、教师教育定位不清的问题，实现师范院校以培养教师为主、教师培养以师范院校为主的局面。

同时，我国师范类专业只要能通过相应级别的专业认证，它就能拥有在全国或某个区域师范类专业的话语权，可以在"政策制定、资源配置、经费投入、用人单位招聘、高考志愿填报"等方面获得倾斜性的扶持。这样一来，师范类专业认证就与教师市场的准入衔接起来，师范类专业认证一端连着高校，一端连着教师劳动力市场，可以有效达成师范类专业基于产出的持续改进质量保障机制和追求卓越的质量文化的目标。

二、教师教育课程设计的价值取向

教师教育课程设计深受学科中心、学生中心和社会中心三种价值取向的影响，但"学生中心"是教师教育课程设计主导的价值取向。

第一，课程史上，课程设计的基本价值取向包含学科中心、学生中心和社会中心。从古希腊至17世纪，西方学校几乎围绕以学科为中心来调整课程结构。到18和19世纪，以卢梭为代表的自然主义课程论强烈反对这种以学科为中心组织课程的做法，主张学校课程应以学生为中心，以促进儿童自然生长。但这种课程论在19世纪被赫尔巴特"主知主义"改变。到20世纪前半期，杜威在继承前人的基础上提出课程应重视儿童的经验与需求，并一度在美国教育界占主导地位，促使20世纪30年代进步主义教育运动发展到高潮，但伴随的结果是学生学业水平的下降。到20世纪50年代中期，苏联人造卫星上天，又使要素主义、结构主义等课程论在美国风行一时，但由于它们忽视学生的情感与个性发展，并未取得预期的改革效果，以致20世纪60至70年代，注重学生兴趣、情感的人本主义课程论兴起，到20世纪80至90年代，重视学生主动建构知识的建构主义兴起。从20世纪90年代起及至今天，"以学生为中心"理念达成共识，"以学生为中心"逐渐成为学校课程设计主导的价值倾向。

在课程发展史上，百科全书主义、赫尔巴特主义、功利主义、要素主义、永恒主义、结构主义等课程理论，本质上都属于学科中心课程理论；自然主义、经验主义、人本主义和建构主义等课程理论本质上都属于学生中心课程理论；改造主义、新马克思主义（又称"西方马克思主义"）、批判主义等课程理论本质上都属于社会中心课程理论。

第二，教师教育课程设计深受学科中心、学生中心和社会中心三种价值观的影响。课程负载价值，课程改革浸透着价值观的冲突。社会的变迁、学科知识的发展、学生的需求都是促成课程价值观、课程结构变化的因素。人类社会自产生之日起，就有教育，但专门培养教师的教育即教师教育的产生是人类历史进入近代以后的事。教师教育是伴随机器大生产、工业革命对劳动者素质要求的提高、教育开始普及、社会对教师的大量需求而发展起来的。可见，教师教育从产生之日起，就是伴随着社会需求而发展起来的。社会需要什么样的教师，教师教育就培养什么样的教师，"为社会服务""服务于社会"即"社会中心"是教师教育一直秉持的价值导向。教师教育课程体系一直紧随社会对教师的不同要求而调整设计，以实现不同时期教师教育课程相应的功能。当社会上较有影响的课程理论从"教师是学者／学习者"（学科中心课程论）向"教师作为促进者"（学生中心课程论）转变时，教师教育课程的价值取向随之从"知识取向"向"学生取向"转变，教师教育课程体系亦随之从围绕"教师应该知道什么知识""教师应该具备哪些能力"向"教师如何帮助、促进学生更好地学习"调整。从20世纪90年代以后，"以学生为中心"逐渐成为教师教育课程设计主导的价值倾向。

"以学生为中心"之所以成为教师教育课程设计主导的价值取向，不仅因为它更科学，还因为它更能实现课程的本体功能。一方面，它更符合人的大脑的特点与功能，而只有能充分发挥大脑潜能的实践与方法，才能有效提高学生学习的效果与效率；另一方面，教育的本质是培养人的活动，课程作为学校教育的重要载体，其本体功能就应是、也只能是培养人。"为学科服务"和"为社会服务"只能是大学课程设计的附属功能。因为，学科和社会的发展离不开人的作用，而人的发展又会进一步推动学科和社会的发展，人是学科和社会发展的决定性因素。

三、教师教育课程体系的结构厘定

教师教育课程体系是一个包含内在实质结构和外在形式结构的整体，其处在同一逻辑范畴中的课程类型之间是价值互补关系。

第一，教师教育课程体系是一个包含内在实质结构（学科中心、学生中心和社会中心）和外在形式结构的三维立体系统。它不仅包括外在人们看得见的人才培养方案中的教师教育课程形式结构体系，即通识教育课程、学科专业课程、教育专业课程或必修课程、选修课程或理论课程、实践课程等课程类型和具体科目组成的形式结构，还包括内在人们不能直接目测且还需进行价值分析的学科中心、社会中心、学生中心等价值取向组成的实质结构。任何一次大学教师教育课程体系外在形式结构的变化，其实质都是课程体系内在实质结构价值取向指向的结果。我国大学本科教师教育课程改革不能仅仅局限于形式结构上的删删减减，而应在厘清课程体系内不同课程类型间实质结构关系的基础上，将其作为一个整体来研究、设计，并关注实质结构对形式结构的决定作用。因此，我们在研究大学本科教师教育课程体系时，不仅要把组成大学本科教师教育课程体系形式结构层面的各种课程类型、课程元素在大学本科教师教育课程体系结构系统内的地位与作用弄清楚，还要把它们之间的相互关联反映出来，更重要的是必须揭示其实质结构与形式结构之间的关联。

第二，教师教育课程体系内，不同的课程类型分别发挥不同的作用，体现不同的价值，实现不同的功能，但是处于同一逻辑范畴中的每一对课程类型，它们在实质结构的价值层面上是价值互补的关系，具有内在的统一性，内在统一于学生发展的需要。通识教育课程旨在为师范生习得较为广博的综合性文化知识而开设；学科专业课程旨在为师范生毕业后所从事的专门学科教学应具备的专业知识而开设；而教育专业课程为师范生掌握必需的教育理论和技能而开设。显性课程让教师和学生清晰地了解师范生大学四年学习的内容，隐性课程则激发教师引导学生积极去体验，学会学习，逐步培养学生终身学习、不断进步发展的能力。必修课程让学生获得一名大学生应有的被社会认可的能力，而选修课程充分尊重了学生个性化的需求。理论课程让学生在短时间内迅速了解本专业人类知识的精华及最新成果，而实践课程让学生去充分体验，发挥自己的创造性。通识课程让学生成为一个"博学"的人，而专业课程让其有立身之本。学科专业课程让学生有充分的底气站上讲台，而教育专业课程帮助其在讲台上锦上添花。每一种课程都有其存在的理由，缺一不可，但处在同一逻辑范畴中的课程类型之间是价值互补关系。比如，必修课程与选修课程的关系。必修课程虽然更多强调的是社会对人才素质的统一要求，但这种统一要求只有在符合学生兴趣、满足学生个性化需求的前提下才会有更好的效果。选修课程虽然更多侧重于满足学生多样化的个性需求，但这种满足的前提是学生首先是一个合格的社会公民。学生的个性化发展是在其本身是一个合格公民基础上的个性化发展。可见，必修课程与选修课程是一对"平等"的概念，不存在主次关系，它们相互独立、互相补充，内在统一于学生发展需求这一功能。

第三，教师教育课程形式结构中的课程类型都不是突然出现的，而是在其他课程类型推进的过程中为更好地实现其他类型课程的功能而产生的。比如，通识教育课程来自选修课程的推行。当时哈佛大学在推行选修制度的过程中，由于实行的自由学分制的选修制度，造成部分学生共同目标和共同价值观的丧失，出现不合理的"浅学现象"，大家认为规定一些统一的必修课程是必要的。因此，哈佛大学开始实行"集中与分配"（主辅修）的课程制度。学生大学期间修完16门课程，有6门课程必须"集中"到某一学科领域或专业领域（必修，学科专业课程），即学生主修学科或主修专业；另6门课程"分配"到非主修学科或专业外的人文科学、社会科学和自然科学中（限选，通识教育课程）；余下的4门课程，学生才可以自由选择（任选）。这样，通识教育课程才得以产生。而后，通识教育课程逐渐发展成熟，又出现通识必修（通识核心课程）、通识选修（限选、任选）等的划分。教师教育课程体系中的实践课程产生于人们对隐性知识的研究。学者们认为学校教育中存在大量的隐性知识，而它主要来自教师个人的实践与反思，因此，在培养教师时，应注重实践课程。在实践课程中，有一些实践课程的内容是重要的，对教师专业成长作用比较明显，有一些作用则不是那么明显，所以实践课程又出现必修与选修之分。

四、教师教育课程设计的原则遵循

师范类专业认证背景下，我国本科教师教育设计应坚持"学生中心"理念，对标国家"底线"要求和基础教育小学和毕业生的评价反馈精准设计课程，并切实做好保障措施。

第一，秉持"学生中心"理念，根据基础教育小学和小学教育专业的毕业生对课程体系实施效果的评价反馈，再次厘清教师教育课程体系间几对课程类型之间的关系，重新优化设计教师教育课程体系的结构框架。优化结构一般有两种情况：一是结构间各成分（要素）自身素质改善或提升；二是使结构各成分（要素）关联具有更好的特性。第二种情形更为重要，因为在成分（及其素质）不变的情况下，优化关联即可优化结构，而且关联的优化为成分自身素质的优化提供了条件。又或者，成分在关联性质起变化的过程中，自身的性质也起了某种变化。优化教师教育课程结构，关键就是要优化几种课程类型之间的关联，以凸显设计者秉持的设计理念。因此，在进行大学本科教师教育课程设计时，首先应在实质结构层面秉持"学生中心"理念，厘清几对课程类型之间的关系，再去调整大学本科教师教育课程的形式结构。先设计好各种课程类型的比重，使之具有更好的关联，再去关注本科教师教育课程结构体系中不同课程类型内具体课程的组成，优化各种课程类型自身的素质。

第二，基于"产出导向"理念，坚持"评价—反馈—改进"的设计思路，再次设计教师教育课程体系。在对标国家师范类专业认证"底线"要求的基础上，紧紧围绕基础教育小学和小学教育专业的毕业生的需求精准设计课程。师范类专业认证后，我国本科小学教育专业在课程体系设计时存在"减少总学分；减少必修课程学分，增加选修课程学分；减少理论课程学分，增加实践课程学分；减少专业课程学分，增加通识课程学分"等趋势，根据各种课程类型所隐含的价值倾向，可知我国本科小学教育专业课程体系在设计时秉持的是"以学生为中心"的价值取向。经调查可知，师范类专业认证后，我国本科小学教育专业课程体系获得了全社会，特别是基础教育小学和小学教育专业的毕业生的普遍认可，但在师范生的专业素养、核心课程建设和课程的实践性等方面还有努力空间。因此，在再设计课程体系时，应在通识教育课程中适当增加才艺、人际交往等课程，改革信息技术课程的内容，满足小学和小学教育专业的毕业生对综合素养较高的教师的需求；在教育专业课程中，增加班级（课堂）管理案例、儿童问题行为及案例分析、课程标准与教材分析、试讲说课、"三笔字"等课程，增加教育见习、实习时间，改革教育实践相对集中的操作模式，切实提高师范生教育教学专业知识与能力；在学科专业课程中，适当增加学科专业方向课程的学分，以满足小学和师范生对学科知识深度或广度的需求。

第三，为保障师范类专业认证后，我国大学本科教师教育课程体系取得预期成效，国家和大学还应加强财务制度、招聘制度、学业导师制度等的建设。比如，当前，作为师范类专业的本科小学教育专业和教育学专业，在我国很多地区事业单位教师招聘"专业"一栏大多没有，这两类专业的学生在教师招聘时有时连报名资格都没有。在"产出导向"这一背景下，教育学类师范生就业机会都很少，何谈培养效果。因此，国家需加强这方面的政策引导，让招聘单位或机构知道师范类专业包括小学教育专业、教育学专业，让这些专业的师范生也可以从事小学教师的工作。同时，大学也应加强诸如财务制度、选修课程制度、学分管理制度及导师制等相关配套制度建设，以保障大学本科教师教育课程设计实施的效果。最后，制度的落实需要发挥人的作用。我国大学本科教师教育课程体系还应重视大学校长、教师和师范生等因素，激发教师教育者和准教师的使命感、良知和责任心，以保障我国大学本科教师教育课程体系改革能更好地实现师范类专业认证预期的目标。

附　　录

小学教育专业新入职教师问卷调查

亲爱的同学们，本课题组现在正开展一项关于师范类专业认证背景下教师教育课程设计与评价的研究，急需得到小学教育专业新入职教师（1～2年）关于大学期间所学课程体系的评价这方面的资料，恳请大家帮助，谢谢！

万爱莲敬上

2021-07-02

序号	问题	
1	入职后工作单位：	
2	性别：（　）　入职时长：（　）年	
3	作为新入职教师，你觉得小教专业和非小教专业教师在教育教学上有差别吗？（　）	
4	如果有差别，你觉得差别体现在什么地方？	
5	入职第一年觉得做得较好的地方	入职第一年觉得能力不足之处
6	入职第二年觉得做得较好的地方	入职第二年觉得能力不足之处
7	回过头来看，你觉得大学时总课程多、合适或少吗？课外时间呢？	
8	回过头来看，你最希望大学开设什么课程，以有助于现在的教育教学工作	

参考文献

中文部分

[1] 托斯顿·胡森,纳维尔·波斯特尔斯威特.简明国际教育百科全书·教育测量与评价[Z].许建钺,等,译.北京:教育科学出版社,1992.

[2] T.胡森,N.波斯尔斯韦特.教育大百科全书:教师教育[M].重庆:西南师范大学出版社,2011.

[3] 德·朗特里.西方教育词典[Z].陈建平,杨立义,邓霞君,等,译.上海:译文出版社,1988.

[4] 顾明远.中国教育大百科全书(第1、3卷)[Z].上海:上海教育出版社,2012.

[5] 李维.国际教育百科全书(第二卷)[Z].贵阳:贵州教育出版社,1990.

[6] 顾明远,梁中义.世界教育大系·教师教育[Z].长春:吉林教育出版社,2000.

[7] 夏征龙.辞海[Z].上海:上海辞书出版社,2002.

[8] 中国大百科全书《哲学》编委会.中国大百科全书·哲学[Z].北京:中国大百科全书出版社,1987.

[9] 中国教育年鉴编辑部.中国教育年鉴(1949—1981)[Z].北京:中国大百科全书出版社,1984.

[10] 爱因斯坦.爱因斯坦文集[M].许良英,李宝恒,赵中立,译.北京:商务印书馆,1979.

[11] 艾伦·C.奥恩斯坦,弗朗西斯·P.汉金斯.课程论:基础、原理和问题:5版[M].北京:中国人民大学出版社,2009.

[12] 丹尼尔森,麦格里.教师评价:提高教师专业实践能力[M].陆如萍,唐悦,译.北京:中国轻工业出版社,2005.

[13] 弗莱克斯纳.现代大学论:美英德大学研究[M].徐辉,陈晓菲,译.杭州:浙江教育出版社,2001.

[14] 哈蒙.有力的教师教育:来自杰出项目的经验[M].鞠玉翠,译.上海:华东师范大学出版社,2009.

[15] 布鲁纳.布鲁纳教育论著选[M].邵瑞珍,译.北京:人民教育出版社,1989.

[16] 坎宁安.教育管理:基于问题的方法[M].赵中建,译.南京:江苏教育出版社,2003.

[17] 帕克.当代课程规划:8版[M].北京:中国人民大学出版社,2010.
[18] 丘奇.对进步主义的反动:1941—1960[A].李亚玲,译.瞿葆奎.教育学文集·美国教育改革[C].北京:人民教育出版社,1990.
[19] 泰勒.课程与教学的基本原理:英汉对照版[M].罗康,张阅,译.北京:中国轻工业出版社,2014.
[20] 亚瑟·K.埃利斯.课程理论及其实践范例[M].张文军,译.北京:教育科学出版社,2005.
[21] 托夫勒.未来的冲击[M].蔡伸章,译.北京:中信出版社,2006.
[22] 丹尼斯·劳顿.课程研究的理论与实践[M].张渭城,环惜吾,黄明宪,等,译.北京:人民教育出版社,1985.
[23] 怀特海.教育的目的[M].徐汝舟,译,北京:生活·读书·新知三联书店,2002.
[24] 帕尔费曼,D.高等教育何以为"高":牛津导师制教学反思[M].冯青来,译.北京:北京大学出版社,2011.
[25] 麦克·扬.未来的课程[M].谢维和,王晓阳,译.上海:华东师范大学出版社,2003.
[26] 经济合作与发展组织编.面向未来的学校[M].李昕,曹娟,译.北京:教育科学出版社,2009.
[27] 联合国教科文组织,国际教育发展委员会.学会生存:教育世界的今天和明天[M].华东师范大学比较教育研究所,译.北京:教育科学出版社,1996.
[28] 常思亮.大学课程决策论[M].长沙:湖南大学出版社,2010.
[29] 陈伯璋.潜在课程的概念分析[M].台北:师大书苑有限公司,1987.
[30] 陈时见.教师教育课程论:历时透视与国际比较[M].北京:人民教育出版社,2010.
[31] 陈玉琨,沈玉顺,代蕊华,等.课程改革与课程评价[M].北京:教育科学出版社,2001.
[32] 陈玉琨,代蕊华,杨晓红,等.高等教育质量保障体系概论[M].北京:北京师范大学出版社,2004.
[33] 程方平.中国教育问题报告[M].北京:中国社会科学出版社,2002.
[34] 从立新.课程论问题[M].北京:教育科学出版社,2000.
[35] 戴伟芬.美国教师教育课程思想30年[M].北京:北京师范大学出版社,2012.
[36] 顾书明.课程设计与评价[M].南京:南京大学出版社,2015.
[37] 郭晓明.课程结构论:一种原理性探寻[M].长沙:湖南师范大学出版社,2002.
[38] 贺国庆.外国高等教育史[M].北京:人民教育出版社,2003.
[39] 季诚钧.大学课程概论[M].上海:上海教育出版社,2007.
[40] 教育部教师工作司.教师教育课程标准(试行)解读[M].北京:北京师范大学出版社,2013.
[41] 教育部师范教育司.教师专业化的理论与实践:2版[M].北京:人民教育出版

社,2003.

[42] 蒋建华.知识　权利　课程：政策视野中的课程研究[M].北京：教育科学出版社,2010.

[43] 靳希斌.教师教育模式研究[M].北京：北京师范大学出版社,2009.

[44] 靳玉乐.课程论[M].北京：人民教育出版社,2012.

[45] 李定仁,徐继存.课程论研究二十年(1979—1999)[M].北京：人民教育出版社,2004.

[46] 李其龙,陈永明.教师教育课程的国际比较[M].北京：教育科学出版社,2002.

[47] 李进.教师教育概论[M].北京：北京大学出版社,2009.

[48] 李雁冰.课程评价论[M].上海：上海教育出版社,2002.

[49] 刘捷,谢维和.栅栏内外：中国高等师范教育百年省思[M].北京：北京师范大学出版社,2002.

[50] 林木.世界各国师范教育课程[M].台北：台湾开明书店,1964.

[51] 骆珍.中美教师教育实践课程比较研究[M].北京：中国社会科学出版社,2012.

[52] 吕达.中国近代课程史论[M].北京：人民教育出版社,1994.

[53] 廖哲勋.课程教学改革与教育思想建设[M].北京：人民教育出版社,2018.

[54] 廖哲勋,田慧生.课程新论[M].北京：教育科学出版社,2003.

[55] 卢乃桂,操太圣.中国教师的专业发展与变迁[M].北京：教育科学出版社,2009.

[56] 潘懋元,王伟廉.高等教育学[M].福州：福建教育出版社,1995.

[57] 单中惠.西方教育思想史[M].北京：教育科学出版社,2007.

[58] 单中惠.教师专业发展的国际比较[M].北京：教育科学出版社,2010.

[59] 谌启标.教师教育大学化的国际比较研究[M].福州：福建教育出版社,2008.

[60] 施良方.课程理论：课程的基础、原理与问题[M].北京：教育科学出版社,1996.

[61] 孙崇文,武伟民,赵慧.中国教育评估史稿[M].北京：高等教育出版社,2010.

[62] 王本陆.中国教育改革30年：课程与教学[M].北京：北京师范大学出版社,2009.

[63] 王道俊,王汉澜.教育学：新编本:3版[M].北京：人民教育出版社,1999.

[64] 王建磐.教师教育改革与教师专业发展：国际视野与本土实践[M].上海：华东师范大学出版社,2007.

[65] 王伟廉.高等学校课程研究导论[M].广州：广东高等教育出版社,2008.

[66] 王泽农,曹慧英.中外教师教育课程设置比较研究[M].北京：高等教育出版社,2003.

[67] 肖甦.比较教师教育[M].南京：江苏教育出版社,2010.

[68] 谢赛.儿童学习结果取向的美国教师教育课程研究[M].北京：北京大学出版社,2014.

[69] 谢延龙.西方教师教育思想：从苏格拉底到杜威[M].福州：福建教育出版社,2015.

183

[70] 熊建辉.教师专业标准的国际经验 [M]. 北京：北京师范大学出版社 ,2014.

[71] 徐同文.大学课程设计 [M]. 北京：教育科学出版社 ,2011.

[72] 杨明全.课程概论 [M]. 北京：北京师范大学出版社 ,2010.

[73] 袁锐锷.教师专业化与高素质教师：经验、理论与改革实践 [M]. 广州：广东高等教育出版社 ,2007.

[74] 赵炳辉.教师学 [M]. 北京：中国科学技术出版社 ,2007.

[75] 张楚廷.课程与教学哲学 [M]. 北京：人民教育出版社 ,2003.

[76] 张廷凯.新课程设计的变革 [M]. 北京：人民教育出版社 ,2003.

[77] 张彦通.高等教育评估与质量保证研究 [M]. 北京：北京航空航天大学出版社 ,2011.

[78] 张红霞,吕林海,孙志凤.大学课程与教学：原理与问题 [M]. 北京：教育科学出版社 ,2015.

[79] 张华.课程与教学论 [M]. 上海：上海教育出版社 ,2001.

[80] 张志勇.创新教育：中国教育范式的转型 [M]. 济南：山东教育出版社 ,2004.

[81] 张伟江,李亚东.大众化高等教育的质量保障与评价 [M]. 北京：高等教育出版社 ,2010.

[82] 钟启泉,李雁冰.课程设计基础 [M]. 济南：山东教育出版社 ,2000.

[83] 朱旭东.中国现代教师教育体系构建研究 [M]. 北京：北京师范大学出版社 ,2014.

[84] 朱旭东,胡艳.中国教育改革 30 年：教师教育卷 [M]. 北京：北京师范大学出版社 ,2009.

[85] 黄俊丽.美国教师培养认证委员会 (CAEP) 认证模型研究 [D]. 曲阜：曲阜师范大学 ,2018.

[86] 洪明.美国教师质量保障体系历史演进研究 [D]. 福州：福建师范大学 ,2008.

[87] 胡卓敏.美国教师教育认证机构比较研究 [D]. 上海：上海师范大学 ,2015.

[88] 贾国锋.战后美国教师教育专业标准演进研究 [D]. 保定：河北大学 ,2014.

[89] 金铁洙.中韩两国教师教育比较研究 [D]. 长春：东北师范大学 ,2006.

[90] 李明丽.英国职前教师教育专业认证研究 [D]. 长春：东北师范大学 ,2018.

[91] 诺敏.加拿大教师教育专业认证研究：以安大略省为例 [D]. 长春：东北师范大学 ,2018.

[92] 任怡.加拿大职前教师教育课程的设置 [D]. 重庆：西南大学 ,2015.

[93] 石芳华.美国教师培养方案全国性鉴定制度的研究 [D]. 上海：华东师范大学 ,2002.

[94] 汪冰.高等教育质量系统的跨国分析 [D]. 北京：北京师范大学 ,1998.

[95] 王娟娟.美国教师教育机构认可制度探析 [D]. 重庆：西南师范大学 ,2005.

[96] 王丽丽.高等院校教师教育课程评价研究 [D]. 开封：河南大学 ,2014.

[97] 王芸.我国师范类专业认证实践研究：以广西为例 [D]. 南宁：广西师范学

院,2017.

[98] 谢赛.儿童学习结果取向的美国教师教育课程研究[D].北京:北京大学出版社,2012.

[99] 周钧.美国教师教育认可标准的变革与发展:全国教师教育认可委员会案例研究[D].北京:北京师范大学,2005.

[100] J.墨菲,E.戈德林,S.艾略特,等.范德堡教育领导力评估:以学习为中心的评估方式[J].华东师范大学学报(教育科学版),2011(3):1-10.

[101] 班华.隐性课程与个性品德形成[J].教育研究,1989(12):19-24.

[102] 陈玲玲,胡惠闵.加拿大教师专业教育方案认证制度:以安大略省为例[J].全球教育展望,2010(2):79-82.

[103] 陈玉琨.试论潜在课程的性质、功能和组织[J].上海高教研究,1988(4):14-17.

[104] 邓丹.澳大利亚教师教育标准化的新发展:"职前教师教育课程国家认证系统"的构建[J].比较教育研究,2011(8):45-49.

[105] 邓涛,王阳阳.澳大利亚教师教育专业认证改革:理念更新和标准重构[J].高等教育研究,2018(12):98-106.

[106] 董建春.论发展性课程评价制度建设[J].中国教育学刊,2008(4):52-55.

[107] 范颐,王远.美国中小学教师培养的专业认证[J].湖南师范大学教育科学学报,2018(6):99-105.

[108] 冯喜英.高等师范院校课程结构改革设想[J].河南师范大学学报(哲学社会科学版),1998(2):81-84.

[109] 付光槐.论职前教师教育课程评价的新理路[J].黑龙江高教研究,2017(3):26-28.

[110] 高艳贺.新加坡教师教育课程设置及其启示[J].全球教育展望,2006(2):14-17.

[111] 高有华,韩亚红.专业化20年后的教师教育课程体系状况调查及改革对策[J].内蒙古师范大学学报(教育科学版),2015(7):93-95.

[112] 苟顺明,王艳玲.美国教师教育课程评价的策略与启示[J].教师教育研究,2014(2):102-107.

[113] 顾明远.我国教师教育改革的反思[J].教师教育研究,2006(11):3-6.

[114] 韩继伟,张晓霞.美国教师教育专业认证及启示[J].数学教育学报,2018(4):3-9.

[115] 胡万山.师范类专业认证背景下教师教育改革的意义与路径[J].黑龙江高教研究,2018(7):25-28.

[116] 黄正夫.应然与实然:高师院校教师教育课程价值的困惑与思考[J].高等教育研究,2010(3):11-13,17.

[117] 姜勇,庞丽娟.论教师教育课程的精神关注:文化·伦理·智慧[J].教育科学,2008(6):75-78.

[118] 靳玉乐.潜在课程简论[J].课程教材教法,1993(6):48-51.

[119] 李海英. 教师教育课程设置的价值取向 [J]. 全球教育展望,2005(1):40-44.

[120] 李嘉曾. "以学生为中心"教育理念的理论意义与实践启示 [J]. 中国大学教学,2008(4):91.

[121] 李义胜. 论核心价值观纳入教师教育课程 [J]. 江苏高教,2016(1):88-90.

[122] 李子容. 新世纪英格兰高校的"教"与"学"的新发展 [J]. 文教资料,2012(16):172-173.

[123] 刘恩允. 教师专业发展:教师教育课程的核心价值追求 [J]. 黑龙江高教研究,2010(10):84-86.

[124] 刘莉莉,陆超. 高校师范类专业认证的历史必然与制度优化 [J]. 教师教育研究,2019(5):40-45.

[125] 刘献君. 论高等教育研究的规范化 [J]. 高等教育研究,2013(11):42-48.

[126] 刘尧. "卓越教师培养计划"旨在教师教育革故鼎新:从我国高校培养小学"全科教师"谈起 [J]. 高校教育管理,2016(1):20-24.

[127] 龙宝新. 论美国师范专业认证工作的特点与走向 [J]. 教师教育学报,2018(6):93-102.

[128] 龙宝新. 美国师范专业认证工作对构建我国师范专业认证工作框架的启示 [J]. 教师发展研究,2018(6):109-118.

[129] 卢建川,汤志娜. 美国小学数学教师职前教育的现状与分析 [J]. 外国中小学教育,2015(7):41-46.

[130] 倪文锦. 略论高师教师教育课程结构改革:兼谈高师中文专业的教师教育 [J]. 全球教育展望,2008(2):51-54.

[131] "全国高等师范院校师范生培养状况调查"项目组. 中国高等师范院校师范生培养状况调查与政策分析报告 [J]. 教育研究,2014(11):95-106.

[132] 钱小龙,汪霞. 美、英、澳三国教师教育课程设置的现状与特点 [J]. 外国教育研究,2011(4):1-6.

[133] 石中英. 波兰尼的知识理论及教育意义 [J]. 华东师范大学学报(教育科学版),2001(2):36-45.

[134] 孙二军. "以学习为中心"的高等教育质量观及其路径分析 [J]. 高教探索,2015(2):16-19.

[135] 孙进. 德国教师教育标准:背景·内容·特征 [J]. 比较教育研究,2012(8):30-36.

[136] 唐松林. 论我国高等师范课程结构改革 [J]. 课程·教材·教法,2002(6):64-68.

[137] 陶西平. 21世纪课程议程:背景、内涵与策略 [J]. 比较教育研究,2016(2):1-5.

[138] 田腾飞,任一明. 高校师范专业认证的总体设计及实践探索 [J]. 重庆师范大学学报(社会科学版),2018(3):69-74.

[139] 汪霞,钱小龙. 英国教师教育课程标准的改革 [J]. 比较教育研究,2011(11):21-26.

[140] 王斌华. 师范教育的昨天、今天和明天 [J]. 外国教育资料 ,1997(4):55-62.

[141] 王佳佳 , 温玲. 从教师教育认证委员会产生的合理性看美国教师教育认证的趋势 [J]. 世界教育信息 ,2007(9):27-29,33.

[142] 王建华. 高等教育适应论的省思 [J]. 高等教育研究 ,2014(7):55-62.

[143] 王晶. 理解知识的新视角：评迈克尔·波兰尼的个人知识理论 [J]. 内蒙古社会科学 (汉文版),2012(7):43-48.

[144] 王静 , 洪明. 教师教育质量评估的新理念 [J]. 全球教育展望 ,2008(1):38-39.

[145] 王凯. 教师学习：专业发展的替代性概念 [J]. 教育发展研究 ,2011(2):58-61,75.

[146] 王松丽 , 李琼. 国际教师教育专业认证评估的证据趋向 [J]. 教师教育研究 ,2019(11):100-107.

[147] 王兴宇. 美国教师教育认证制度变革及其对我国的启示 [J]. 教育科学 ,2018(12):79-85.

[148] 王伟廉. 高等学校课程管理若干问题的探讨 [J]. 北京大学教育评论 ,2003(2):81-85.

[149] 王艳玲 , 苟顺明. 试析英国教师职前教育课程与教学的特征 [J]. 教育科学 ,2007(1):78-82.

[150] 吴云鹏. 中国近代高校学分制发展历程述评 [J]. 江苏高教 ,2001(6):114-117.

[151] 谢安邦 , 荀渊. 对我国建立教师教育认可制度的思考 [J]. 教师教育研究 ,2005(9):1-5.

[152] 熊卫东 , 冯向东. 哈佛选课制中的理念冲突：知识结构的合理性与人的自由发展 [J]. 高等工程教育研究 ,2002(6):68-71.

[153] 许芳杰. 美国教师教育专业认证评估的证据文化及其对我国的启示 [J]. 教师教育研究 ,2021(7):19-25.

[154] 谢赛. 基于法令的日本教师教育课程认证：以日本大学认证协会 (JUAA) 对宫城教育大学课程认证为例 [J]. 当代教师教育 ,2014(3):49-57.

[155] 杨彩霞 , 邹晓东. 以学生为中心的高校教学质量保障：理念建构与改革策略 [J]. 教育发展研究 ,2015(3):30-36,44.

[156] 杨晓宏. 高师矩阵结构课程体系的构建 [J]. 西北师大学报 (社会科学版),1999(5):87-90.

[157] 杨跃. 师范专业认证制度改革的现实困境与治理对策：基于新制度主义理论视角的分析 [J]. 现代教育管理 ,2018(2):71-76.

[158] 叶澜. 一个真实的假问题："师范性"和"学术性"之争的辨析 [J]. 高等师范教育研究 ,1999(2):11-17.

[159] 张凯 , 史蓉. 普通高等学校本科教学工作水平评估的理论与实践探索 [J]. 黑龙江高教研究 ,2004(10):89-91.

[160] 张旺 , 杜亚丽 , 丁薇. 人才培养模式的现实反思与当代创新 [J]. 教育研

究,2015(1):28-34.

[161] 张治国. 美国四大全国性教师专业标准的比较及其对我国的借鉴意义 [J]. 外国教育研究,2009(10):77-78.

[162] 赵炬明. 聚焦设计：实践与方法(上)：美国"以学生为中心"的本科教学改革研究之三 [J]. 高等工程教育研究,2018(2):30-44.

[163] 周文叶. 职前教师教育课程评价：范式、理念与方法 [J]. 教师教育研究,2014(3):72-77.

[164] 周钧, 唐义燕, 龚爱芋. 我国本科层次教师教育课程设置研究 [J]. 教师教育研究,2011(7):44-50.

[165] 朱旭东. 试论建立教师教育认可和质量评估制度 [J]. 高等师范教育研究,2002(3):28-33.

[166] 姚传龙. 数学老师上语文课 家长担心教学质量 [N]. 武汉晚报(民生·教卫),2017-06-11(08).

[167] 邬大光. 大学人才培养须走出自己的路 [N]. 光明日报教育(思想版),2018-06-19.

外文部分

[1] Bank J.A. Citizenship Education and Diversity: Implications for Teacher Education[J].*Journal of Teacher Education*,2001,52(1):5-16.

[2] Bullough Robert v.Pedagogical Content Knowledge Circa 1907 and 1987:A Study in the History of an Idea[J].*Teaching and Teacher Education*,2001,17(6):655-666.

[3] Diezmann Carmel M.Growing Scholarly Teachers and Educational Researchers: A Curriculum for a Research Pathway in Pre-service Teacher Education[J]. *Asia-Pacific Journal of Teacher Education*,2005,33(2):181-193.

[4] Dale D. Johnson, Bonnie Johnson,et al.*Trivializing Teacher Education,the Accreditation Squeeze*[M].Washington DC:Rowman and Littlefield Publishers. Inc,2005.

[5] Darling-Hammond L.,Bransford J.,et al.*Preparing Teachers for a Changing Word: What Teachers Should Learn and Be Able to Do*[M].San Francisco:C. A. Jossey-Bass, 2005.

[6] Dina Brown, Mark Warschauer.*From the University to the Elementary Classroom: Students'Experiences in Learning to Integrate Technology in Instruction*[M].Norfolk: Journal and Teacher Education,2006.

[7] Clements Douglas H,Sarama Julie. Experimental Evaluation of the Effects of a Research—Based Preschool Mathematics Curriculum[J]. *American Educational Research Journal*, 2008,45(2):pp.443-494.

[8] Eisner E.W. From Episteme to Phronesis to Artistry in the Study and Improvement of Teaching[J].*Teaching and Teacher Education*,2002(18):375-378.

[9] Griffin Gary A.*The Education of Teachers*[M].Chicago:The University of Chicago Press,1999:194.

[10] Grossman P.L.*The Making of a Teacher:Teacher Knowledge and Teacher Education*[M].New York:Teachers College Press,1990:10-55.

[11] Heather Moon Moschetta. Development, Evaluation, and Implementation of the Secondary English Curriculum Evaluation Instrument[D]. Chicago:Robert Morris University,2010.

[12] Holley James Melvin. An Evaluation of the Pre-Service Teacher Education Curriculum in Agricultural Education at the Virginia State College[D].Ohio:The Ohio State University,1958.

[13] Kane Ruth G. Initial Teacher Education Policy and Practice[R].New Zealand: Ministry of Education,2005.

[14] Karlsen G.E.Decentralized Centralism: Framework for a Better Understanding of Governance in the Field of Education[J]. *Journal of Education Policy*, 2000, 15(5):525-538.

[15] Keeling R.P. *Learning Reconsidered: A Campus-wide Focus on the Student Experience*[M].Washington D C: National Association of Student Personnel Administrator,2004:21-22 .

[16] Kohlhagen Kyle R. Analysis and Evaluation of the Effectiveness of a Poultry Biosecurity and Disease Prevention Curriculum[D]. West Lafayette:Purdue University, 2008.

[17] Kristen D. Holtz and Eric C.Twombly. A Preliminary Evaluation of the Effects of a Science Education Curriculum on Changes in Knowledge of Drugs in Youth[J]. *Journal of Drug Education*, 2007,(9);vol.37,3:pp.317-333.

[18] Kuh G.D. Assessing What Really Matters to Student Learning inside The National Survey of Student Engagement[J].*Change*,2001,33(3):10-17.

[19] Andrew Mearman,How Should Economics Curricula Be Evaluated?[J].*International Review of Economics Education*,2014,5(16):73-86.

[20] Lindsey M. *Accreditation in Teacher Education*[M]. Honolulu:ERIC Document Reproduction Service (No. ED084760),1974.

[21] Liston D.P, Zeichner K.M. *Teacher Education and the School Conditions of Schooling*[M].New York: Chapman and Hall Inc,1991.

[22] Lucas Christopher J. *Teacher Education in America:Reform Agendas for the Twenty-first Century*[M]. New York: St. Martin's Press,1997:199-202.

[23] Martin Illingworth.Education in the Age of the Information Superhighway:An

Investigation into Initial Teacher Training in Canada[J].*Canadian Journal of Education*,2012,35(3):180-193.

[24] Montoya Juny. Responsive and Democratic Evaluation of a Law School Curriculum: A Case Study (Colombia)[D]. Champaign-urbana:University of Illinois at Urbana Champaign,2004.

[25] Moore C.A.Accreditation of Higher Education:The Case of Ncate[R].Honolulu:ERIC Document Reproduction Service(No. ED226684),1982:9-20.

[26] NCTEPS.New Horizons for the Teaching Profession[R].Washington D.C.:NCTEPS. NEA,1961.

[27] O'Malley Jennifer. The Maps in Medicine Program: An Evaluation of the Development and Implementation of Life Sciences Curriculum[D]. Saint Louis: Saint Louis University,2011.

[28] Pinar W. *Curriculum: Toward New Identities*[M].New York:Routledge,1998:84.

[29] Ralph W.Tyler. *Basic Principles of Curriculum and Instruction*[M]. Chicago: University of Chicago Press,1949:105-106.

[30] Richard L.Roames.Accreditation in Teacher Education: A History of the Development of Standards Utilized by the National Council for Accreditation of Teacher Education[D].Akron:A Dissertation Presented to the Graduate Facuty of the University of Akron,January,1987.

[31] Rita James Simon.An Evaluation of the Effectiveness of Some Curriculum Innovations in Law Schools[J].*The Journal of Applied Behavioral Science*,1966, 2(2):pp.219-237.

[32] Robert Cohen. The Development and Use of a Constructivist Taxonomy in Imple-Menting the Nctm Standards in Mathematics Elementary Teacher Education [D]. Maryland:University of Maryland,2001.

[33] Bullough Robert V.Jr,Clark D.Cecil,Patterson Robert S.Getting in Step:Accountability, Accreditation and the Standardization of Teacher Education in the United States[J]. *Journal of Education for Teaching*,2003,29(1):35-51.

[34] Sharon E. Sellers-Clark.Are Great Cities Institutions Preparing Pre-service Teachers to Teach Media Literacy? A Comparative Study [D].Detroit:Wayne State University,2006.

[35] Stettler Steven Russell. An Evaluation of the Current Curriculum within the Landscape Architecture and Environmental Planning Department at Utah State University[D]. Logan:Utah State University,1996.

[36] Tanner D.,Tanner L. *Curriculum Development: Theory and Practice*[M]. New York: Collier Macmillan Ltd.,1975:100.

[37] Thomas S.,Vanderhaar J.Negotiating Resistance to Multiculturalism in a Teacher Education Curriculum:A Case Study[J].*The Teacher Educator*,2008(43):173-197.

[38] Van Nuland S.Teacher Education in Canada[J].*Journal of Education for Teaching*,2011,37(4):409-421.

[39] Wise A. E., Leibbrand J. A. Standards in the New Millennium: Where We Are, Where We're Headed. A Statement from NCATE[J]. *Journal of Teacher Education*, 2001,52(3): 244-255.

[40] Zimpher N.L.Adapting Supervisory Practices to Different Orientations Competence[J].*Journal of Curriculum and Supervision*,1987,2(2):101-127.

[41] Redhead Barbara. Start with the core issues[J].*Times Educational Supplement*,2004(4577):22.

网页资料

[1] 2015北京高招政策变化大 本科志愿实行大平行[EB/OL]. https://edu.qq.com/a/20150328/011250.htm.

[2] 什么是按大类招生 怎么填志愿[EB/OL].http://www.gaosan.com/gaokao/379351.html.

[3] 教育部关于"十五"期间教师教育改革与发展的意见[EB/OL].http://www.moe.edu.cn/srcsite/A10/s7058/200203/t20020301_162696.html.

[4] 教育部教师工作司关于中小学教师资格考试增加"心理健康教育"等学科的通知[EB/OL].http://www.ntce.com/2017/39012.html,2017-07-15.

[5] 美国高等教育认证协会:https://www.chea.org/chea-national-voice-accreditation.

[6] 欧洲高等教育质量保证协会:Quality Procedures in European Higher Education:An ENQA Survey.ENQA Occasional Papers,2003.p.19-20. https://www.enqa.eu/wp-content/uploads/procedures1.pdf.

[7] 新华社.教育部:"十三五"期间我国师范院校一律不更名[EB/OL]. http://news.cnnb.com.cn/system/2017/01/16/008591296.shtml,2021-11-16.

[8] 朱旭东.别小看师范类教育调整的复杂性[EB/OL].http://edu.people.com.cn/n/2015/1015/c1053-27700657.html,2015-10-15.

[9] 教育部教师工作司,教育部高等教育教学评估中心.普通高等学校师范类专业认证工作指南(试行)[EB/OL]. https://sls.nxu.edu.cn/info/1185/5943.htm.

后 记

　　行文至此，不禁潸然泪下。课题能顺利完成，实属不易。除了自己作为学术人的良知和责任心一直在提醒、鞭策自己外，更离不开学院领导、同事、家人和朋友们的支持、关心与帮助。

　　我于2019年7月正式收到全国教育科学规划领导小组办公室发来的通知，承担全国教育科学"十三五"规划教育部重点课题《专业认证背景下教师教育课程设计与评价研究》项目。但2019年春节期间，我因准备申报课题，回父母家只短暂停留了一天，就返回武汉填写课题申报表，没怎么陪父母，2019年3月13日母亲突然离世，只有不到68岁的年龄，愧疚、自责、不舍、思念、难过等多种情绪缠绕着我，导致我不但大病了一场，而且有将近二年的时间，都过得浑浑噩噩。

　　衷心感谢我工作的湖北第二师范学院教科院的领导、同事们的帮助。他们除了理解我，为我创造了一个相对简单的工作环境，使我有时间、精力完成研究外，还专门抽出时间来安慰我，给我做心理辅导。张红梅院长百忙之中用自己父亲的经历劝慰我；乐书记用"人生难过百"的真谛启发我；张颖老师、汪琼老师用自己亲身的案例宽慰我；还有孙娜、丁琳老师贴心的拥抱；刘永存、张和平、郭三玲、陈戈、刘婷、章若昆、范丹红、刘晶晶、余娟、孙利、吴贤华、张谦、安莉、朱会从、陈纳等老师的安慰，不一而足。真的非常感谢大家，让我慢慢从伤痛中走出来，能理解母亲这样离世，没有遭受什么痛苦折磨，也是一种幸福。我开始慢慢学会和世界和解，重新审视自己的人生，要过有意义的生活，也决定必须将研究工作进行下去。

　　不承想，2020年1月23日，武汉又遭遇疫情。2020年的这一学期，武汉全城几乎都开展网上教学，线下活动较少，致使研究中有些资料不便查阅，有些调研不便开展，研究进度慢了下来。

　　2021年6月，女儿参加高考，又是特殊时期、异常繁忙的一年。

　　又不承想，今年，2022年3月4日，71岁的父亲突然离世。

　　简单的梳理，可以看到，从2019年到2022年，短短三年，我真正经历了不平凡的生活。这些经历极大地考验了我的心理承受能力，磨炼了我的意志。《专业认证背景下教师教育课程设计与评价研究》这一项目能顺利完成，并形成这本书，不仅得益于大家对我的帮助，也得益于我博士论文研究中打下的一些基础（虽然本研究从所处的师范类专业认证这一新的时代背景和开题时专家们建议选取湖北省小学教育专业作为研究对象等方面，都与我2018年完成的博士论文《大学本科教师教育课程结构研究》不同，但博士论文中有关课程设计的理论基础、教师教育不同课程类型之间关系的研究，都为本研究的展开打下了坚实的基础），更得益于课题组成员的鼓励、支撑、众多同事、家人和朋友的帮助。

感谢我的博士生导师刘献君教授。他开拓了我的眼界，纠正了我的格局，给予了我正能量，给我的学术道路打下了扎实的根基。感谢我的硕士生导师陈廷柱教授，是他把我领进华科教科院学术的殿堂，感受到教育研究的乐趣，最终不怕辛苦艰难，愿意遨游在这片星海。还有求学华中科技大学教育科学研究院期间，张应强教授、别敦荣教授、李太平教授、沈红教授、余东升教授、陈敏教授、贾永堂教授、柯佑祥教授、雷洪德教授、张俊超教授、郭卉教授、魏署光教授等对我的点拨、启迪与帮助，让我的学术积累日益丰厚，学术思想日臻成熟，感谢你们！

感谢同事范丹红、余娟、张和平；硕士同学张怀英，博士同学任菲、左建桥，博士同门师妹陈玲，华科教科院校友罗华陶、刘焕然博士等为我提供了湖北省公立本科小学教育专业课程体系设计的相关资料。感谢同事陈光春，博士同学孙丽芝、陈明，博士同门师弟罗家才，硕士同学李桂琴、张改勤，华中师范大学邱玉华，硕士同门师兄王平、师弟宋子震，以及素未谋面的湖北大学翟艳芳、咸阳师范学院胡建梅老师等，为我提供了我国不同层次类型高校的本科教师教育课程设计方案。使我有了第一手的研究材料，让我对完成研究有了信心，谢谢你们！

感谢接受我们课题组调查和访谈的小学校长、副校长和教导主任，本科小学教育专业新入职的教师们，正是因为有你们的帮助，我们的研究才能够真正扎根于中国基础教育小学的实际，才有真实的第一手评价反馈的资料，谢谢你们！

感谢我的先生商长华和女儿商涵菲，正是因为有你们无尽的爱和支持，才让我在孤独难过、悲悯灰寂的世界中找到了光和温暖，感受到人世间还有许多美好和眷念，帮我挺过了人生艰难的时刻，谢谢你们！感谢我的姑姑万冬生，在我生病的时候到处为我求医问药；感谢我的哥哥和弟弟，在父母离世后对我的照顾，让我依然感受到如父母般的关怀。感谢我的小侄儿，为我们单调的生活平添了许多生趣！感谢挚友张静博士，总能在我需要的时候，安静地听我述说，谢谢您！

感谢湖北省教育科学规划领导小组办公室的赵友元教授；国家教育行政学院教授、国家教育行政学院原副院长、教育部全国教育干部培训专家委员会原副主任委员李文长教授；中国地质大学（武汉）马克思主义学院教授、博士生导师、高等教育研究所副所长李祖超教授；湖北大学教育学院原院长、博士生导师，湖北大学"琴园学者"特聘教授靖国平教授；湖北省教育科学研究院研究员李友玉；厦门大学教师发展中心副教授，咨询部主任郑宏博士；湖北第二师范学院教授，湖北第二师范学院教务处处长田恒平教授；湖北第二师范学院教授张红梅、张炜、刘永存、张和平等等，感谢你们在本研究开题和中期审核时头脑风暴式的讨论和点拨，极大地开阔了我的学术视野，丰富我对研究方法的领悟，让本研究的研究方向更明确，框架思路更清晰，少走了不少弯路，谢谢你们。研究过程中，对于研究中的困惑，每一次我忐忑的提问，都得到了中国地质大学（武汉）的李祖超教授耐心的解答。书稿形成后，湖北省教育科学规划领导小组办公室的赵友元教授还对书稿的结构和理论方面的提炼作了指导，使我获益匪浅。谢谢你们！

感谢本研究开展过程中，参阅和引用的大量文献的专家、学者和教师们。你们的研究成果为我的研究顺利进行奠定了基础。

感谢全国教育科学规划办公室、湖北高校人文社会科学重点研究基地"湖北教师教育研究中心"、湖北第二师范学院科研处、湖北第二师范教科院、重庆出版社的编辑老师们，因为有你们的大力支持和细致工作，才使得本研究成果得以顺利出版。

最后，还要感谢正在审阅本研究书稿的评审专家们，感谢你们的付出！高校教师不易，高校博士生导师更不易，真诚地向你们道一声：辛苦了！由于研究者理论水平和经验的局限，常态化疫情的影响，再加之时间的关系，本研究肯定还有许多不尽如人意或疏漏之处，还请多多批评指正！今后我会更加努力，以期做得更好。

肺腑之言，只道纸短情长。本研究告一段落，新的起点，新的征途，感谢诸多领导、同事、同学、朋友和亲人的一路陪伴！我将怀着这份感恩，勇敢地走在人生路上，去探究教育科学研究中的奥秘。

万爱莲

2022 年 8 月于武汉